SUZIE BOSS, JOHN LARMER

Project Based Teaching

プロジェクト学習とは

地域や世界につながる教室

スージー・ボス＋ジョン・ラーマー

池田匡史・吉田新一郎 訳

新評論

まえがき

ひと世代前から、さらに言えば、ここ一〇年の間に世界は劇的に変化しました。テクノロジー、グローバル経済、ソーシャルメディアを通じて、私たちの生活は非常につながりを強めています。気候変動から紛争、食糧の分配に至るまで、人類が直面している課題の複雑さに対する認識が高まっています。

ビジネスの世界も急速に変化しています。製造から自動車の運転、そしてデータに基づいたレポート作成に至るまで、多くの作業の自動化がますます進展しています。さらに、コラボレーション（協働）が当たり前のことになり、情報化時代の企業では、ほとんどの社員がチームで、さらにはチームを超えて仕事をしています。その結果、世界はプロジェクトを基本にしたものになったのです。

アメリカでは、四〇パーセントに当たる人が契約社員として働いています。その人たちは、あるクライアントのプロジェクトで働いたかと思うと、次は別のクライアントのプロジェクトへというように、仕事場を移動しながら働いているのです。このような社員の割合は、二〇二五年までに六〇パーセントにまで増加すると予想されています。伝統的な企業であっても、ほぼすべての仕事が、プロジェクトによって組織化されようとしているのです。

このように、世界の状況が劇的に変化していることからして、当然、学校の状況も変化しているのではないかと思うことでしょう。しかし、ほとんどの場合、私たちは一〇〇年以上前と同じ方法で子どもたちを教育しています。

この三年間、私は世界中の人々（老若男女を問わず、教育者やビジネスリーダー、地域社会のリーダー、親など）に、「世界の変化を考えると、成功するためにはどのようなスキルや心構えが必要だと思いますか？」と質問をする機会に恵まれました。驚くべきことに、どのグループにこの質問をしても、同じような答えが返ってきました。

生徒には、各教科内容の知識やスキルに加えて、協働すること、（口頭や書面という言語的な面と、映像などの非言語的な面での）コミュニケーション、クリティカルな思考と問題解決、プロジェクトの管理と自己管理、創造性とイノベーション（革新性）、そして、人生と世界の課題に取り組むためのエンパワーメントの感覚などといった「成功のためのスキル」が必要とされています。本書で紹介されているプロジェクト・ベースド・ラーニング（ＰＢＬ）を経験している生徒たちは、これらのスキルや性質を身につけているということができます。

ＰＢＬで指導する必要性

世界が変わったのは事実ですが、一方で私たちは、学校が変わっていないことも知っています。

この課題に対する意識が高まっていくにつれて、アメリカ中で、また世界中で変化が見られるようになってきました。

学校や教育委員会によって、探究学習、個別化された学習、[3] パフォーマンスで示す形の評価、[4] ＰＢＬへの関心が高まっていたり、実践されていたりと、学習をより生徒中心の方法にするように取り組まれてきています。プロジェクトの具体的な例や、教師のためのＰＢＬに関する専門性の向上を求める声にこたえるために、さまざまな対応がなされてきました。

質の高いプロジェクトの事例は、さまざまなところで見つけることができます。また、より深い学びを目指している私たちバック教育研究所[5]や、ほかの教育機関の仲間たちの優れた取り組み

---

(1) 一般的には「批判的思考」と訳されますが、それが占める割合は四分の一からせいぜい三分の一です。より重要なのは「大切なものとそうでないものを見極める力」です。

(2) ＰＢＬという語が指す内容には、プロジェクト学習（Project Based Learning）とプロブレム学習（Problem Based Learning）の二つがあります。本書で扱うのはプロジェクト学習の意味としてのＰＢＬです。こちらの意味のほうが、核となる課題が、より大きく漠然としていたり、学習者自身が設定する向きが強かったりすると捉えられています。以下、本書ではプロジェクト学習を「ＰＢＬ」と表記します。

(3) 『ようこそ、一人ひとりをいかす教室へ』などが参考になるでしょう。

(4) 自分が知ったり、できるようになったりしたことを実際に紹介する形で示す評価のことで、それには従来のテストは含まれません。

のおかげで、教師は質の高いプロジェクトをデザインする方法についての教材、資料、ワークショップの情報に触れることができます。

バック教育研究所による、ＰＢＬ実践のゴールドスタンダード[6]のモデルに含まれているプロジェクト設計に必要な要素は、『ＰＢＬのスタンダードを設定する』［参考文献39］で初めて論じられ、アメリカ国内はもとより世界中の教育者から高い評価を受け、採用されています。同書で紹介されているＰＢＬによる指導の実践も同じく現場に影響を与えていますが、ＰＢＬの指導方法についてはより多くのことが必要とされています。

教育者は、ＰＢＬを効果的に実施するための教師の行動を学べるような、詳細な解説や具体的な方法、実際の映像などを必要としています。本書に加えて、バック教育研究所によってリリースされた一連の映像は（www.pblworks.org で入手可能です）[7]、成果を上げている多様な七人のＰＢＬ教師の仕事に焦点を当てることによってこの要求にこたえています。

本書では、さらに数名の教師の話を視聴することができます。その教師の多くは、バック教育研究所の国内部門に所属しています。これらの教師たちは、必ずしも人気映画に出てくるような「有名な俳優」ではありません。授業のスキル、知識の深さ、すべての子どもたちのためによい仕事をしようとする情熱などの面で、私たちにインスピレーションを与えてくれる普通の人たちです。

学校と教育委員会のリーダーは、ＰＢＬで指導するための条件をどのようにつくりあげるのか

本書は、教師がいかにして生徒のために質の高い学習体験を促進するのかというところに焦点を当てています。そのために、教師が子どもたちと一緒に素晴らしいプロジェクトを行うための条件を整えている学校や教育委員会のリーダーの仕事を見逃すことはできません。ＰＢＬの優れた実践が行われている学校では、次のようなことが確認できます。

明確で首尾一貫した説得力のある、教育の新たな目標と新しい教え方・学び方――リーダーは、教師たちや地域社会の関係者と協力して、二一世紀に成功するためのスキルをもった卒業生のプ

（５）（Buck Institute）は、老化現象を生物医学の観点から研究を行っている非営利団体であると同時に、長年、小学校から高校を対象にＰＢＬも推進しています。おそらく、資料や研修機会および相談業務が全米で（ということは、世界で）もっとも充実していると言えるかもしれません。

（６）アメリカの教育における「スタンダード」とは、一般的にどのような学習内容をどの学年までに達成しておくのかを規定したもので、到達目標の形で示されています。日本での「学習指導要領」と読み替えてもよいかもしれません。また、これを踏まえて本書では、ＰＢＬの実践として「達成しておくべきこと（到達目標）」も「スタンダード」と表現されています。なお、「ゴールド」は、「輝ける」ないし「傑出した」的な意味と思われます。

（７）本書においてこのＵＲＬが書かれているものは、このサイトにアクセスし、アカウントを登録すると、「my.pblworks」からはじまるページに行けますので、「Projects & Resources」から見ることができます。

ロフィールなどを含む学習者像を確立し、その目標を達成するための方法として、ＰＢＬの経験を明示的に位置づけています。

生徒、教師、リーダーのための学習、イノベーション、探究の文化——リーダーは、教師がイノベーションを起こし、リスクを冒すことに対する不安を取り除きます。これは、ＰＢＬの授業実践に反映されることになります。授業で、生徒がプロジェクトを行うのと同じように、学校のリーダーは仕事についての質問を教師に投げかけ、探究のサイクルを回すことで答えられるようにしています。(8)

学校の構造の再設計・再構築——たとえば、スケジュールに関する根幹を変更して、時間割をより長くしたり、より柔軟にしたりすることができるようにしていたり、教師により個別的で協働的な計画と学習ができるような時間を提供したり、中学校・高校では、教師がチームで同じ生徒を見ることができるような生徒のグループ編成をしたりしています。

教師とチームでリーダーシップを発揮するための深く一貫した能力開発——本書に登場する教師たちは全員、専門的な能力開発のためのワークショップ、継続的な教え方についてのコーチング、学習計画を協働して行う機会を得て、自分の技術を磨いてきました。(9)

継続的な改善への取り組み——質の高いＰＢＬの教え方は、実際にそれを教えた経験をもとに学んでいきます。本書に登場するすべての教師が、最初のＰＢＬのユニットから、教え方の質と成(10)

果が劇的に改善されたと捉えているでしょう。生徒がプロジェクトを行うように、教師も批評と修正という、プロジェクト設計に不可欠な要素を採用することでＰＢＬの実践を改善し続けています。

質の高いＰＢＬの枠組みを、本書はどのように反映しているか

二〇一八年、ＰＢＬに関係のある二七人の教育者やオピニオンリーダー、プログラムのなかにＰＢＬを大きく取り上げている組織の代表者からなる運営委員会が、「質の高いＰＢＬとはどのようなものか？」という問いについて、生徒の経験の観点から記述した「質の高いＰＢＬの枠組み」をまとめあげました。この運営委員会には、フィンランド、チリ、韓国、中国といった国々の国際的な代表も含まれていました。

この枠組みの目的は、教師、学校、研究者、教育リーダー、政策立案者、ジャーナリスト、カ

（8）日本の学校および教育システムでは、これがブレーキになっているかもしれません。この項目（および残りの項目）について詳しく書いてあるのが『教育のプロがすすめるイノベーション』なので、ぜひ参考にしてください。
（9）日本でいう教員研修ですが、残念ながら日本では、「継続性」が大きな問題であり続けています。
（10）日本語に訳すと「単元」となる、学習のひとまとまりのことです。「単元」と訳すと単なる教科書教材の「課」のようなイメージで受け取られるため、「ユニット」としています。

リキュラムやサービスの提供者などの仕事をリードするために、質の高いＰＢＬとは何かについての共通合意（これまでは存在しなかったのです）を作成することにありました。

この取り組みはバック教育研究所によって促進され、いくつかの財団から支援を受けたうえで行われました。枠組みの開発には一二か月を要し、一般の人々、教師、その他の組織からの意見を取り入れながら、極めて協働的で反復的なプロセスを経て行われました。

それでは、プロジェクトが高い質をもつと判断されるために、ある程度当てはまらなければならない六つのＰＢＬの枠組みに関する基準をご紹介します（六つの基準の背景にある理論的な研究などの詳細については、https://hqpbl.org を参照してください）。

①知的な挑戦と成果

生徒は深く学び、クリティカルに考え、優れたものを目指しています。生徒は、

・挑戦的な問いや疑問に対して、長期間にわたって向きあうことができますか？
・教科領域や知的分野の中心となる概念、知識、スキルに集中することができますか？
・学習とプロジェクトが成功するために必要な、研究に基づいた指導とサポートを受けることができますか？
・最高の品質をもっていると言えるような作品を完成させることに全力を尽くすことができま

すか？

②本物を扱う

生徒は、自分たちの文化、生活、将来に関連している、意味のあるプロジェクトに取り組みます。生徒は、

・学校外の世界や、個人的な興味・関心につながるような活動ができていますか？

・学校外の世界で使われているツール、科学技術、デジタル技術を使うことができますか？

・プロジェクトのテーマ、活動、成果物について、選択する権利をもっていますか？

③成果物を公にする

生徒の成果物は公開され、議論の対象となり、批評されることになります。生徒は、

・自分の成果物を展示できる場があり、教室を超えて、仲間や見てくれる人に対して学習内容について説明することができていますか？

・成果物を見てくれる人からフィードバックを受けたり、直接、対話に参加したりしていますか？

④協働すること

生徒は、対面またはオンラインでほかの生徒と協力したり、大人のメンターや専門家からアドバイスを受けたりします。生徒は、

・複雑な課題を完了するために、チームで活動をしていますか？
・効果的なチームのメンバーやリーダーになるための学びを行っていますか？
・大人のメンター、専門家、地域の住民や企業や組織との連携方法について学んでいますか？

⑤プロジェクト・マネジメント

生徒は、プロジェクトの開始から完了まで、効果的に進めるためのプロセスに則っています。

生徒は、

・多段階のプロジェクトを通して、自分自身とチームを効率的かつ効果的にコントロールすることができますか？
・プロジェクトをコントロールするプロセス、ツール、方法を使用することを学んでいますか？
・デザイン思考[11]の視点とプロセスを適切に使用していますか？

⑥**振り返り**

生徒は、プロジェクトを通して自分の成果物と学習を振り返ることになります。生徒は、
・自分自身やほかの生徒の成果物を評価し、改善点を提案することを学べていますか？
・学んでいる教科領域の知識、概念、成功するためのスキルについて考えたり、書いたり、話し合ったりしていますか？
・自分自身の主体性を高めるためのツールとして、振り返りを行うことを位置づけ、それを使うことができていますか？

アメリカおよび世界中の教育者や組織は、この「質の高いＰＢＬの枠組み」が発表されたとき、賛同を示すために署名しました。彼らの努力は、今日でもなお勢いを増しています。賛同者はすべて、生徒のために、その枠組みに記載されている姿を現実にするためのさまざまな方法をもっているのかもしれません。

バック教育研究所の場合は、『ＰＢＬのスタンダードを設定する』［参考文献39］や本書で説明

（11）　授業でデザイン思考がどう活用できるかについては、『あなたの授業が子どもと世界を変える』（とくに第7章）を参照ください。

されているように、ＰＢＬ実践のゴールドスタンダードの存在があるという点で私たちのモデルとなるものです。本書で紹介されている教育実践とプロジェクト・デザインは、六つの基準によって提示されたすべての質問に対して、「はい」という答えを導きだします。

バック教育研究所が見据えるビジョンは、出身地やその生徒の背景に関係なく、すべての生徒が質の高いＰＢＬを体験する機会をもつことです。私たちは、ＰＢＬがうまく行われた場合、生徒が自分の人生や世界の課題に対応するために必要とされる知識やスキル、さらには成功するためのスキルを学べるようにすることによって、教育における公平性のためのツールとしての役割を果たすと信じています。

私たちは、本書とそれに付随する映像シリーズが、あらゆる教育レベルの、あらゆる場所で、機会に恵まれない生徒を含めたすべての生徒のために素晴らしいプロジェクトをデザインし、それを促進する教師の能力を高める一助になることを願っています。

愛と目標とするものを握りしめて、前へ向かって進んでいきましょう。

二〇一八年二月

ボブ・レンツ（バック教育研究所理事長）

もくじ

プロジェクト学習とは――地域や世界につながる教室

はじめに

学校の変化に関するあらゆることは、その成功のために高度な専門性をもった教師次第で起こされるものである。（リンダ・ダーリング－ハモンド[1]）

プロジェクト・ベースド・ラーニング（プロジェクト学習、以下ＰＢＬ）が、アメリカ国内のみならず、世界中で重要な教育方法として浸透してきていることは間違いありません。

ＰＢＬを導入する理由はさまざまで、学校のシステムによっても事情は異なります。しかし、今日の複雑な世界では、生徒が大学進学、キャリア設計、積極的な市民活動に向けた準備をする際、生徒に新たな要求が課せられていることがさまざまな場で認識されつつあります[2]。このよう

（1）（Linda Darling-Hammond）スタンフォード大学教授で長年、教育改革についての具体的な指針を提供し続けている人の一人です。邦訳書には、『パワフル・ラーニング』と『よい教師をすべての教室へ』があります。

（2）たとえば日本でも、平成二九、三〇年度版学習指導要領について、「何を理解しているか」より「何ができるようになるか」が重視されているということを耳にしたことがあるのではないでしょうか。これは、「学力」というものの意味が、単に知識をつけることだけではなく、より高い水準のものが求められるようになったと捉えることができます。生徒に課せられた「新たな要求」を指し示すことがイメージできるのではないでしょうか。

な要求にこたえるためには、従来の教師中心の指導から、より革新的（イノベーティブ）で生徒中心の学習へと、根本的なところでのシフトチェンジが必要となります。

シフトさせるだけの準備ができている学校では、生徒が将来の課題に取り組むためのより良い準備ができると実証された枠組み、つまりＰＢＬを提供しています。深い学びを可能にするプロジェクトを通して、生徒は深い学びにつながる知識を習得すると同時に、クリティカルな思考方法、信頼性のある情報の分析、さまざまな仲間との協働による活動、創造的な問題解決など、二一世紀における成功のためのスキルを身につけることができます。

ＰＢＬに取り組むプロセスのなかで、生徒はよい質問をすること、臨機応変に対応すること、時間を管理すること、締め切りを守ること、そして課題に挑戦し続けることを学びます。うまくいけばＰＢＬは、生徒が自己管理する学習[3]を促進します。まさに、これらの能力は、生徒が自分自身でつくりあげるこれからの世界で、成功することを可能にする能力と言えます。

生徒に対する新たな要求が生じてきたことに伴って、教師に対しても新たな課題が生じています。教師自身が生徒と同じくらいの年齢だったころ、ＰＢＬを経験した人は少ないことでしょう。さらに教員養成課程では、ＰＢＬの手法が取り入れられたのは最近のことです。

これまでの経験が少なかったり、専門的なトレーニングを受けていなかったりするため、多くの教師がＰＢＬに対する困難や不安に直面しています。彼らは、ＰＢＬを導入することは、授業計画や評価、毎日の授業の習慣を、まさにゼロから立ちあげることを意味するのではないかと不安に思うかもしれません。また、ＰＢＬのための時間枠をつくったとしてもカバーしなければならないカリキュラム、学習内容を扱いきれるのかということを心配しています。

ＰＢＬをはじめたばかりの人は、「ＰＢＬで何が変わるのか？　私の教室では、何が変わらないのか？　そして、それが正しいことなのかについてどのように判断することができるのか？」という疑問をもたれることでしょう。

バック教育研究所（ＢＩＥ）は、対面型のワークショップ(4)を通じ、何千人もの教師がＰＢＬに対する自信をもてるように支援してきました。『ＰＢＬのスタンダードを設定する』［参考文献39］は、ＰＢＬへの関心の高まりに応じて書かれたものです。この本の目的は、教師や学校のリーダーが、場所や学校の状況に関係なくＰＢＬをうまく設計し、実践することを助けることでした。住んでいる場所や文化的・民族的な背景などに関係なく、すべての生徒たちが、質の高いＰＢＬの経験から恩恵を受けることになるのです。

(3)　生徒が学習する目的を理解し、生徒自身が、何をどこで、どのように学ぶかなど、日々の学習の計画や意志決定の主体となる学習のことです。

(4)　新型コロナの関係で、今はすべてをオンラインのワークショップに切り替えて実施されています。

『ＰＢＬのスタンダードを設定する』では、ＰＢＬ実践のゴールドスタンダードの枠組みを紹介しました。ＰＢＬ実践のゴールドスタンダードには、理論的研究と教師や学校のリーダーからの広範で実践的な意見に基づいて、深い学びを実現するという面で高い水準が設定されています。これはとても重要なことです。ＰＢＬの実践内容が不十分であれば、貴重な学習時間を無駄にしてしまう可能性があるからです。

私たちは、楽しい体験型の活動に焦点を当てながらも、重要とされる学習目標に対応できていないプロジェクトをあまりにも多く見てきました。[5] 一方で、ＰＢＬがうまく行われている場合は、意味のある形で教科の内容に深く入り込むための段階が設定されています。ＰＢＬは挑戦的な問いに対して、持続的に向きあう必要があります。生徒は単に内容を学ぶだけでなく、それを応用できるようにならなければならないのです。

ＰＢＬ実践のゴールドスタンダードの定義を食事にたとえると、ＰＢＬはデザートではなく「メイン料理」としての学習です。一貫して、そして深く、有意義な学習を達成するために、ＰＢＬ実践のゴールドスタンダードではプロジェクト設計に不可欠な七つの要素を満たすことを求めています（**図０－１**参照）。

プロジェクトのはじまりから終わりまで、これらの要素を強調することは、生徒と教師が同じく獲得しようとする価値のある学習体験を確実なものにするのに役立ちます。これらの要素は、

図０－１　PBL実践のゴールドスタンダードにおける
プロジェクト設計に不可欠な七つの要素

ＰＢＬを常に行っているか、たまにしか行っていないかにかかわらず、プロジェクトを成功させるための手助けとなります。

『ＰＢＬのスタンダードを設定する』では、ＰＢＬによる指導がなされた七つの実践も紹介していますが、それぞれの要素については深く掘り下げていませんでした(6)。教師、学校のリーダー、教え方のコーチなどのフィードバックから、より多くのことを望んでいるということが分かりました。ＰＢＬ実践へと移行している教師は、質の高いプロジェクトの実践例をより多く求めているのです。

---

(5)　日本でも、「活動あって学びなし」という文言が知られています。このことと対応しているものと言えるでしょう。

生徒がつくりあげる、最終的に洗練された学習の「結果」だけではなく、この種の学習を行っているすべての生徒をサポートし、参加できるようにするために、教師がその「過程」で行っている日々の指導方法をもっと見たいと考えています。彼らは、カリキュラムのなかでPBLのための十分な時間枠をつくるために、ほかの教師がとった方法を聞きたいと思っているのです。本書とも関連するものですが、無料で見られる一連の映像では、PBLによる指導を行う教師の視点から、PBLを行っている教室ではいったい何が起こっているのかを、より詳細に見ることができます（一度自分のアカウントをつくり、my.pblworks.org/resources の「project videos」を参照してください）。

PBLの授業実践

生徒がPBLで成功するためには、教師はその指導方法を大きく変えなければならないかもしれません。従来のように知識を教え込むような指導や、教科書、テストに頼って指導してきた教師は、とくに変える必要があるでしょう。PBLの教師は、知識を伝達する「何でも知っている専門家」としての役割ではなく、十分な情報をもったコーチであり、学習の促進者であり、探究のサイクルを通してガイドとしての役割を担うことになります。

PBLの教師は、すべての「答え」をもっていることよりも、アクティブな質問をすること、好奇心をもつこと、および仲間と学習を行うことを奨励します。そのような教師は、すべての生徒が「声」（発言する権利や意見）をもっている学習環境をつくりあげます。また、そのような教師は、学習内容をもちろん熟知していますが、生徒の質問に対しては「それは分からない……。一緒に調べてみよう！」と答えます(7)（**図0－2**参照）。

ＰＢＬによる指導への移行は、生徒の成功に役立つであろう方法を教師が見極めて採用し、段階的に行われる場合がほとんどです。生徒がすべての分野の内容を一貫したプロジェクトによっ

（6）教師に対して、実践に関するアドバイスをするなど、教師を手助けする役割として学校内にいる存在のことです。日本で言うところの「指導主事」などとは少しイメージが違います。元々は、国語の教え方がライティング・ワークショップとリーディング・ワークショップに転換したところからスタートし、それがかなり効果的だったので他教科に普及しています。この教え方が生徒対象に効果的なら、同じように教師対象にも効果があるはずだと！　日本の指導主事になりたくてなっている人はあまりいないでしょうが、教え方のコーチのほうはみんな希望でなっています。その理由は、自分の影響力をより広く行使できると思うからです。単に自分のクラスの子どもたちを対象にするだけでなく、コーチする教師のクラスの子どもたちまで、自分のしたいことを広げることができるからです。そんなことを考えている指導主事は、日本にいるでしょうか？

（7）この大きな転換について書かれている本として、『ＰＢＬ』、『あなたの授業が子どもと世界を変える』、『教育のプロがすすめるイノベーション』、『教育のプロがすすめる選択する学び』、『言葉を選ぶ、授業が変わる』、『オープニングマインド』、『退屈な授業をぶっ飛ばせ！』、『私にも言いたいことがあります！』、『「おさるのジョージ」を教室で実現』などがありますので、ぜひ参照してください。

て学習していて、壁一面がＰＢＬによって生みだされた内容や成果で埋め尽くされているような学校で教えている場合を除いて、多くの学校では伝統的な指導方法とＰＢＬの指導を交互に行うことになるでしょう。たとえば、多くの教師は、一学期に少なくとも二つのプロジェクトを行うという目標を設定しています。

教育界で、ますます普及しつつある個別化された学習はＰＢＬと互換性があり、多くの生徒中心の指導方法(8)についての考え方を共有しています。ＰＢＬは生徒の声と選択の重要性を認めていますが、個別化された学習は、生徒の個々の興味、能力、発達上の必要性をさらに重視していると言えるでしょう。［参考文献34］

個別化された学習に重点を置いている学校では、「何ができるようになるか」を重視する学力観に基づいて、内容とスキルの習得を目指す授業展開を重視する傾向にあります。生徒それぞれの長所や、成長のために必要とされる分野を記述している学習者の個人プロフィールを利用したり、特定の能力を習得した生徒にバッジを授与したりすることさえあるのです。

さらに、生徒は通常の授業時間割のなかに、情熱をもって取り組むプロジェクトや「才能を磨く時間(9)」の体験を通して、個々の興味を追究する時間を設けることができます。また、個別化を促進するために学校では、生徒がいつ、どこで、どのように学習するかをより自由にコントロールできるように、対面授業とオンライン学習を組み合わせた「ブレンデッド・ラーニング(10)」のア

図０−２　PBL実践のゴールドスタンダードにおける七つの教師の役割

プローチを採用することもあります。

さらに一部の学校では、一日の一部の時間帯に生徒自身の関心事を追究し、それ以外の

---

(8)　この生徒中心の指導法に興味のある方は、『シンプルな方法で学校は変わる』や『学習する自由』、『ようこそ、一人ひとりをいかす教室へ』、『教育のプロがすすめる選択する学び』、『「学びの責任」は誰にあるのか』などがおすすめです。

(9)　「才能を磨く時間（Genius Hour）」は、生徒が自らの興味に従って、好きな疑問を探究するプロジェクトです。

(10)　二〇二〇年に起こった新型コロナウイルスの蔓延による影響もあり、最近日本でも、大学などでそのあり方を模索する動きが出はじめています。ただ、ここで示されているのは、「それしかないから」ブレンデッド・ラーニングを行うという消極的なものではなく、コロナ禍のはるか以前から積極的な価値を想定しているものであるということに注意が必要です。

時間帯にはほかの生徒と協働し、スタンダードに基づいたプロジェクトに参加するという、個別化された学習とPBLの組み合わせも検討されています。

プロジェクトが、チームやグループで行われるのか、個人で行われるのかにかかわらず、教師の取り組みが力を入れたもので、質の高いPBLの実践となっていれば、その経験すべてが、教師と生徒にとって学年のハイライトとなる可能性を秘めています。

次章以降では、**図0-2**に示した、生徒の成功を後押しする「PBLの指導」で重要となる七つの内容についての見識を得ることができます。それぞれの項目では、幅広く、そして実践的な方法を見いだすことができ、教師が教室での経験を振り返った内容を読むことができます。生徒の声が質の高いPBLに不可欠であるように、教師による選択は、効果的なPBLの指導を行うには不可欠なのです。

文化をつくる

教室の文化は、思いやりの倫理観、卓越性の重視、そして共有された意図の感覚を伝えます(11)。適切な文化は、生徒の自立心を高め、協働で取り組む姿勢を育み、成長マインドセットを促し、リスクを冒すことを支援し、質の高い活動を奨励し、インクルーシブな環境や公平性をつくりあげます。多くの点で文化は、生徒の声や選択、探究心に関する持続性を生みだす「原動力」となります。前向きな文化は、一日だけの営みでは築けません。生徒と一緒になって、コミュニティーをつくるための継続的な努力が必要なのです[12]。

学習をデザインし、計画する

学習経験を意図的に設計することは、生徒と教師がＰＢＬの可能性を最大限に活用するための場を設定することでもあります。プロジェクトを計画するうえで重要なことは、形成的評価と総括的評価の計画を含むプロジェクトの青写真を用意することです。計画段階で教師が決めておくべきことには、資料収集のほか、潜在的には専門家や地域の協力者との連携なども含まれます。

ＰＢＬの計画は、生徒の声と学習を選択する余地を与えますが、プロジェクトが手に負えないほどメチャクチャなものにならないようにします。

---

(11)　成長マインドセットとは、能力は時間が経過するにつれてよい方向へと変化し、努力が結果に大きく影響するという考え方のことです。これと対義的なものが、生まれつきの能力が大きく結果を左右するという考え方の「固定マインドセット」です。詳しくは、『マインドセット「やればできる！」の研究』と『オープニングマインド』を参照してください。

(12)　それは、ライティング・ワークショップやリーディング・ワークショップがつくりだしている文化・環境（下のＱＲコードを参照）と似ています。

スタンダードにあわせる

プロジェクトを意味のある学習目標にあわせることで、教師はＰＢＬが深い学びの実現に寄与し、優先順位の高い基準と高次の思考に重点を置いたものであることを保証することができます。(13) さらに生徒は、自分たちが何のために、何を学んでいるのか、そしてＰＢＬが教室外の世界とどのように関係しているのかについて理解する必要があります。

活動をうまく管理する

よく管理されたＰＢＬの経験は、生徒が深い学習へと到達し、人生レベルで役に立つチームワークと自己管理能力を開発することができます。プロジェクト管理は、生産性と効率性に焦点を当てています。ただ、ＰＢＬは決められたレシピに従うことではありません。うまく管理されたプロジェクトは、時にはよい意味で「雑然とした」学習を可能にします。

生徒の学習を評価する

評価は、生徒が学習内容の習得に向かって活動することを保証するものです。それは、単に「選別」や「順位づけ」のためのものではなく、「成長」するためのものとなります。ＰＢＬでは、チームと個人の両方に対するフィードバックを含む、形成的評価と総括的評価のバランスが必要となります。

フィードバックは、教師だけでなくクラスメイト、専門家、成果物を発表する際の聴衆を含む複数の視点から得ることができます。生徒には、包括的なフィードバックに基づいて成果物を改善し、再評価を受ける時間が与えられます。

生徒の学びを支援する

個々の生徒のニーズに応じた学習支援は、すべての生徒がプロジェクトを成功させ、学習目標を達成するために必要とされる条件です。「生徒たちがみんな成長する」という公平さを重視するクラスでは、生徒の学習経験、言語の流暢さ、読解力などの違いが成功するための障害とはなりません。

生徒は夢中になって取り組み、教師はコーチングする

夢中になって取り組み[14]、コーチングをするという方法は、生徒の長所を引き出すことになりま

(13)　高次の思考には、分析、応用、統合、評価などが含まれます。概念レベルの理解も含めるべきでしょう。低次の思考は、通常の授業の八〜九割を占めている暗記／覚えると知識の理解です。

す。コーチング[15]は、質問、モデル化、振り返りなどによって内発的な動機づけを高め、生徒が学習目標を達成することを助けます。教師と生徒の間の思いやりや信頼関係は、ＰＢＬを成功させるための基礎となります。

最後の章では、ＰＢＬへ移行した教師からのアドバイスと、実践の振り返りを読者のみなさんに提供しています。彼らの経験は、「ＰＢＬは実践を積むことによってより良くなる」ということを私たちに示しています。熟達したＰＢＬの教師になることは、学校のリーダー、教え方のコーチ[16]、同僚に、効果的に支えられた「継続する」教員研修のプロセス[17]です。ＰＢＬへの移行が果たされると、多くの教室で日々の実践が変化します。ちなみに教師は、ＰＢＬという枠組みのなかで試行錯誤されてきた資料や方法の効果的な活用の仕方を発見して、安心するといったことがよくあります。

ＰＢＬを導入したとしても変わらないものがあります。それは、「生徒の生活では、思いやりのある教師の存在が重要である」ということです。実際、教師がＰＢＬを導入しはじめると、結果として「生徒のことをより良く知ることができるようになった」と思うことがよくあります。ＰＢＬへの移行を果たした教師の間でよく言われていることは、「**生徒とプロジェクトを行うことで、私がなぜ教師の道を志したのかについて思い出させてくれた**」というものです。

教師の紹介

国内でＰＢＬの指導を行っている教師たちが、本書とそれに付随する一連の映像によって、い

(14) 原語は「Engage」です。学習に夢中になって取り組むことを指します。生徒がそのような状態になるためには、当然ながら、動機づけられるような活動や課題でなければなりません。単に、「教科書の次のページはこれだから、今日はこれを学習しましょう」のような、誰かに押しつけられた、学習者の動機づけにならない学習では、この状態になることはほとんどないでしょう。

(15) コーチングとほとんど同じ意味で使われるのがカンファランスです。元々、ライティングとリーディング・ワークショップで生徒たちが「ひたすら書く」や「ひたすら読む」をしている間に、教師が個別の生徒に質問・モデル化・振り返りなどを中心にしたやり取りをするところからはじまり、現在は国語だけでなく、算数・数学、理科、社会などでも行われるようになっています。詳しく知りたい方は、ＱＲコードのリストのなかから興味のもてそうな本を読むか、ブログ「ＷＷ／ＲＷ便り」の左上の検索欄に「カンファランス」を入力すると大量の情報を得ることができます。

(16) 九ページの注(6)を参照ください。

(17) 日本の教員研修はイベント性が高いですが、professional learning（＝プロの教師としての力量形成）は継続的なものと協働的なものであるだけでなく、しっかり生徒たちの学びの質と量に反映されることが条件となっています。また、「プロセス」は「サイクル」のほうがよいと思います。ＱＲコードを参照してください。

つでもその教室をのぞき見できるような状態にしてくれています。彼らはさまざまな学年や教科・科目で教えており、学校の生徒数や生徒の家庭の経済状況なども異なっています。それぞれ違った生徒の学習を支援するために、特定のＰＢＬの指導法をどのように活用しているのかについて説明しています。特別な記載がないかぎり、彼らの話は、インタビューや著者・撮影スタッフとの個人的なやり取りに基づいたものとなっています。

本書には、都市部の高校の数学教師、英語を母語としない児童が多い小学校の教師、生徒に十分な知識をもった市民になってほしいと願う郊外にある中学校の理科教師、特別な支援を必要とする生徒の割合が高い高校の化学教師というように、本当に多くの、さまざまな教師の話が織り込まれています。そのなかには、「家族で初めて大学に進学する」という生徒たちを教えている教師もいます。

教育に関する公平性の擁護者であるこれらの教師たちは、すべての学習者が将来に向けた準備をするためにＰＢＬが最良の方法であると考えています。また、ＰＢＬを実践する教師が新しい指導方法に自信がもてるようにサポートする、重要な役割を担っている教え方のコーチからも話を聞くことができます。

背景はさまざまですが、これらの教育者たちは、「生徒たちはＰＢＬの課題に挑戦していくことによって成長する」という信念を共有しています。すべての生徒に高い期待を寄せることは、

PBLの文化においては不可欠となります。ある高校の教師（文系）は、生徒に対して、「私はあなたを信じていますよ」と定期的に言っています。

本書の特徴

本書には、PBLの指導のあり方とPBLが地域社会で定着するための方法について理解が深められる、以下の**コラム**が各章に掲載されています。

ゴールドスタンダードの指標――バック教育研究所のPBLによる指導のためのルーブリック（付録）を用いて、ゴールドスタンダードに基づいたPBLの指導や実践がどのようなものであるべきかを各章で説明しています。

試してみましょう！――あなたが置かれている状況のなかで、PBLを支援するための活動についての説明をご覧ください。これらのアイディアを、生徒や同僚と一緒に試してみて、その結果を振り返ってみてください。

コーチのノート――「教え方のコーチ」や教師のリーダー（管理職、教科や学年の主任）は、どのようにPBLをサポートすることができるでしょうか？　ベテランのコーチが実践を改善し、PBLによる指導によって教師の自信を高めるための提案をします。

付録

付録には、あなたがPBLを実践する教師としての能力を継続的に開発するのに役立つであろう、二つの資料が含まれています。

PBLによる指導におけるルーブリック——参考にしていただくために、PBLを実践するためのルーブリックの完全版を付けています。評価基準をレベル別に、学習者の具体的な姿をイメージできる形で示したこのルーブリックは、PBLを行う教師をはじめとして、成長中のPBL教師のためのゴールドスタンダードとして七つの章に対応して記載されています。専門的な成長のためのツールとなることをねらいとしているこのルーブリックは、自己の振り返りのため、専門性の向上のため、PBLについての同僚との会話のために有用なツールとなります。

完成した生徒の学習ガイドのサンプル——教師は、PBL実践のゴールドスタンダードに基づいた場を設定するために計画します。読者が、教科の内容もしっかりとカバーし、それでいて深い学びに誘うことのできるプロジェクトとして学習計画がデザインできるように、付録として、本書で議論されているプロジェクトの例の一つ（「革命を裁判にかける」詳しくは、二二四ページを参照ください）において作成された生徒の学習ガイドを付けています。

第1章 文化をつくる

ポジティブな学級文化は、ＰＢＬのためのインクルーシブな学習者のコミュニティーをつくる。

テラニア・ノーファー先生が教えている高校生は、微分積分を学ぶ準備段階の授業（初歩的な代数の復習に加え、指数関数、対数関数、三角関数などの基礎が含まれる）にたどり着いたとき、自分に何が期待されているのかについて正確に理解しています。教室の前にあるスクリーンには、その日の「成功への第一歩」と題された明確な指示が映しだされているのです。この三分間の個人活動は、学習やプロジェクト活動に向けた思考のウォーミングアップとなっています。「成功への第一歩」の典型的なものとしては、方程式を解くことで「将来、大学で必要とされる

（1）「前向きな、積極的な、楽天的な、建設的な、肯定的な、支持的な、確かな」などと訳される言葉ですが、一つに限定するのが難しいのでカタカナ表記にします。

式を使って、アリアが大学２年生になるときまでにかかる学費を求めましょう。アリアは、今現在12歳です。

$$A(t) = 17{,}907 \times (1.04)^t$$

選択肢
A $25,487.20
B $24,507.00
C $23,564.40
D $22,658.10

（注）元金17,907ドルにおける年利４％の複利計算です。選択肢は、tの値（期間）が６年から９年の場合の学費となっています。

費用を計算せよ」というものが挙げられます。たとえば、上のようなものです。

　これは、適当につくった問題ではありません。オクラホマ州オクラホマシティにあるノースウェスト・クラッセン高校の生徒たちは、学んだ指数関数、対数関数、有理関数を応用して、現実に存在する「クライアント」[2]がファイナンシャル・プランを立てるのを支援するというプロジェクトをはじめました。この問題は、そのプロジェクトの序盤となる段階なのです。彼らはすでに、大学進学のための貯蓄（アリアの家庭の場合）、住宅ローンの支払い、どのタイミングで退職するかなどに関する計画など、経済面において相談したい悩みをいくつかもっている七人の「クライアント」に会っています。

　生徒たちは彼らの原動力となり、学習の「鍵となる問い」[3]に取り組みはじめました。その問いとは、「どのようにすればクライアントが満足・納得してくれるファイナンシャル・プランを設計することができるのか？」というものです。

ウォーミングアップを終えた生徒に対してノーファー先生は、その日に行う学習目標の概要を説明します。

「ファイナンシャル・モデルを表す方程式をつくってから、それを使って実際の状況を解決してみよう」

先生は、「この目標は、何を意味するのでしょうか？　これを知ることは何を意味するのでしょうか？　それは、私たちが向きあっている問いを解決するのにどのように役立つのでしょうか？」といった質問を投げかけ、生徒たちに、三人グループでその質問について話し合うように指示します。

生徒たちは、新しい概念をプロジェクトの目標と関係づけて簡単な話し合いを行います。その後、先生は指数関数に関する新しい問題を紹介するために、生徒たちのグループ隊形を解消します。ノーファー先生は生徒たちに十分な情報を与えて、生徒たちが問題に取り組めるようにしています。生徒は、自分で問題に取り組むのか、クラスメイトと協力して取り組むのか、または教

（2）　専門的なサービスを利用する顧客のことです。

（3）　原書は「driving question」となっています。「プロジェクトを推進する問い」という意味ですが、本書では短く、プロジェクトを推進するうえでの「鍵となる問い（essential question）」を使います。

師が用意した資料を使って取り組むのかについて、自分で選択することができます。(4)

「今日は答えが出ないかもしれません。明日になっても答えにたどり着けないかもしれません。苦労したとしても、まったく問題はありません」と、ノーファー先生は言います。生徒たちは、三日後に自分たちの理解と自分たちが考えた問題解決のための方法をクラスで発表することが期待されている、と分かっているのです。

生徒たちはその問題について話し合い、考えついた問題解決のための方法を互いに比較しながら、すでに対話をはじめています。先生が机間《きかん》指導をしているとき、無言でいる生徒の前で立ち止まりました。その女子生徒は顔を上げて、「ノーファー先生、私は数学が苦手です」と打ち明けました。

ノーファー先生は、「あなたは、記憶したことを覚えていられる時間が短いのかもしれないね！」と優しく笑顔で答えて、次のように続けました。

「あなたは、問題に取り組むたびに同じことを言っています。この前、困っていた難題について、苦労して乗り越えたときのことを覚えていますか？　一緒に書いた決まりを覚えていますか？　そのなかの一つに、『私たちはみんな、成長マインドセット(5)をもっている』というのがありました。忘れないでね。私は、あなたのためにここにいるのよ」

教室の文化がＰＢＬに大切な理由

「教室の文化」というものには多面性があるので定義するのが難しいですが、ＰＢＬによってすべての生徒に成功体験をしてもらいたいのであれば、正しく定義することが不可欠となります。学校全体に言えることですが、文化には、共有された価値観、信念、認識、決まり（校則のように明文化されているものと、されていないものも含む）、そして、組織がどのように機能するのかを決める人との関係性などが含まれます［参考文献15、36］。また、その学校の文化は、制服に関する校則やそのデザイン、また行事に至るまで、あらゆる決まり、周囲からの期待、そして伝統によって強化されることになります。

研究者たちは、生徒が安全な場所だと感じているときにもっともよく学ぶことを知っています［参考文献59］。強力な文化は、努力することを励ましてくれたり、力をあわせて活動することを支援してくれたり、モチベーションを高めてくれたりと、学習にとって大切なことに注意を向け

（4）学習活動の難易度を自ら選択することができるということです。当然、生徒自身が自らの現状を把握しておくことが前提となります。

（5）一三ページの注（11）を参照ください。

るものです［参考文献17］。高い達成感を育むことのできる文化は、学習のための条件が常にそこに存在することを保証して、「私たちは何か特別で偉大なものの一部であるという共通の信念」を発信しています。［参考文献27］

実際、文化は「隠れたカリキュラム(6)」と呼ばれるほど学習と密接に絡みあっており、影響力が大きいものなのです［参考文献33］。「ホール・チャイルド(7)」という考え方を専門としているショーン・スレイド（Sean Slade）は、「文化は、生徒が学校で見たり、聞いたり、感じたり、交流したりするすべてのものによって形成される」［参考文献63］と主張したうえで、次のように述べています。

学校や教室に足を踏み入れて数分もすれば、その空間に染みついている文化がどういったものなのかが伝わってきて、そのほとんどが分かってしまいます。そこは、オープンな、共有するのにふさわしい環境なのでしょうか？　それとも、硬直した、規則に縛られた遊び場なのでしょうか？　そこは、安全で歓迎される環境なのでしょうか？　それとも、威圧的で対立的な環境なのでしょうか？　そこは、すべての生徒から生みだされる声を受け入れてくれる場なのでしょうか？　それとも、縮こまりたくなるような場なのでしょうか？　そこは、誰かからの指示を待っていたり、リーダーシップをもっている誰かからの指示をただ待って

いるだけの場なのでしょうか？　それとも、みんなが共通の目的をもっていて、各自が自立できている場なのでしょうか？(8)

教室の文化は、ＰＢＬにおいてとくに大切なものです。探究心があり、リスクを冒してでも取り組む姿勢や粘り強さをもっている自立的な学び手を育てることを目指すならば、文化は非常に重要なものとなります。ＰＢＬに向けた正しい文化をつくりあげるためには、教師だけでなく生徒も継続的な努力と注意を払う必要があります。ＰＢＬの文化は、隠されたものとしてではなく

(6)　「ヒドゥン・カリキュラム」という名前でも知られています。教師が意図していないことも生徒は学びます。これは、意図していなくても「隠れたメッセージ」として、何らかの情報を伝えてしまっているということを意味します。たとえば、「男子は〇〇、女子は△△」などと分けていると、無意識のうちに「男子が先だ」、「男女はまったく別なのだ」と刷り込まれる恐れがあります。ジェンダーの観点からすると、好ましいこととは言えません。この隠れたカリキュラムに対して、授業で押さえることが求められている内容、ないし学習指導要領や教科書に書かれている内容は「見えるカリキュラム」です。

(7)　(whole child) 従来の学力観である「どのようなことを知っているか」だけではなく、一人ひとりの生徒が健康で、安全で、夢中に取り組み、支援され、学びに挑戦していることを目指す取り組みです。

(8)　この内容を授業レベルで表すと、従来の国語の授業とライティング・ワークショップやリーディング・プロジェクトとの比較そのものと言えます。具体的には、『作家の時間』、『読書家の時間』、『イン・ザ・ミドル』およびそれを他教科に応用した『誰もが科学者になれる！』、『社会科ワークショップ』を参照ください。

オープンにつくられ、強化され、称賛される必要があります。

コラム　PBL実践のゴールドスタンダードの指標――文化をつくる

ポジティブな学習文化が確立されると、生徒があなたと、または生徒同士でどのようにやり取りしているのかといった証拠が見えてくるはずです。PBL実践のゴールドスタンダードのルーブリックに含まれている「文化をつくる」の指標には、次のことが挙げられています。

・教室で共有される決まりは、生徒と一緒につくられ、生徒が自分で確認できる。
・定期的に生徒の声をいかしたり、選択してもらったりすることや、生徒がプロジェクトで取り上げたい現実世界の問題を決めたりすることなどが継続的に行われている。
・常に生徒は、教師からの指示を最小限に抑えて、自分が何をするべきなのかについて理解している。
・常に生徒は、健全で機能性の高いチームで力をあわせて活動しており、現実社会の職場環境に似たものとなっている。教師が関与する必要性がほとんどない。
・プロジェクトには、たった一つの「正解」や好ましい方法はなく、リスクを冒したり、失敗したりしても、「そこから学べばよいのだ」ということを生徒が理解している。

・批評と修正、粘り強さ、深い学びを導く思考、質の高い活動をすることへの誇りなどの価値観が教室で共有されており、それらの価値観について生徒同士で責任を取りあっている。

（＊）ＰＢＬ指導におけるルーブリックの完全版は「付録」（三七二ページ）を参照してください。

教師（と生徒）はどのようにして文化をつくりあげていくか

多くの場合、教師は人目を引く方法で文化をつくりあげていますが、あまり目立たない方法でも文化をつくりあげています。たとえば、ノーファー先生の教室では、「成功への第一歩」やそのほかの日課となっている活動、成長マインドセットへの信念、さらには協力しあう関係性を育むために、四人用のテーブルに生徒が座るといった配置にまで文化が反映されています。これらの要素は思いやりのある人間関係を基盤としてつくりあげられたものですから居心地はよいのですが、学習面では挑戦することを大切にするといった文化に貢献しています。

「生徒たちは、私が彼らを愛しているということを知っています」と、ノーファー先生は言います。また、躊躇なくユーモアを織り交ぜるようにもしています。

教育の専門家であるキャロル・アン・トムリンソン（Carol Ann Tomlinson）[9]は、理想的な文化をつくりあげるための教師の役割について、「とてもよい隣人を特徴づけるような態度、信念、実践をいろいろと開発すること」に似ていると言っています［参考文献67］。そして、教室のよい「隣人」の特徴として、相互尊重、安心感、成長マインドセット、「誰もが歓迎されていると感じ、誰もが、ほかの人が歓迎されることに貢献している」といった感覚などを挙げています。

教室での文化がどのようなものであるかを確認するための方法として、ＰＢＬのベテランであるフィローズ・ムンシ先生は、「人類学者であるかのように学習環境を見ること」を提案しています。ムンシ先生は、「あなたの教室では、どのような態度、価値観、目標、実践が共有されているのか？　どのような言葉が使われているのか？　どのような習慣や日課があるのか？　どのような学習の成果物があるのか？」について考えるようにと言っています。これらの要素は、学習文化を捉える、またはつくりあげることに貢献してくれます[10]。

ＰＢＬの文化をつくるための四つの方法

では、ＰＢＬにとってとくに重要な、文化をつくるための四つの方法を詳しく見ていきましょう。これらは意図的に、①信念と価値観、②共有された決まり、③物理的な環境、④お決まりの活動や習慣[11]、に焦点を当てています。以下で紹介する、それぞれの項目に関する幅広い方法と教室の伝統が、あなたと生徒がポジティブなＰＢＬの文化をつくり、強化するのに役立ちます。

ＰＢＬにふさわしい文化は、伝統的な授業やトップダウンで決められた規律しか経験したことのない生徒にとってはなじみのないものに感じられる可能性が高いということを覚えておいてください。クラスの決まりをみんなでつくるなど、より民主的な方法を導入する際には、これらの活動の目的と利点について生徒と話し合ってください。学習コミュニティーに所属する全員が、文化をつくり、それを維持していくために重要な役割を果たしているというメッセージを強調しましょう。

学年のスタート時、「文化をつくりあげよう」と力を入れる教師が多いと思います。しかし、これには継続的な努力が必要なのです。文化をつくりあげるということは、一つのプロジェクトやスローガンを決めたり、集団で活動したりするだけで実現できるものではありません。一年を通して、あらゆるプロジェクトで、すべての生徒がＰＢＬで成功できるような学習環境づくりに貢献しうる価値観、習慣、日課を強化していく必要があります。

---

(9) 生徒一人ひとりの異なる能力やニーズに応えるための教え方を模索し続けている人で、日本語では『ようこそ、一人ひとりをいかす教室へ』と『一人ひとりをいかす評価』が読めます。

(10) この内容に関してさらに参考になるのは、『言葉を選ぶ、授業が変わる！』と『オープニングマインド』です。

(11) 原語は、「protocol（プロトコル）」と「routine（ルーティン）」です。どちらも、あることを実行する際に行うことになっている「やり方」、「手順」のことを指します。少し意味がつかみにくいこともあり、「お決まりの活動」と「習慣（習慣として取り組むこと）」と訳しています。

ニューヨーク市に隣接するブルックリンにある文化的に多様性な高校で化学を教えるレイ・アーメド先生は、PBLで成功するために生徒がよい学級文化をつくり、それを強化するためには努力が必要である、と認めています。アーメド先生は次のようにも述べています。

「私たちは、生徒に敬意を払い、お互いの話を聞き、一緒に活動して、学問的な考え方をもつように教えています。年度当初（九月）の段階では当然難しいですが、年度の半分ほどが過ぎて二月にもなれば、みんなで決めた決まりを責任もって守り、お互いを尊重するようになります。そうなれば、はるかに簡単なものになります」

①信念と価値観——大切なことを共有する

カリフォルニア州ラークスパーで中学校教師をしているレベッカ・ニューバーン先生は、すべてのプロジェクトの終わりに、自分の授業への「フィードバックをしてほしい」と生徒にお願いしています。彼女は、クラスの決まりに則って、親切かつ具体的にフィードバックをするようにと生徒に促しています。

「私は生徒たちに、『何が役に立ちましたか？　何が役に立ちませんでしたか？　ペースはどうでしたか？　活動は多かったですか、それとも十分な量ではなかったですか？　何が一番勉強になりましたか？』と尋ねています」と、ニューバーン先生が話してくれました。

これらの質問に回答してもらった用紙を受け取ると、ニューバーン先生は生徒に対して、メールで個別にフォローアップをします。

「私は、『プロジェクトのペースについてのあなたのフィードバックがとても気に入っています。もっと詳しく教えてもらえますか？　具体的に何がよかったのでしょうか？』などとメールに書いています」

生徒たちは私からの反応に驚いている、とニューバーン先生は言います。「生徒は、『凄い！本当に私からのフィードバックに目を通してくれているんだ！』と言ってくれています。彼らのフィードバックに耳を傾けることが、教室の文化にプラスになると私は考えています。生徒一人ひとりにフィードバックすることを通して、彼らが本当に、自分の声には影響力があるんだと思えるようにしているのです」

自分が大切にしていることを生徒に見える状態にすれば、「先生は学習のパートナーであり、ＰＢＬにおける学習活動のサポーターである」ということを生徒は理解します。教師には、自分の信念や価値観を、生徒と直接、そして行動を通して共有する必要があります。

たとえば、数学教師であるテラニア・ノーファー先生は、「それまで数学を得意としてこなかった人であっても、誰でも成功できると信じている」ということを生徒によく思い出してもらっています。ノーファー先生がよく口にする言い回しの一つに、「ここにいる人はみんな優秀だ」

というものがあります。一年を通して、毎日、生徒に期待していることを伝えているということです。

さらにノーファー先生は、学習目標を生徒の人生の目標に結びつけています。たとえば、ファイナンシャル・プランニング[12]に関するプロジェクトは大学への進学を目指している生徒であれば重要となりますし、簡単に活用することができます。

ノーファー先生が教えている生徒の多くは、家族のなかで初めて大学に通うことになるという子どもたちです。

「つまり、彼らの家族のなかには、大学に行くことがどんな意味をもつのか、どのくらいの費用がかかるのかなどについて理解している人がいないということです。当然、本人もそうです」と、ノーファー先生は話します。「このプロジェクトでは、自分の家族ではない、ほかの家族のファイナンシャル・プランの立案を支援しているわけですが、結果的には、生徒自身の大学進学に向けた計画を考えることを手助けしていると言えます」

同様に、文系の科目を教えているエリン・ブランドヴォルド先生は、生徒たちが「超ポジティブ」になれるような機会を求めています。たとえば、生徒から、「読書をするとき、どのような本を選ぶのが一番簡単ですか?」と尋ねられたら、「あなたが一番興味をもっているものです。そのような本であれば、きっとあなたを飽きさせることはないでしょう」と答えています。

ＰＢＬを志向する教師に共通しているもう一つの信念は、「生徒は、自分が学んでいることの目的を知るべきだ」というものです。ＰＢＬでは、教科・領域で学ぶ概念を現実世界に結びつけることでその「目的」を明らかにします。うまく設計されたプロジェクトであれば、「なぜ、このことを学ぶ必要があるのか？　いつになったら役に立つのか？」という、生徒が長年にわたって抱いていた疑問に答えてくれることになります。(13)

生徒自身が努力した結果を、実際に存在する対象に向けて発信することも、学習経験に意味をもたせるための方法となります。

化学教師のレイ・アーメド先生は、ＰＢＬの目標について、「生徒が自分の関心のあることを中心に、中核となる学習内容をしっかりと計画を立てて学ぶこと」だと述べています。同時に、生徒の対人関係や感情的なニーズを満たすことにも気を配っています。(14)

(12)　人生の目標を達成できるように、お金の使い方の計画を立てることです。二二一ページを参照してください。

(13)　学校内のみでしか通用しない知識にとどまらない学習が、近年とくに求められています。たとえば、平成二九・三〇年版学習指導要領の前文に校種を問わず登場する表現である、「よりよい学校教育を通じてよりよい社会を創る」という記述も、社会をよくすることにつながる教育実践の志向を求めるものであると捉えられています。つまり「あなたの授業はどのように社会をよくすることにつながるのか」と、教師に投げかけられているということです。生徒が学習内容を学ぶ必要性を感じるためには、教師もその目的を明確にもつ必要があります。

「そこにプロジェクトのよさがあります。生徒を巻き込むプロジェクトを通して、学習における対人関係の側面や感情的、知的な側面に取り組むことができるのです」と、アーメド先生は言っています。

　これらのベテラン教師は、ＰＢＬが生徒にとってとても魅力的なものであると考えていますが、同時に、この学習を実現するためのアプローチは容易ではないということも認識しています。ただ、ＰＢＬを志向する教師は、挑戦しがいのある目標を生徒が達成できるように、困難にうまく対処し、質の高い成果を生みだすことができるという信念を「言葉」と「行動」を通して伝えていると言えます。

　ノーファー先生の生徒のなかには、「そんなことをしなくても、答えを教えてくれればいいじゃないか」と言う生徒もいます。それに対するノーファー先生の対応を聞くと、彼女の信念や価値観が反映されていることが分かります。

「私は、生徒の言うことを尊重しますので、生徒の言うことにしっかりと耳を傾けています。しかし私は、『あなたは成長する必要があります』と彼らに伝えています。誰かに教えてもらうというだけの学び方をしていると、自分で解決しなければならない場面に遭遇したとき苦労することになります。私が適切なサポートをすれば、必ずうまくいくはずです。もがき苦しむことがあるかもしれませんが、行き詰まることは決して悪いことではないのです。ひと呼吸置いて、別の方法でアプローチしてみましょう」

ノーファー先生のコメントから、効果的なＰＢＬを実践している教師が共有し、学習のためのポジティブな文化をつくるために重要な核となる価値観や信念をうかがい知ることができるでしょう。

②共有された決まり——ＰＢＬで学ぶ学習者のコミュニティーづくり

ＰＢＬの教室を訪問すると、学級目標を伝える垂れ幕や掲示物、またはスローガンを見ることができるでしょう。通常、これらは、教師によって作成された「注意事項」（例・「五分前行動」、「汚い言葉を使わない」）に重きを置いている「ルール」のようなものとは異なっています。ルールとは、強制や管理のことです。一方、「共有された決まり」とは、クラスメイトと教師がお互いにどのように接し、学習者のコミュニティーとして何を大切にするのかという合意のことです。[15]ＰＢＬでは、共有された決まりがインクルーシブで、尊重しあうという公正な学習文化を支えています（**図１－１参照**）。

(14)　この点に特化した本として『対人関係と感情の学習と脳の機能』（仮題）、そしてその前提として、教師の対人関係と感情的なニーズが満たされていることがこの種の学習を可能にしますので、そのために『心をこめて教え続けるために大切な五つのこと』（仮題）という本も翻訳中です。

図１－１　文化をつくりだすもの

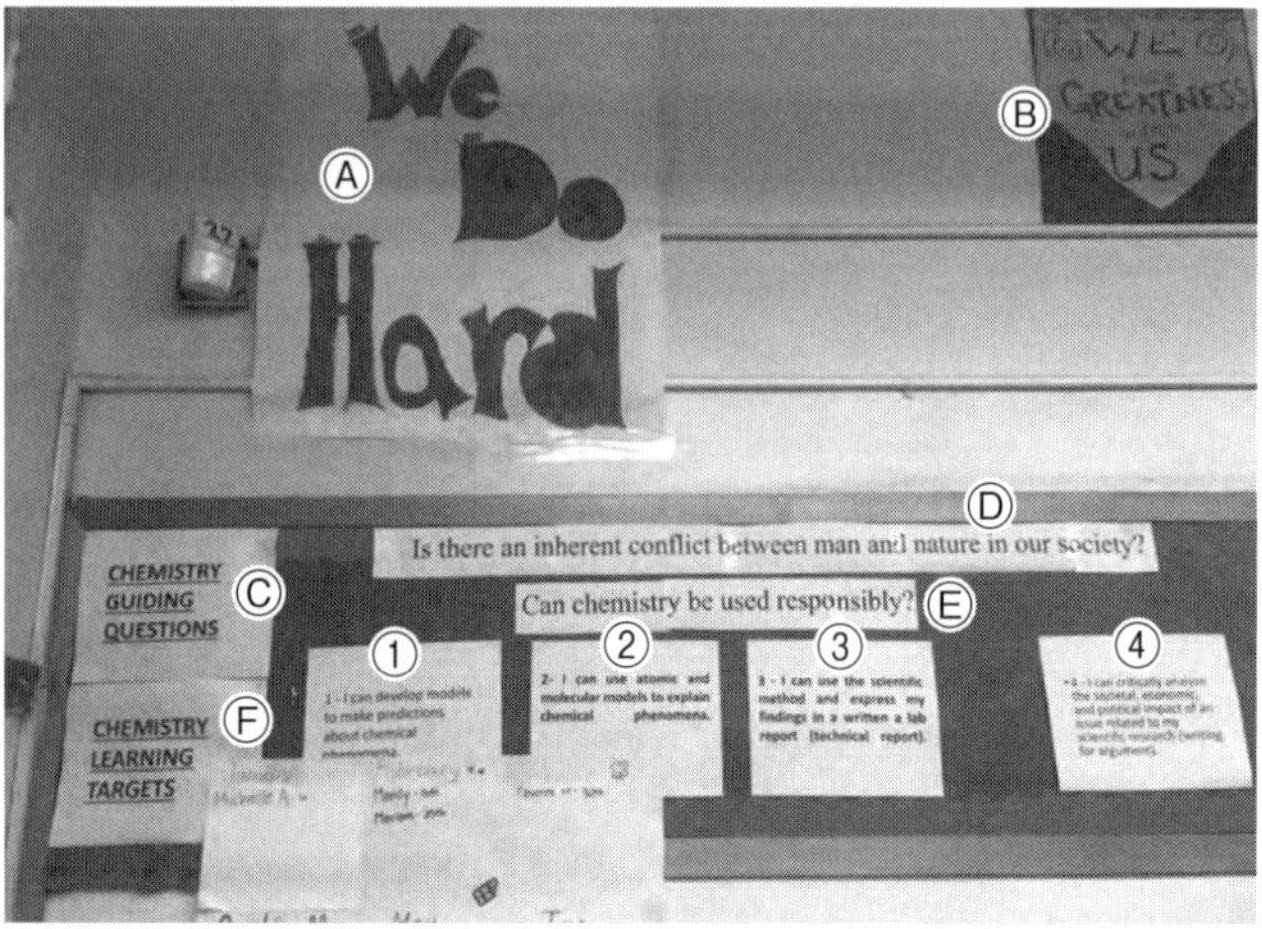

Ⓐ
一生懸命がんばる

Ⓑ
私たちは素晴らしくなれる

Ⓒ化学における鍵となる質問

Ⓓ私たちの社会には、人と自然との間につきまとう対立はあるか？

Ⓔ責任をもって化学を活用することはできるか？

Ⓕ化学における学習の目標

①化学現象を予測するモデルを開発できる。

②化学現象を説明するために、原子や分子のモデルを使うことができる。

③科学的なやり方を活用できている研究レポートを書いて、自分の発見を表現できる。

④自分が行おうとする科学的な研究に関連する問題について、社会的、経済的、政治的影響を批判的に分析することができる。

レイ・アーメド先生の教室では、共有された決まりとポジティブなスローガンが目立ちます。
（＊）写真はジョン・ラーマーの許可を得て掲載しています。

決まりについての合意を得ることは、ＰＢＬを展開するための強固な基礎を築くことを意味します。決まりを設定する場に参加することで、生徒たちは教室の運営方法について発言権をもっているという事実を知ることになります。そして、その決まりを守るために行動すると、自分自身やクラスメイト、教師を含むすべての人に対する責任をとったことになります。このようなプロセスによって従来の権力的な力関係が変化し、より民主的な教室が形成されるのです。

生徒は、家庭環境から学校に、さまざまな文化的な決まりや価値観、期待、習慣をもち込むものです。教師もまた、それぞれの思い込みや偏見をもち込んでいます。共有された決まりをつくる目的は、グループとして期待される姿を確立しながら、各人がもっている価値観を大切にする学級文化を促進することなのです。

図1－2に示した、ノーファー先生による高校数学の授業で採用されている決まりを見てみましょう。ここに示されているものには、公正で魅力的な学習環境をつくるという目標が掲げられています。教師（生徒の理解を助ける）と生徒（自分自身のために主張する）のために、明確か

---

(15)　あえて訳すなら「包摂」となります。元々は、障がいをもっていたり、非母語話者であったりという、特別な支援が必要とされる学習者を想定した場面で使用されている概念です。そうした学習者を「排除」するのではなく、共に学ぶことのできる場をつくること、またそれだけではなく、特別な支援が必要ではない学習者にとっても学びが生まれることを目指したものとなります。

図１－２　共有された決まり

教師と生徒の決まり 次に示すものは、教師と生徒に向けた決まりです。決まりとは、公正で魅力的な学習環境をつくるために、私たちがクラスとして行うと、みんなで決めたものです。毎週、決まりを確認していきます。	
教師の決まり	**生徒の決まり**
1.いろいろな方法で教える。 2.生徒を名前で呼ぶ。 3.生徒の気持ちを気遣う。 a.生徒の状況を理解する 4.よい姿勢を保つ。 a.冷静に対応する。 b.優しい言葉を遣う。 c.忍耐力をもつ。 d.生徒に挨拶をし、「さようなら」を言う。 5.生徒の理解を助ける。 a.無理のないペースで授業を進める。 b.はっきりと説明する。 c.さまざまな学習スタイルに対応する。 d.生徒のベストを期待する。 e.必要に応じて、何度も説明する。 6.できるだけ休まない。 7.尊敬の念をもつ。 a.必要なものをみんなに与える。 b.適切な言葉を遣う。 c.必要に応じて、ふさわしい空間を確保する。 d.説明するときは、前向きな言葉を使う。 e.名前で呼ぶ。 8.成長マインドセットをもつ。	1.成長マインドセットをもつ。 a.自分は成長できると信じる。 b.挑戦し、前向きに失敗する。 c.努力を続ける。 d.自分の学習能力をポジティブに話す。 2.クラスメイトを名前で呼ぶ。 3.自分のすべきことに責任をもつ。 a.学習道具を用意しておく。 b.自分自身を主張する。 c.プロとして振る舞う。 d.締め切りを守る。 e.積極的に参加する。 f.授業に時間どおりに出席する。 4.しっかりと聞く。 a.先生の話を聞く。 b.クラスメイトの話を聞く。 c.ゲストの話を聞く。 d.指示を聞く。 5.できるだけ休まない。 6.よいチームプレーヤーであること。 a.役に立つフィードバックを提供する。 b.冷静を保つ。 c.ほかの人を励ます。 d.脱線しない。 e.思いやりをもつ。 f.適切な言葉を遣う。 g.ほかの生徒と先生とはっきりコミュニケーションをとる。

（＊）テラニア・ノーファー先生の数学のクラスでは、教師と生徒がこれらの契約を守ることに同意しています。

つポジティブな表現がなされていることに気づきませんか。決まりを作成することを通して、誰もが発言権をもち、誰もがそれを実行する責任があるといったことがはっきりと書かれています。

教師は、生徒の年齢や発達段階、経験、学校の文化に応じて、さまざまな方法でこのような決まりを設定します。

また、現実的な考慮事項もあります。たとえば、ノーファー先生は、毎日いくつかの大学準備コースを教えています。学年の当初、ノーファー先生は、その学習を推進するための鍵となる、「数学の授業において、公正で魅力的な学習環境をつくるにはどうしたらよいでしょうか?」といった質問を投げかけるミニ・プロジェクトを導入しています。各クラスの生徒は、共有された決まりについてのブレインストーミングに参加し、合意に達するために投票しました。その後、ノーファー先生は、それらを統合して、生徒と教師への期待を含めたクラス全体の決まりを一つにまとめました(**図1-2**参照)。

ミシガン州ノビにあるシェリー・グリーシンガー先生の教室を訪ねると、彼女が教えている小学二年生たちによってつくられた決まりが書かれているポスターが目に入ります。そのなかに、次のような項目があります。

・みんなをずーっと幸せにしよう。
・賢い選択をしよう。

・先生や生徒をお互いに大切にしよう。
・指示には、すぐに従おう。

その後、生徒と教師は、手による合図や簡単なジェスチャーを使って決まりを強化していきます。たとえば、こめかみを叩くという行為は、「私はいい判断をしました！」を意味しているといったことが考えられるでしょう。

年少の学習者でも、一緒に決まりをつくりだすことは可能です。五歳の幼稚園児を受けもつサラ・レフ先生は、「お互いにどのように接したらいいかな？　今年、頑張りたいことは何？」と尋ねると、園児たちは「自分の発言が大切であることをすぐに学びます」と言います。「私が介入した形でルールを決めるのとはまったく違います。私は常に、子どもたちが何を考えているのかを尋ねているだけなのです」と、レフ先生は話していました。

化学の授業においてレイ・アーメド先生は、生徒たちとポジティブな学級文化の構築に取りかかろうとしています。そして、次のように言いました。

「授業開きの日から、小グループで学習活動に取り組んでもらいます。適切な活動を選べば、あなたが設定しようとしている決まりに命を吹き込むことができます」

先生は、コーチの役割として生徒の話し合いに立ち会い、カンファランス[16]で個別に進捗状況を確認します。また、ギャラリー・ウォーク（五六～五九ページを参照してください）などの活動を導入して、生徒同士での相互フィードバックを促しています。

「すぐにたくさん話して、考えて、一緒に活動をしています。私はポジティブな行動をたくさん褒めて、その行動を推進しています。これをしてはいけないとか、あれをしてはいけないなどと言うのとは一線を画すものです」と、アーメド先生は話しています。

教師のなかには、全校的な合意に基づいて、クラスの決まりをつくりあげる教師もいます。すべての学校が全校的な協定を結んでいるわけではありませんが、「ポジティブな行動介入と支援」（www.pbis.org およびＱＲコード参照）や「生徒のニーズにこたえるクラス」（www.responsiveclassroom.org）などのプログラムを採用している学校では、このような協定はますます一般的なものになっています。

一方、アビー・シュナイダージョン先生は、カリフォルニア州サンノゼで四年生を教えています。彼女は、二〇一六年に公立マグネット・スクール[17]の「ステインドルフＳＴＥＡＭ小学校[18]」が

---

(16) 一七ページの注（15）を参照してください。

(17) アメリカの公立学校の一種で、教育内容に特徴をもった学校です。そのため、近隣の子どもたちだけではなく、幅広い地域から通学が可能となっています。子どもをマグネットのように引きつけることから、このように呼ばれています。

開校したばかりのころにこの学校で働きはじめました。ステインドルフSTEAM小学校では、学校全体の枠組みとして「ポジティブな行動介入と支援」を採用しています。校風の一部として、全校生徒（生徒にかかわる大人も）が次の三つのことを共有しています。

「私たちは、思いやりと尊敬の念をもっています。私たちは、責任ある意思決定者です。私たちは、問題解決者なのです」

シュナイダージョン先生は、このような大まかな書き方をすることから教室での決まりづくりをはじめました。子どもたちに、これらの決まりがどのようにしてクラスで展開されていくのかを、自分の言葉ではっきりイメージできるようにする、と指示しました。クラスに期待される事項を一緒につくることは協働作業となりましたが、それは文化をつくることとの、ほんのはじまりでしかありませんでした。

これらの営みがもつ真の価値は、時間をかけて決まりを強化していくことにあります。「新しい状況に遭遇すると、私たちは自分たちが定めた決まりに立ち返ります。たとえば、クラスでクロームブック（Chromebook）の一式を手に入れたとき、「どのような使い方が適切なのか？どのようにすれば効果的に使うことができるか？」について話し合いました。このようにクラスの決まりは、生徒と教師に、ともに学ぶための指針となる原則を提供してくれるのです。

試してみましょう！——クラスの決まりをTチャートで生みだそう！

教育ブロガーであり、国語教育を専門とするイーストカロライナ大学教授でもあるトッド・フィンリー（Todd Finley）氏は、生徒が決まりづくりに参加したいと思えるようなプロセスを考えています。フィンリー教授がどのように設定しているのか、紹介します。［参考文献24］

❶決まりが学習に重要である理由を、生徒に説明することからはじめる（「なぜ」を共有する）。

❷次に、生徒たちに小グループに分かれてTチャートを作成してもらう。左側の欄には、学習の妨げとなったものの具体例を記述するように求める（例・生徒がミスをしたクラスメイトのことを笑うと、私たちはクラスの話し合いに参加することに消極的になってしまう）。右の欄には、その問題が起きないようにするための決まりをチームで提案する（例・「私たちは間違いから学ぶ」）。

❸クラス全体の活動として、全員が提案した決まりをリストアップし、話し合いを行う。どの決まりが信頼と尊敬を築き、探究心を促し、よい結果を出すための努力を促すことができる

(18)「STEAM」とは、科学（Science）、技術（Technology）、工学（Engineering）、芸術（Art）、数学（Mathematics）の頭文字を取った造語です。この小学校では、これらの分野を重視したPBLが志向されています。詳細は、学校のホームページ（https://www.cambriansd.org/Domain/440）を参照してください。

のか？　また、何が不足しているのか？

❹最後に、どの決まりを採用するのか、生徒に投票してもらって決める。最終的なリストを、この教室での決まりとして共有する。

❺一年を通して、これらの決まりを確認することを怠らず、生徒がクラスメイトと一緒に決まりを強化するように促す。

③物理的な環境——適切な物品を提供することが重要

ＰＢＬのための物理的環境は、教室文化に関する「手がかり」と「信号」を送ります。いくつかの手がかりは、座席を柔軟に動かせるようにするため、椅子にキャスターを付けているというようなはっきりと目に見えるものです（もし、あなたの学校が柔軟性のある家具に投資していない場合は、椅子の脚にテニスボールを置いて、静かに、そして簡単に滑るようにすれば低コストで椅子を「ハック（修正・改善）」することができます）。

そのほかの手がかりとしては、誰がそのスペースを「所有している」のかについて、微妙なメッセージを送っているのかどうかということが挙げられます。

生徒のブレインストーミングを記録するために、ポスター用紙やホワイトボードなどの書き込み可能なものやそのための場所はありますか？　プロジェクトに取り組んでいる最中、生徒には必要に応じて情報機器を使用する権限が与えられていますか？　それとも、それら情報機器は教師の管理下に置かれている状態ですか？

情報機器を生徒の手にわたせば、生徒は発言権や選択権があると感じ、教師と学習者との間のパートナーシップが強化されることになります。

アビー・シュナイダージョン先生の小学校の教室は、柔軟性を最大限にいかすように設計されています。椅子にはキャスターが付いていますし、机は台形で四つを組み合わせると長方形、六つ組み合わせると円、三つ組み合わせると半円になるようになっています。「すべてが非常に柔軟性に富んでいます」と、先生は話しています。

だからといって、生徒たちがバンパーカー(19)で遊んでいるわけではありません。シュナイダージョン先生は、教室の物理的な環境の設定を展開する学習活動にあわせて意図的なものにしており、その意図も分かりやすいものになっています。プロジェクトを展開する場合に協働作業が必要なときは、生徒はチームに分かれて座ります。生徒が個別に考える時間が必要なときは、机と机の間にスペースをつくるよう生徒に指示しています。また、学習を決まった形にしてほしいと思っ

(19)　遊園地にあるような遊具です。床などから電力を受けて動く、ゴーカートのような車に乗って、追いかけっこをしたり、回転したり、ぶつかったりして遊びます。

ている生徒にも配慮しています。「頻繁に席の隊形を入れ替えてしまうと、それを負担に思ってしまう生徒もいますから」と、先生は言っています。

このような柔軟性をふまえた家具があることは利点になります。だからといって、ＰＢＬに必要不可欠なものというわけではありません。それよりも重要なのは、そのスペースがどのように生徒主導の学習をサポートしているのかというメッセージです。

小学校の教師であるエリン・ギャノン先生は、文化を醸成するための活動として、生徒たちが教室の設営に加われるようにすることを提案しています。先生は次のように強調しています。「生徒たちが成功するためのスペースの必要性を、自分たちで決めてもらうのです。生徒たちが、共同作業をすることができるような活動スペースをつくり、どこに座るかを自分たちが決めることができれば、学年の最初から、力強い、ポジティブな文化の土台を築くことができます」

ＰＢＬに適した環境は、学習に対する生徒へのサポートや、そのためにつくる足場を目に見える形にして、アクセスしやすくします。のちの第５章では、生徒の学習に向けて支援をするための方法について説明しますが、ここでは文化をつくる立場の人間として、考慮しておくべき三つの物理的な人工物を紹介します。

プロジェクトの壁――現在進行中のプロジェクト用の掲示板や目立たせたいものの展示スペース

を設けることで、情報を管理し、今後の締め切りや目指すべき到達点を強調して、生徒が現在追究している問いを思い出すことができるようにするほか、必要な情報を把握し、資料を示しておく場所を設けることができます（**図1－3**参照）。

プロジェクトの壁は、年少の生徒を対象とした、集中させてくれる理想的なツールのように思えるかもしれません。しかし、年長の生徒にも同様に効果的なものです。教え方のコーチであるイアン・スティーブンソン先生は、高校生を対象にした教え方としてプロジェクトの壁を使用しています。壁は静的なディスプレイではなく、生徒が新しい研究課題を掲示したり、ルーブリックを使って学習を評価したり、チームや個人の進捗状況を管理したりすることのできる、まさにダイナミックな空間となっています。すべての生徒が情報機器にアクセスできるような環境があれば、デジタルスペースも同じ目的を果たすことができます[20]。

話しはじめのキーフレーズ[21]――生徒が発言権と選択権をもてるようにするということは、質の高いPBLには欠かせない要素となりますが、すべての生徒が自分の考えを声に出して話すことに

---

(20)　たとえば、グーグル・ドキュメントやGoogle Jamboardなどのアプリで、ここに示されているようなことは実現できます。

(21)　センテンス・スターターと呼ばれる、「みんなが知っているように……」、「仮定の話になりますが……」、「私の知るかぎりでは……」など、意見を述べる際、最初によく使われるフレーズのことです。

図１－３　プロジェクトの壁

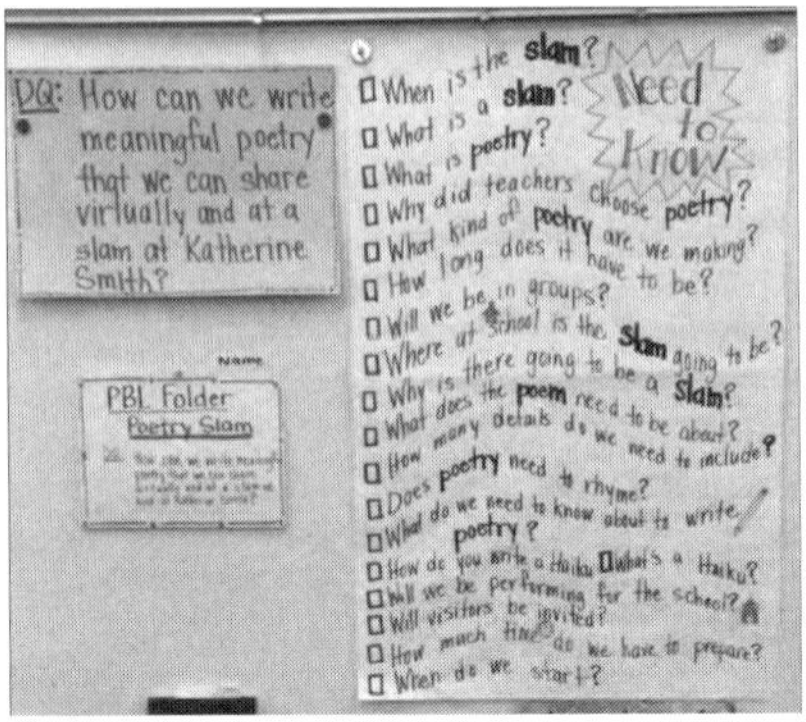

「鍵となる質問」：どのようにして私たちは、キャサリン・スミスの朗読大会（スラム）で空想を共有できるような、意味のある詩を書くことができますか？

PBL フォルダ
詩の朗読大会
（スラム）

□スラムとは何か？
□スラムで行われることは何か？
□詩とは何か？
□なぜ、先生は詩を選んだのか？
□私たちはどのような詩をつくるのか？
□どのくらいの長さが必要か？
□グループでやるのか？
□スラムは学校のどこで行われるのか？
□なぜ、スラムをやろうとするのか？
□詩は何が書かれている必要がある？
□どのくらい細かい内容を含める必要があるのか？
□詩は韻を踏む必要があるのか？
□詩を書くために知っておく必要のあることは何か？
□俳句とは何か？
□俳句はどのようにつくるのか？
□私たちは学校のためにパフォーマンスをするのか？
□お客さんは招待されるのか？
□準備にはどのくらいの時間がかかるのか？
□いつからはじめるのか？

小学校の教室にあるプロジェクトの壁です。国語のプロジェクトで生徒の学習を導く質問と資料が示されています。
（＊）この写真は、ジョン・ラーマー氏の許可を得て使用しています。

抵抗がないわけではありません。活発な話し合いに参加するために、さまざまな理由からより多くの時間をかけたり、サポートをする必要があるという生徒もいます。

「話しはじめのキーフレーズ」は、話し合いの流れをスムーズにするのに役立ちます。たとえば、「私は別の見方をしていて……」のような「話しはじめのキーフレーズ」は、話し合いやクリティカルな思考を促すものとなります。言葉を学んでいる生徒にとって、「話しはじめのキーフレーズ」は安全と信頼の文化を強化するものとなります。

「雑然とした学習活動の途中経過」を活用する——PBLは、よく「雑然とした学習」と好意的（?）に表現されます。試作段階のものや草稿をつくるときに生じる「生産的な」雑然さを隠してはいけません。その代わり、その「雑然さ」を目に見える形にするようにしましょう。生徒の活動途中の作品についても、質問をしたり、観察したり、形成的なフィードバックを提供したりする機会として使用するのです。後日、最終的に完成した、磨きあげられた成果物を披露する時間は十分にあるわけですから。

試してみましょう！——教室をチェックする

教室の物理的環境をチェックすることで、学習のためのポジティブな文化がうかがえる証拠を探してみましょう。(※1) 次のことを確認してみたとき、あなたは何に気づきますか？

生徒が見ているもの

写真やポスター、その他の掲示物は、生徒の文化や多様な背景をどの程度反映しているでしょうか？　すべての人を歓迎するような文化は築けていますか？　生徒は、展示物を選ぶことができるでしょうか？　掲示物は、教師や学校が購入したものでしょうか？　それとも生徒がつくったものでしょうか？　あるいは、生徒が寄贈したものでしょうか？

生徒は何を考え、何を発言しているのか

生徒の考えは、自分の言葉で黒板に表現されているでしょうか？　あるいは、共有された決まりが掲示されているでしょうか？　生徒の作品が、現在進行中であることを示すようなものは展示されているでしょうか？　あるいは、最終的に仕上がった作品だけが展示されているのでしょうか？

文章の枠組みや「言葉の壁」が掲示され、言葉の学習をサポートしたり、学習を深める会話の支援として機能したりしているでしょうか？

座席の配置

教室の配置は、どの程度柔軟なものでしょうか？　学習活動（個人、ペア、小グループなど）に応じて、生徒は簡単に席の配置を換えることはできるでしょうか？　家具は、学習隊形を問わずに使えるような柔軟性をもつ椅子や机（テーブル）など、さまざまなニーズを満たしてくれるものとなっているでしょうか？

「所有」しているのは誰か

生徒が学習に必要な道具、本、その他の資料（情報機器を含む）は、どの程度利用しやすいものとなっているでしょうか？

プロセスのなかでの学習

学習者のコミュニティーが、どのようなプロジェクトに取り組んでいるのかが一目で分かるようになっているでしょうか？　共有された決まりが、質の高いものであることを示す合図となるものはあるでしょうか？　たとえば、「優れた作品とは何か」が分かるようなルーブリックやそのほかの規準はあるでしょうか？　質の高い作品の決まりとなるものがあり、それは、生徒たちの作品にとってお手本となるものになっているでしょうか？

チェックしたことに基づいて、教室の文化を向上させるために、物理的環境の変更も検討してみてください。（※2）インクルーシブな環境を促進するために、生徒やその家族に、どのようにかかわってもらうことができるでしょうか？

（※1）これは、二六ページでショーン・スレイドが、「文化は、生徒が学校で見たり、聞いたり、感じたり、交流したりするすべてのものによって形成される」と言っていたことと関係します。この視点で教室をチェックするわけです。実際に、これが使われている事例を見たい方は、『読書がさらに楽しくなるブッククラブ』の二四ページに「ブッククラブで見えること・聞こえること・感じること」の表が掲載されています。

（※2）教室のハード面での学習環境については、『「おさるのジョージ」を教室で実現』の第7章「好奇心のある環境をつくる」においてさらなる貴重な情報が得られます。また、ソフト面での学習環境については、右記の本以外に『私にも言いたいことがあります！』や『増補版「考える力」はこうしてつける』が参考になります。

④お決まりの活動と習慣——生徒中心の教室に向けた習慣づくり

教育の現場では、お決まりの活動や習慣への着目が当たり前のことのようになっていますが、それには正当な理由があります。慣れ親しんだ方法は、学習の効率を高め、教室の管理を楽にし、学習のための時間と注意力を維持するとされています。そして、それを繰り返し行うことで習慣づけられたことが体に染みついて、教師の指示や監督をほとんど必要としなくなるのです〔参考文献41〕。多くの教師には、生徒が宿題を提出する方法や教材を配る方法などにおいて習慣となっているやり方があるのではないでしょうか。

「お決まりの活動」とは、あるテーマや問題についての会話を続けながら、能動的に耳を傾けたり、振り返ったりすることを促す、手順がはっきりとした方法です。効果的に使用されるお決まりの活動は、グループ内のすべての声を聞き、その価値が認められるようになるものです〔参考文献43〕。これは、協働する文化をつくりあげる際に役立ちます。

ＰＢＬでは、生徒中心の学習文化を強めていく「習慣」を取り入れることが重要となります。すべてのことについて教師が専門家として振る舞うといったことを望まないのであれば、「先生に尋ねる前に、クラスメイト三人に尋ねてみましょう」という習慣を活用して、情報源として生徒同士で頼りにしあうことを奨励するのです。

ＰＢＬを初めて体験する生徒は、「なぜ、『普通の学校』と違うことをするのか？」という疑問を抱くかもしれません。これは学級文化の核心に迫る質問であるため、思慮深く答える必要があります。ＰＢＬに関するベテランの教師は、四年生に進級してクラス替えがなされるたびに、コンプライアンスと受動性を強調する習慣（例・「手を挙げて、指名されたら立って話してよい」など）を放棄することに取り組みました。その代わり、生徒がプロジェクトに取り組みながら一緒に話をしたり、学んだりするような、より会話の多い教室となることをこの教師は奨励しはじめたのです。

念のために言いますが、それはザワザワしてしまうような、混乱を招くという意味ではありません。手を使った簡単なジェスチャーを用いて、声のボリュームを下げたり、小グループでの活動からクラス全体の活動に移行する必要があることを認識できるようになっています。「習慣」と同様に、ＰＢＬでは「お決まりの活動」も重要です。「ギャラリー・ウォーク」のようなお決まりの活動を使い、フィードバックに焦点を当てることで生徒は批評の仕方や受け取り方を学び、フィードバックを使ってどうすれば次の作品がより良いものになるのかについて学びます。

試してみましょう！——ギャラリー・ウォークを開催する

ギャラリー・ウォークは、生徒自身の作品を改善するために、クラスメイトからフィードバックをもらうためのお決まりの活動です。形成的評価を計画する一環として、プロジェクト中の一つまたは複数のタイミングで、ギャラリー・ウォークを取り入れてみてください。

それをする際の注意点を挙げておきます。批評のためのお決まりの活動を行う前に、生徒が批評的なフィードバックの仕方と受け取り方を理解していることを確認してください。ポジティブな批評文化をつくりあげ、それを強めていくために、そのプロセスをモデル化したり、ロールプレイや「話しはじめのキーフレーズ」などの活動を展開したりすることを検討してください。(※1)

次に示すものは、ギャラリー・ウォークの基本的な手順です。

❶評価する作品を教室の壁に掲示する（または、デジタル機器でディスプレイに表示する）。この作品は、文章、絵コンテ、何らかの試作品、またはその他の成果物などが考えられる。

❷フィードバックの方法を決める。生徒は、展示されている作品の横に、コメントを書いた付箋紙を貼ったり、作品の横にフィードバックコーナーをつくったり、デジタルツールを使ってコメントや質問を書いたりすることができる。

❸生徒が、何を探せばよいか分かっていることを確認する。適用される決まりを説明するか、ルーブリックやチェックリストを使うことなどを提案してもらう。フィードバックの「はじめのフレーズ」(※2)を提案する（例・「〜が私は好きです」、「〜を私は望んでいます」、「〜を私は不思議に思っています」など）。

❹生徒に教室の中を動き回ってもらい（または、デジタル・ディスプレイを使って）、黙々とフィードバックをしてもらい、表示された作品を評価するのに十分な時間を与える。

❺ギャラリー・ウォークのあと、作品を制作した人やチームに、得られたフィードバックを読み、振り返ってもらう。その後、次に向けたステップや修正を計画してもらう。所要時間については、展示されている作品の量、評価の複雑さ、このステップ❺に割り当てられている時間にもよるが、約二〇～三〇分が目安となる。(※3)

バリエーション

・ほかの生徒がフィードバックを提供する前の段階で作品の説明が必要となった場合、作品を作成したチームの一人に、教室の中を動き回るのではなく、作品の横にいて説明役を担ってもらう。

・評価される作品をつくった生徒は、とくにフィードバックを希望するポイントに関する質問を示しておくことができる。たとえば、「私たちの作品は、視聴者やお客さんにアピールできていますか?」や「説得力のある証拠は盛り込めていますか?」などが考えられる。

「シャーレット」や「チューニング・プロトコル」など、ほかの批評のためのお決まりの活動(※4)もあります。

(※1) フィードバックの仕方についてもっとも参考になるのは、『ピア・フィードバック』(仮題) スター・

サックシュタイン／山本佐江ほか訳、新評論、二〇二一年近刊）です。

（※2）文章構造が違うので、日本語では「おわりのフレーズ」と捉えてください。

（※3）訳者の一人の吉田が約三〇年前に体験した方法に「大切な友だち」があります。ここで紹介されている方法よりも効果的だと思うぐらいなので、ぜひ試してください。ライティング・ワークショップ（作家の時間）の実践でのピア・カンファランスないしピア・フィードバックで多用されています。

（※4）「Charrette Protocol」と「Tuning Protocol」とは、進行中の作品を発表し、改善点などを聴衆に尋ね、聴衆となるほかの生徒が作品を見て、「このように改善してはどうか」などとコメントをするといった活動改善の方法のことです。やり方は、これらの単語で検索するか、www.pblworks.org のホームページで検索してください。


ギャラリー・ウォークに加えてＰＢＬのベテラン教師は、ポジティブな学級文化をつくりあげ、それを強めていくために、さまざまなお決まりの活動や習慣を活用しています。次のようなアイディアを試してみてください（これら多くのものについては、次章で詳しく説明します）。

朝の会——定期的に予定されているリスクの少ない機会で、授業をはじめようとする前に生徒と一緒に確認するものです。朝の会（「サークル」と呼ばれることもあります）は、コミュニティーを構築し、人間関係を強化し、生徒の発言力を高め、生徒の学習を人間関係の面と感情的に支援するのに役立ちます（朝の会に関する構成の詳細については、「生徒のニーズにこたえるクラス」を参照してください。[22]）

思考方法の習慣――「個別に考えて、ペアになって共有する」や「見て、考えて、不思議に思う」などの思考方法に関する習慣は、内容の理解とともに、好奇心などに焦点を当てているPBLにおいては重要となる、考える習慣を養うことにつながります。[23]

フィッシュボウル（金魚鉢）――フィッシュボウルは、モデル化、ディスカション、ピア・フィードバックに活用できる、話し合いを行う際のお決まりの活動です。フィッシュボウルの内側にいる小グループの生徒たちは話し合いに積極的に参加し、外側のサークルにいる人は、話を聞いたり、観察したりします。[24]その後、内側と外側の生徒を入れ替えて、最終的には全員が参加者と観察者の役割を担うようにします。

共有の時間[25]――この習慣は、全員が一堂に会して、その日のプロジェクト成果や課題について考え、お決まりの活動をするという機会を提供してくれます。

　PBLでは、授業のほとんどの時間、生徒一人ひとりが異なる学習活動に取り組んだり、少人数のチームで活動します。共有の時間には、たとえ短い時間であっても全員が一堂に会し、学習コミュニティーとして再集合して、プロジェクトで次に何をしようとしているのか、何が起こるのかについて予測できるようにします。エリン・ブランドヴォルド先生は、各授業の最後に「あなたは素晴らしい。努力家。忍耐力がある」といつも話しています。

振り返り――振り返りをするというお決まりの活動は、生徒に自分の学習について考えるように促すものです。これが一貫して使用されるようになると、振り返りは思考の習慣となります。当然のことながら、振り返りはＰＢＬ実践のゴールドスタンダードとして不可欠な要素なのです。

祝賀会――学習についてのお祝いをするのは、プロジェクトが終わるまで待つべきではありません。ハイタッチ、雄叫《おたけ》びを上げる、拍手をたくさんするなどといった簡単な習慣は、途中の展開で生まれるような、小さいけれども重要な成果が現れたことを祝うものです。

---

(22) これについての情報は、www.responsiveclassroom.org/what-is-morning-meeting で入手できます。また、『生徒指導をハックする』の第2章も参考になります。

(23) ハーバード大学のプロジェクト・ゼロ（https://pz.harvard.edu/thinking-routines）で、たくさんの思考を助ける方法が紹介されています。それらを整理する形で書かれているのが『子どもの思考が見える21のルーチン』です。「個別に考えて、ペアになって共有する」の詳しいやり方、およびそれのバリエーションが『私にも言いたいことがあります！』のなかでたくさん紹介されています。

(24) 詳細は、「Facing History and Ourselves」www.facinghistory.org/resource-library/teaching-strategies/fishbowl ないし https://www.youtube.com/watch?v=WDC3j9ghaYg の動画を参照してください。『読書がさらに楽しくなるブッククラブ』のなかには、小学校一年生たちがこれをしている事例が紹介されています。

(25) ライティングとリーディング・ワークショップをご存じの方にとっては、授業の最後にする「共有の時間」と言われたほうが分かりやすいと思います。

新しいお決まりの活動を導入する場合には、その目的を生徒に説明するための時間をとる必要があります。たとえば、ギャラリー・ウォークでは、現在進行中であるほかの生徒の作品を見て、次の草稿・試作品を構想するために建設的なフィードバックを提供する機会を生徒に与えます。ロールプレイやフィッシュボウルを使って、お決まりの活動がどのように機能するのかについてモデルで示すのもよいでしょう。お決まりの活動に焦点を当てるために、生徒に「効果的な回答」と「あまり役に立たない回答」を比較するように促します。

ＰＢＬに対する信憑性を強調するために、生徒がお決まりの活動を通して身につけるスキル（クリティカルなフィードバックを与えたり受け取ったり、他人の視点に立って理解できるなどのスキル）は、学校内だけでなく、学校外でも重要であることを理解してもらえるように支援することも大切となります。

強くするために小さくはじめる

新学期や新学年をミニ・プロジェクトからはじめるのは、生徒がＰＢＬの手順や流れに慣れるのに役立つという賢いやり方です。高校の理科教師であるブレンダン・コーエン先生は、読書課題や実験で学年をはじめるのではなく、生徒独自のデジタル画像による履歴書を作成するというミニ・プロジェクトからはじめています。

「授業開き」としてこのプロジェクトを展開することには、いくつかの理由があります。生徒が考えている、自分のスキル、強み、興味を特定することで、教師は生徒との強い関係を築くことができます。「学期の後半になって、難しい学習内容を扱うときやより深い学びを目指すプロジェクトに入るとき、私たちはすでに信頼関係を築くことができているのです」と、コーエン先生は話しています。

また、デジタル画像に関するプロジェクトでは、コーエン先生はソフトウェアツールを導入して、情報を視覚的に伝える方法を教えています。コーエン先生は、理科のカリキュラムの後半になると、科学的な成果物を一般の聴衆に説明するための資料を生徒が作成する際、このようなスキルが必要になることを知っています。

同じように重要なこととして、短期的なプロジェクトでは、生徒が学期を通して生徒が使用する、批評や修正のためのお決まりの活動を紹介することができます。「これは、授業の流れを身につけるのに役立ちます」と先生は説明しています。

生徒は、批評の与え方、受け取り方、フィードバックの仕方を一年間の早い段階で学び、その後、試作の段階で自分の作品をより良いものにしていくといった経験をすることができます。

比較的短く、小規模でリスクの少ない授業開きのプロジェクトは、「文化的な要素に重点を置くことができます」と、ＰＢＬのベテランであるフィローズ・ムンシ先生は言っています。コーエン先生と同様、ムンシ先生も早い時期から時間を割いて、生徒にクリティカルなフィードバックの与え方、受け取り方を教えています。また、質の高い作品を制作したときの満足感を生徒に振り返らせることでモノづくりの文化も育んでいます。

ムンシ先生は次のように述べています。

「これらのスキルは複雑で、身につけるのに時間がかかるものです。私の仕事は、生徒がＰＢＬの文化に慣れるのを助けることです。早い段階で文化を築くことができれば、生徒たちは学年の後半になって、より長く、より内容の濃いプロジェクトに取り組むことができるようになります」

アビー・シュナイダージョン先生もまた、四年生の生徒たちに対して、文化を築くための授業開きのプロジェクトを行っています。シュナイダージョン先生の教えるＳＴＥＡＭマグネット・スクールは、比較的歴史の浅い学校ですが、古い建物が使われています。生徒のなかには、マグネット・スクールに入る前からすでに知りあいであったという生徒もいますが、この学校で知りあったばかりの生徒もいます。

「初めて顔を合わせたときから、コミュニティーとして一致団結してほしいと思っています。生徒たちには、初日のうちに『学校が楽しみだ！』と思えるようになってから帰ってもらいたいのです」と、彼女は言っています。

導入のイベントとして、建設作業員が学校の改装中に発見したタイムカプセルを生徒たちに見せます。それが、彼らの展開する、質問のための材料となります。「何によって私は、コミュニティーのユニークな（唯一無二の大切な）一員とされているのか？　そこから生徒たちは、学校の歴史や自分自身の歴史を学びはじめるのです」と、先生は話しています。

このタイムカプセルのプロジェクトでは、生徒たちは日々の調査、チームづくりの活動、個人的な振り返りなどに参加することになります。

「これらの活動は、すべて教師が学年の初めに行うものですが、私たちはプロジェクトの枠のなかで行っています。そうすることで、すべてがより順調に進むのです。最終的には、生徒たちは学校のメイカースペース(26)において、自分自身についての何かが表現できるような、タイムカプセルに入れるためのものをつくります。その後、展示会で保護者に発表します。保護者は、生徒が学んだ批評に使う言い方と同じ方法（～が私は好きです、～を私は望んでいます、～を私は不思議に思っています、など）を使ってフィードバックをします。この短期間の経験を通して、生徒も保護者も完全にPBL文化に浸ることができました。PBLという海に飛び込むスタートとし

(26)　生徒たちが自分の興味に基づいて、さまざまなツールを使って何かをつくったり、探究したり、共有したりすることで、学びを生みだしていける場所です。アメリカでは、このような場所が学校に設けられていたり、公立図書館に設けられていたりします。

ては素晴らしい方法です」と、シュナイダージョン先生は言っています。

シュナイダージョン先生の例は、ＰＢＬ文化の構築に、時間と精力をつぎ込むことの重要性を強調しています。学習コミュニティーにかかわるすべての人がポジティブな文化をつくり、それをサポートするために歓迎され、参加していると感じる必要があります。これは、教師や生徒だけでなく保護者に対しても同じです。保護者とつながる機会を利用して、バック・トゥ・スクール・ナイト[27]、個別面談、学級通信やウェブページなどにおいて、ＰＢＬを展開している教室が伝統的な学校・教室とは違った見え方や感じ方をする理由を保護者にも理解してもらうようにしましょう。

ここでは、あなたと生徒が、早いスタートを切るのに役立つミニ・プロジェクトのアイディアを二つ紹介します。

事件の謎を解く

ジュリア・ケイグル先生とトム・リー先生がジョージア州ダルトンのモリス・イノベーティブ高校の新入生アカデミーで教えていたとき、ドラマ性の高い方法で学年をスタートさせました。学年の最初の週、生徒たちには解決する必要がある「謎」が提示されます。その謎を解決するために、生徒たちは質問を出し、証拠を検討し、クラスメイトとチームを組んで結論を比較しなければなりませんでした。

彼らには、謎を解くために指示を待ったり、座ったりする暇もないほどの積極性が要求されました。その一方で教師は、生徒を知る機会を得ると同時に、生徒同士の交流を観察することができました。

「これは、ＰＢＬを展開するための目安となるもの、また参考になる情報を手にするためにもっともよい方法でした」と、かつて学校で教え方のコーチを務めていたエリック・ホワイト先生は言っています。

このような導入期のプロジェクトは、最初の段階でチームワークの文化をつくりあげてくれるという、大きな力を発揮してくれるものです。また、このプロジェクトには、生徒にＰＢＬのプロセスを紹介することを目的として、時間を割くだけの価値が十分にあります。

リップ・ダブ(28)

カリフォルニア州モンテベロにある高校、アプライド・テクノロジー・センターでは、生徒た

---

(27)　アメリカで行われる、新学期がはじまってすぐに行われる保護者会で、夜に行われ、各教師のルールや宿題、欠席のときの対応などが説明されます。

ちが新しい学年に進級した最初の二日間を使って、学校を祝う「リップ・ダブ」のミュージックビデオの制作に取り組みました。クリスタル・ディアス先生がこのイベントを計画したのですが、実行可能なものにしてくれた生徒のリーダーたちに感謝しています。

生徒たちは、学校の誇りをつくりあげるための方法としてリップ・ダブを採用しました。このミニ・プロジェクトでは、教科にかかわるような学習内容は意図的に軽く扱い、文化的な内容が重視されました。二日間で生徒たちは、チーム編成やブレインストーミング、撮影や編集までを行いました。失敗を重ね、やり直しの機会を何度ももつことでリスクを削減し、失敗から学ぶという文化が強められました。

この協働作業の進行役を大人が務められるように、生徒のリーダーがプロジェクトの計画表と、プロジェクトを展開するうえでの「手引き」を作成しました。ミニ・プロジェクトは、すべての生徒がそれぞれの長所をいかせるような役割が担えるように構成されました。生徒も先生も真剣に取り組んでいましたが、「楽しむこと」も決して忘れていませんでした。

ディアス先生が、「私たちのリップ・ダブは、学校にかかわる人の距離を縮め、一緒に何かをつくる機会を与え、ＰＢＬ文化を構築する機会を与えてくれました」と話していました。

試してみましょう！――チームスピリットを高める

チームの結束を高めるための活動は、「授業開き」のプロジェクトよりもさらに短い期間のものとなりますが、ＰＢＬに向けて、協働する文化を構築するという点では大きなメリットがあります。小学校教師のジム・ベントリー先生は、ロープチャレンジや人気のあるマシュマロチャレンジのようなチームの結束を高めるための活動を、教科に関する学習内容を扱わない場面で行うことを好み、協働するためのスキル向上に主眼を置くようにしています。

チーム名やロゴを考えるのも、チームの結束を高めるための効果的な活動です。中学校の教師であるヘザー・ウォルパート・ガウロン先生は、各テーブルに置かれた「ブレイクアウト・ボックス」を開けるための謎を、生徒のチームに解いてもらうことから新学期をスタートさせました。

「箱を開けるために解除する必要のあるたくさんの鍵は、みんなで協力して手がかりを解くことでしか手に入れられません」と、彼女は説明しました。手がかりを解くだけでなく、生徒の

(28)　曲にあわせて歌うふりをしながら、パフォーマンスをしたものを収録してつくるオリジナル・ミュージックビデオのことです。海外の高校生など若者の間で流行っているようです。

チームは内容に関連したパズルを一緒に解かなければなりませんでした。(※1)

チームの結束を高めるための活動をしたあとには、次のようなことについて生徒に報告してもらう時間をとりましょう。

「チームが行った努力のなかで、何が役に立ちましたか？　あるいは、妨げになったことは何ですか？　チームの全員が発言し、自分の才能を発揮する機会を得られましたか？　もし、もう一度挑戦することができるとしたら、何を替えたいと思いますか？」

（※1）教育用ブレイクアウト・ボックスの詳細については、www.breakoutedu.com を参照してください。ほかにも、チームの結束を高めるための活動がたくさんあります。著者は、「Odyssey of the Mind」や「Gamestorming games for opening」を参考サイトの例として挙げています。

コーチのノート――文化をつくるもの

学校の環境にもよりますが、もし教え方のコーチを活用できる場合は、この資料を活用してＰＢＬを発展させるためのサポートにしてください。たとえば、コーチをあなたの教室に招待してみましょう。コーチは、生徒を歓迎している文化や生徒の発言と選択を促すような文化が現れているものとして、何を見つけたり、聞いたりするでしょうか？　また、教室には何が欠けているでしょうか？　教え方のコーチやＰＢＬに精通している同僚が、あなたの実践を改善するための目と耳になってくれることであなたを助けてくれるはずです。

教師が生徒の思考を育み、ＰＢＬをサポートする学級文化をつくりあげるために、教え方のコーチであるマイラ・リー先生は、インフォーマルな授業観察、構造化されたお決まりの活動、そして生産的なコーチング（会話を促進するための証拠集め）の三つを使用しています。彼女がもちあわせているコーチングのためのツールには、次のようなテクニックが含まれています。

インフォーマルな授業観察

インフォーマルな形で教室を訪問することは、リー先生が教師とのコーチングで話す話題を見つけようとする際、より多くの情報を与えてくれることになります。リー先生による観察は、具体的であればあるほどよいものになります。

たとえば、「ＰＢＬではない授業のなかで、生徒はＰＢＬにも役立つようなお決まりの活動や思考方法の習慣を使っているか？　教師は言葉を学習する生徒をサポートするため、学習に関する『用語』を多く使ってみたり、すぐに頭に浮かぶようにするための支援を容易につくりだしているか？　生徒は、すでにグループ活動をうまくやっているか？　それとも、プロジェクトでチームを組む前に、協働での活動のサポートとなるような新しい習慣を学ぶ必要があるか？」などを確認することができるのです。

ゴースト・ウォーク

お決まりの活動は、教師が思考する文化が現れる証拠として、何を見たいかについてのリストを作成することからはじまります［参考文献55］。そのリストを手に、コーチであるリー先生は生徒がいないときに教室を歩き回ります。そして、写真を撮り、メモを取ります。その後、集めた証拠についてその教室の担任教師と意見交換をします。

たとえば、「壁に貼られている掲示物のうち、どれくらいのものが生徒たちによってつくられたものなのか？　それは、学習の進捗状況を物語っている作成途中のものなのか、それとも完成した作品なのか？　その成果物は、生徒が背景にもつ文化をどの程度反映しているのか？　メッセージが混在していたり、混乱してはいないか？」などが問われていきます。

データ収集

教師の要望に応じてリー先生は、授業中に簡単なデータ収集を行います。これについてリー先生は、次のように話しています。

「教師は、生徒が疑問に思っていることについてもっと知りたいと思うかもしれないので、授業中に三〇分かけて生徒に尋ねたことを集計します。どの生徒がどんな質問をしているのか、そのことを確認するのです。その後、私は教師とコーチングに基づく会話をします。データを共有して、『何か気づいたことはありますか?』というように話すわけです。そうすることで彼らは気づくことが多いのです。彼らは、次のように言うことでしょう。『うわー、私が全部話しちゃってた！　私が全部答えを話しちゃってたわ！　生徒じゃなくて、私が全部疑問を口にしてしまっていた！』と」

教室の文化に関して言えば、「ＰＢＬは一つのユニットだけで行われるものではないことを覚えておく必要があります」とリー先生は付け加えています。「プロジェクトの開始よりもずっと以前から文化は形成されているのです。文化が築かれていれば、あなたはその様子を見て、文化の実態を感じることができます」

もちろん、すべての教師が教え方のコーチからサポートを受けられるわけではありません。あなたの学校でこのようなサポート体制が提供されていない場合は、同僚の教師、学年主任や教科主任、または管理職の教師を招いて、ＰＢＬの実践を「微調整」するために、集中的なフィードバックを提供してもらうことを考えてみてはいかがでしょうか。

文化をつくりあげるための効果的な方法――まとめ

この章では、ＰＢＬによって、すべての生徒をサポートするためのポジティブな学級文化をつくりあげることの重要性と、そのための方法をいくつかご紹介しました。これらの方法のうち、すでにあなたの実践の一部となっているものはどれですか？　また、次の段階として、どの方法を取り入れる準備ができていますか？

信念と価値観――あなたは生徒を励ますために、どのようなことをしたり、どのような声かけをしていますか？

・**すべての人に高い期待を！**　どのようにして、成功できることを生徒に知らせますか？　そして、課題を通してどのように生徒をサポートしますか？

・**素晴らしい文化を！**　生徒に対して、単に課題をチェックして終わるのではなく、質の高い活動や学びを目指すように促すためにはどうしたらよいでしょうか？

・**成長マインドセットを！**　結果を出すために努力することの大切さをどのように伝え、何を手本として提示しますか？

・**歓迎され、安全なコミュニティーを！**　どのようにして、すべての生徒が「自分は認められていて大切にされている！」と感じられるようにしますか？

共有された決まり――生徒は一緒に学ぶための決まりを確立し、それを強化するための発言権をもっていますか？　共有された決まりをどのように利用して、その年をスタートするだけでなく、長期的な視点でポジティブな文化を維持していくことができますか？

物理的な環境――生徒が個別に、または少人数のグループで、そしてクラス全体で学習できるように、物理的なスペースの柔軟性をどのように高めることができますか？　生徒は、ＰＢＬで必要なツールや資料をすぐに利用することができますか？　生徒の希望するもののリストとして何がありますか？

習慣とお決まりの活動――この章で述べられている多くの習慣やお決まりの活動のうち、すでにあなたの教育実践の一部となっているものはどれですか？　また、それらをどのようにＰＢＬに取り入れていきますか？

第2章

学習をデザインし、計画する

学習経験を意図的にデザインすることは、生徒と教師がＰＢＬの可能性を最大限にいかすための場を設定することを意味する。

中学校の教師であるキンバリー・ヘッド－トロッター先生は、六年生の国語科と社会科とのプロジェクトをデザインする際、「私は、生徒たちが学習と自分との関連性がもてるようにする方法を探しています。もし、関連性をつくりだすことができれば、生徒たちは学習内容を自分のものにしてくれると思っています」と話しています。

先生は、プロジェクトの内容を生徒の生活や地域社会に関連させれば、学習の目的をより深く理解することができるということを経験則として学んできました。

もちろん、ヘッド－トロッター先生は、満たす必要のある学習内容のスタンダードも念頭に置いています。「スタンダードは、私たちが教えなければならないものの必須条件なのです」と、先生は素直に認めています。しかし、学習目標の設定やスタンダードにあわせることにのみ集中して視野を狭くしてしまう前に先生は、自分が教えている生徒たちが住んでいるテネシー州ナッシビル（Nashville）のどこに興味をもっているのかについて耳を傾けるようにしています。

たとえば、マキサック中学校の生徒たちが公民権運動の歴史に興味をもっているということは、かつて繰り広げた会話のなかで知っていました。彼らの祖父母が、ナッシビルで起きた公民権運動(1)に関する目撃者であったり、参加者であったりしたことが、生徒たちに歴史とのつながりを与えているのかもしれません。「そのような興味は、プロジェクトの間中、彼らの学習を支えてくれるでしょう」と、ヘッドートロッター先生は言っています。

この章では、公民権運動についてのアイディアの発端から、地元に焦点を当てた深い学びを促すプロジェクトが展開されるまでの経緯を見ていきます。彼女のプロジェクトの背景には、生徒のために質の高いＰＢＬの体験をデザインし、計画するための効果的な戦略があります。

はじめるにあたって

ＰＢＬの初心者である教師から、「プロジェクトをデザインするとき、学習内容のスタンダードから考えはじめるべきか、それとも生徒が確実に夢中になるような、説得力のあるアイディアから考えはじめたほうがよいのか？」という質問がよく出ます。どちらを先にするのか、それは

「鶏が先か卵が先か」という問題と同じようなものかもしれません。その問いに対して私は、「どちらもです」と答えています。

まずは、計画段階でよいものだと思われるプロジェクトのアイディアは、どのようなところに隠されているのかについて考えることからはじめましょう。次に、「プロジェクトを設計する際の必須要素」に注目して、着想から実践に至るまでのプロセスを説明することにします。

次の例を見ればお分かりのように、プロジェクトの計画は、（生徒がＰＢＬの最中に質の高い成果物をつくりだすときに使っている）フィードバック、振り返り、修正によってより良いものになります。

よいプロジェクトのアイディアはどこで見つけられるのか

ＰＢＬが生徒の発言に力をもたせ、選択する権利をもたせるのと同じように、プロジェクトをデザインすることは、教師が選択し、創造的になることを促してくれます。プロジェクトをデザ

(1)　一九六〇年二月一三日から五月一〇日にかけて行われた非暴力の座り込み闘争のことです。指揮をしたのは、ナッシビル学生運動とナッシビル・キリスト教指導者会議で、飲食店での人種分離を撤廃させることが目的でした。八〇日以上に及ぶ非暴力闘争のすえ、市内飲食店での差別撤廃に成功しています。公民権運動におけるもっとも有名な運動の一つです。

インすることは、教師が生徒の学習経験における設計者となる機会なのです。思考を刺激するために、そしてプロジェクトにふさわしいアイディアを手にするために、さまざまな情報に触れてみましょう。ここでは、さまざまな教師がインスピレーションを得てきた方法をいくつか紹介します。

アイディアを借りてきて、自分の教室にあわせて変える——ＰＢＬのデザインをはじめるもっとも手っ取り早い方法は、ほかの教師や実践例からアイディアを借りて、自分の教室の状況にあわせて変えることかもしれません。[2] アイディアを借りるためには、参考になる事例を参照することが必要です。そこで、バック教育研究所では、事例を探しやすくするために大規模なプロジェクトの事例を集めたデータベースを用意しています。学年段階や教科・領域別に検索することが可能ですし、my.pblworks.org/projects でそれらを閲覧することができます。

多くの実践者がプロジェクト・プランを作成しています。これらを「クリティカルな」[3] 目で見て、ＰＢＬ実践のゴールドスタンダードの、すべての要素が含まれていることを確認してみてください（詳細は一二一～一六ページを参照してください）。また、ＰＢＬの実践例や映像を見るには、バック教育研究所の「映像コレクション（my.pblworks.org/resources から「Project Video」を検索）」や「www.edutopia.org」を参照してください。

ミシガン州のノビ（Novi）に住み、四年生を教えているメーガン・アシカナニ先生は、バック教育研究所のデータ・ライブラリーのアイディアを使って生徒用にアレンジし、初めてとなるプロジェクト学習のスタートを切りました。「アレンジすれば使えそうな事例があることに気づいたとき、『よかった！』と思ったことをよく覚えています」と、彼女はそのときのことを振り返っています。

　アシカナニ先生は、「生徒にとってのメリットを感じ、ＰＢＬに挑戦しようと思ったのですが、間違ったやり方をしていないかどうかが心配でした。どうやってゼロからプロジェクトをつくりあげるのか分かりませんでした。そんな不安が何よりも大きかったです。私たちが教えなければならないと思っていることにぴったりの事例を見つけることができたことは、私にとってとても大きな出来事でした」と認めています。とくに、生徒自身の発明品を「シャーク・タンク」[4]風に

（2）　ここで注意しなければならないのは、「アレンジすること」が不可欠なものである、ということです。残念ながら、「誰かがつくった指導案をそのまま使って授業をする」という話を耳にすることがあります。そのような授業は、目の前にいる生徒の興味や関心を無視／軽視した行為であると言わざるをえません。

（3）　何が良くて、何が悪いのか、ないし何は鵜呑みにして、何はそうしてはいけないのかを自分で判断することです。

（4）　アメリカのバラエティー番組です。投資家たちの前で、参加者が自分のビジネスをプレゼンして、投資を勝ち取るという内容のものです。

発表したプロジェクトの事例に惹かれたそうです。
「私は、どのように活動が組み合わさっているのかを参考にすることができました。私一人で考えていたのでは、そこまで創造的なものはできなかったでしょう」と、アシカナニ先生は話していました。

つくり直してみる——過去に実践した単元を見直して、それをPBLとなるようにつくり直してみるという方法を見てみましょう。このアプローチの利点は、その内容を自分がよく知っているということです。また、扱う学習テーマに対する生徒の興味や関心の高さ（もしかすると、その低さ）を十分に理解できているということも利点として挙げることができます。

それまでに実践していたユニットで、「勉強したことがいきる日はいつ来るのだろうか？」と生徒が感じていたのであれば、現実世界とのつながりを重視したプロジェクトにつくり直す時期に来ていると言えます。

アシカナニ先生は説得力のある文章を書くことを教えるために、四年生の生徒たちに「子犬を飼わせてほしい」と説得することを目的として、両親に手紙を書かせるという活動を長く展開していました。可愛らしい課題ですし、両親も手紙を受け取って喜んでいるように思えました。しかし、この授業はあまり意味のある成果を上げることはできませんでした。誰も、実際に子犬を飼うことができなかったからです。

ＰＢＬに慣れてきたアシカナニ先生は、授業をより本格的なプロジェクトにつくり直す機会であることに気づきました。きっかけとなったのは、ビデオゲームの「マインクラフト」が教育にどのように使われているのかについて書かれた記事を読んだことでした。「マインクラフト」とは冒険に行くというゲームで、多くの生徒が学校外で楽しんでいますので、「学校にマインクラフトを持ち込めるのは素晴らしいことだ」と、そのプロジェクトに取り組むことに全員が同意しました。

このような着想と既存のＰＢＬの事例をベースにしてアシカナニ先生は、説得力のある文章を書くという学習目標に焦点を当てた新しいプロジェクトを設計する準備を整えました。しかし、今回のプロジェクトでは、生徒たちは意思決定を下す立場にある対象者に向けて文章を書く（そして話す）ことになります。彼らの課題は、「どのようにＰＴＡを説得すれば、マインクラフトの教育版のライセンスを購入してもらうことができるのか？」というものでした。

では、ＰＴＡを説得するにはどうしたらよいでしょうか？　生徒たちは、調査に裏打ちされた説得力のある事例集を作成しました。そこで展開された説得力のある話し合いが、「マインクラフト」の教育版ライセンスを購入してもらうという結果をもたらしたのです。

耳を傾ける――生徒からの質問は、プロジェクトの着想を得るための情報源です。重要なことは、生徒が興味をもっていることや刺激を受けていることに注意深く耳を傾け、学習目標との関連性を探ることです。朝の会や他愛もない会話のなかで、生徒はどのようなことを話題にしているのでしょうか？　クラスでの話し合いのなかで、あるテーマについてより深く知りたいと思っていると感じるような質問を耳にすることはありますか？

教師になりたてのころレイ・アーメド先生は、「大人が興味をもってほしいと思っていることを、どうすれば生徒たちに興味をもってもらえるのか？」と考えていました。しかし、経験を重ねるにつれてアーメド先生は、自分が間違った質問をしていたことに気づきました。

「どうすれば、生徒が関心をもっていることに自分はかかわれるのか？」と、自分に問いかけるべきだったのです。このように考え方を変えることで、アーメド先生は生徒の興味関心から生まれる化学のプロジェクトをデザインすることができるようになったのです。

「私は、夏の間、何週間も机の前に座ってプロジェクトのアイディアを考えていました。でも、生徒たちは、私よりも優れたプロジェクトをたくさん考えだしてくれました」と、アーメド先生は話しています。

興味深い質問をしている様子を耳にすることがない場合は、生徒が興味をもっていることをアンケート調査したり、生徒同士でインタビューをしてもらったりして思考を促すという方法もよいでしょう。ホワイトボードや教室の壁にスペースを確保して、興味深い質問の「タネ」を生徒が書き込めるようにすれば、最終的にはそれがプロジェクトのデザインにつながるかもしれないと言っている教師もいます。

ロードアイランド州で三年生を教えているローリ・ラフバラー先生とリンダ・スピニー先生は、身の周りのシンボルについて従来型の授業をしていたとき、生徒から「なぜ、私たちの州には『州の昆虫』がないのですか？」という質問をされました。この質問がきっかけとなって生徒たちは、絶滅の危機に瀕しているアメリカモンシデムシ(5)を公式な「州の昆虫」として指定することを提唱しました。

生徒たちは、州のシンボルについて表面的に学ぶだけではなく、生息地、絶滅危惧種、シンボルを指定するのは誰か、ということなどについて深く掘り下げて調べました。生徒たちは、お気に入りとなったアメリカモンシデムシを「州の昆虫」として指定する法律を州議会で可決するように働きかけ、実際に「州の昆虫」として正式に指定されたのです。

同じように高校教師のマイク・グワルトニー先生は、市民活動に積極的に参加することで「行政」について学ぶよう生徒にすすめました。生徒たちは、どうにかしたいと思っている問題を選び、行政の力を使って変化をもたらすための行動を計画しました。たとえば、あるチームは市議

(5)「自然の葬儀屋」と呼ばれ、腐肉が豊富で、暗く静かな場所を好みます。北米の固有種で、絶滅の危機に瀕しているとされています。学名は、*Nicrophorus americanus* です。

会で議論をしたほか、最終的には州議会において、学校周辺の治安を向上させるための「地域の銃規制法案」を支持しました。

「私は、市民権についての本を生徒たちが読むだけではなく、本当の意味での『市民』になってほしかったのです」と、グワルトニー先生は言っています。

記事の見出しから教える——地域社会や世界で何が起きていて、生徒たちの関心を集めているのは何でしょうか？　これらの出来事は、どのように学習内容と結びついているのでしょうか？時事問題についての簡単な話し合いで終わらせるのではなく、「記事の見出しを切り抜いた」ところからプロジェクトをデザインしはじめる方法を考えてみましょう。

ダラ・ローズ・サベージ先生は、デラウェア州立大学のアーリーカレッジ高校で国語を教えています。アカデミー賞の候補者に関する人種差別をめぐる論争が表面化したとき(6)（ハッシュタグ「#OscarsSoWhite」でまとめられています）、彼女は「魅力的なプロジェクトをデザインするための手がかりを見つけた」と思いました。(7)

サベージ先生は、「黒人歴史月間」を創設したとされる歴史家のカーター・G・ウッドソン（Carter G. Woodson, 1875~1950）を称えるプロジェクトとして「カーター賞」を創設しました。そして、サベージ先生は生徒たちに、アカデミー賞を手本とした推薦書の作成に挑戦してもらったのです。

プロジェクトをポップカルチャーに結びつける――生徒が楽しんで読んでいる本は何ですか？　最近お気に入りの映画やアーティストは何ですか？　生徒の興味のあるポップカルチャーにプロジェクトを結びつけることは、生徒の関心を高める方法としてよく知られているものです。たとえば、ある教師は『ハンガー・ゲーム』(8)などの人気作品を活用して、全体主義(9)の台頭や世界の歴史における紛争に焦点を当てたプロジェクトをデザインしています。

現実の要求にこたえる――あなたの生徒たちは、「クライアント」が抱えている現実のニーズを扱うことができます。生徒のクライアントになり得るのは、非営利団体、地方自治体、企業、あるいはほかの学年の教師やクラスかもしれません。

ジム・ベントレー先生は、カリフォルニア州エルクグローブで小学校高学年を教えています。

---

(6)　二〇一六年、主演男優賞、主演女優賞、助演男優賞、助演女優賞の四つの演技部門のアカデミー賞受賞候補者二〇人が二年連続で全員白人だったことから、「人種差別ではないか」という議論が紛糾しました。
(7)　アメリカでは、毎年二月はアフリカ系アメリカ人の歴史を記念する月とされています。
(8)　二〇〇八年に発行された、アメリカの作家スーザン・コリンズによるヤングアダルト小説です。映画化もされており、二〇一二年に公開されたアメリカのアクション映画として知られています。
(9)　個人は全体に従属すべき、とする思想です。

数年前、彼は「デジタル・ストーリーテリング・プロジェクト」によってカリキュラム全体を教えるようになりました。彼の生徒たちは、ドキュメンタリーや教育用のフィルムをつくるのがとてもうまくなったので、今となっては、地域の団体や組織からショートフィルムや公共サービス広告の制作依頼を受けるようになりました（このような内容の濃いプロジェクトをどのように管理しているのかについては、第４章を参照してください）。

アイオワ州デモインにある公立学校アイオワＢＩＧの高校生は、生徒の興味、地域社会の問題解決、教科学習の内容を統合する形のプロジェクトにおいて、地域に住む協力者とチームを組んで日常的に活動しています。本格的にパートナーシップを結んだ結果、生徒たちは、特別なニーズをもつ人々を視野に入れたインクルーシブな社会づくりを促進するための「ダンスセラピー」というカリキュラムを作成したり、農業へのドローン活用について調査をしたり、使われなくなった食肉加工場をレクリエーション用に再開発する計画を立案しました。

あなたの情熱に基づいてつくりあげる――生徒の興味に対応することは、プロジェクトのアイディアを入手するための効果的な情報源の一つですが、ＰＢＬの着想を得るための源泉として、あなた自身の情熱を忘れてはいけません。

中学校教師でブロガーでもあるヘザー・ウォルパートｰゴーロン先生は、この観点からＰＢＬをデザインする際のヒントを紹介してくれています。

「私は、生徒たちに何を提示しようかと考えることに興奮したいです。……教師が好きなもの、そして教師が教えている年齢層の生徒たちがもっている興味のあるものを扱ってデザインするのです」〔参考文献73〕

彼女はしばしば、スーパーヒーローの科学(10)など、本質的に面白いと思うアイディアからはじめて、学習内容のスタンダードとの関連性を探ろうとしています。

同じく、高校教師のマイク・カーチリー先生は、彼の故郷であるミシガン州グランドラピッズの将来に関する、教科横断的で野心的なプロジェクトを企画しました。きっかけは、市の名所である川の急流を復元することを目的とした、市民主導の取り組みに興味をもったからです。歴史、環境科学、国語の内容を取り入れた地域に密着したプロジェクトに参加するまで、生徒たちはこの問題について意識すらしていませんでした。

生徒と一緒に計画を立てる——生徒が取り組みたい問題や課題からはじめ、生徒と協力して、教科学習にもかかわる学習目標を組み込んだプロジェクトを計画します。これは、高校教師のレイ・アーメド先生が、生徒にとって意味のあるものとなるように二学期の化学プロジェクトをデザインした方法です。

---

(10)　おそらく、日本でいう『空想科学読本』シリーズ（柳田理科雄、KADOKAWA／メディアファクトリー）で示される、ウルトラマンの飛ぶ速さなどを求めているものと思われます。

生徒にＰＢＬのプロセスを紹介することを目指す段階である一学期は、プロジェクトの設計を教師が主導的に行います。「学年の初めには、誰が中心的な問いを出すかという点で私のほうに主導権があります」と彼は言います。そして、「しかし、二学期になると、生徒たちは自分で質問をするだけの準備ができています。彼らは、それぞれがアイディアをもち、それを実行し、聴衆となる専門家の前で自分が発見したことを発表するのです」とも述べています。

最近のプロジェクトのなかには、無害な油処理剤を使って、地元で流出してしまった油を浄化する方法や酸化を防ぐ方法、湖で発生した藻類の防除に使用する農薬の選択方法などを探究するといったものがありました。生徒が学習を進めるなかでアーメド先生は、「私は学習すべき内容を理解しています。私の仕事は、生徒たちのプロジェクトのなかに化学の学習内容を盛り込むことです」と話しています。つまり、化学の学習内容をプロジェクトの要素として組み込むことが自分の役割だと考えているわけです。

既存のプロジェクトに参加する

初めてＰＢＬに取り組むとき、一人で取り組むのではなく、既存のプロジェクトに参加してみることのメリットを考えてみましょう。既存のプロジェクトに参加することは、すでに開発されている計画からスタートして、自分たちの状況にあわせて調整することで自分のＰＢＬをデザインすることができます。また、プロジェクトを実施するうえでの知恵を共有できる協力者を得ることもできます。[11]

質の高いＰＢＬを計画するために不可欠な要素に焦点を当てる

　プロジェクトのアイディアの核ができたら、次はプロジェクトの構成を決定しなければなりません。これについては、「プロジェクト・デザインの必須要素」（後述します）が手引きとなるでしょう。どのような学習をするのかといった予測をすることで、重要な詳細を計画する際に役立ちます。同時に、もしプロジェクトが進行中の場合は、途中での変更が可能なように十分な柔軟性をもっておきたいところです。その場その場で指示をするというよりも、プロジェクト案の青写真として、全体を視野に入れてあなたの計画を考えてください。

　プロジェクトの内容は、教科や学年によっても大きく異なります。教科横断的なプロジェクトもあれば、一つのテーマ（教科）に焦点を当てたプロジェクトもあります。数週間のものもあれ

（11）原書には四つの団体のサイトが紹介されていますが、英語でしか見られないので省きました。もし、それらを見たいという人は、pro.workshop@gmail.com 宛にメールをください。日本で該当するプロジェクトも探しましたが、見つけることができませんでした。ご存知の方は教えてください。

ば数か月間続くものもあります。さまざまな背景をもつ教師は、学習内容の教科・領域や複雑さに関係なく、プロジェクトの計画とほかの教師との協働のために、同じＰＢＬの枠組みを使うことができます。

コラム　ＰＢＬ実践のゴールドスタンダードの指標――学習をデザインし、計画する

あなた自身のアイディアからプロジェクトの計画をスタートさせる場合であっても、既存の計画を目の前の環境や状況に適応させる場合であっても、生徒と一緒にプロジェクトを計画する場合であっても、質の高い成果を得るためにはデザインの決定に関して重要なことがあります。ＰＢＬ実践のゴールドスタンダードのルーブリックに含まれている、「学習をデザインし、計画する」の指標には以下のようなことが挙げられています。

・プロジェクトには、「プロジェクト設計に不可欠な七つの要素」（九四ページから参照）がすべて含まれており、プロジェクト設計のルーブリックに示されているすべての要素を含んでいる。

・計画が詳細に考えられていて、生徒の学習支援や評価のあり方、生徒のニーズにあわせた日程の調整などについて、柔軟に対応できるようになっている。

・プロジェクトに必要な資料が可能なかぎり予測されていて、事前にそれらが十分に準備できている。

（＊）ＰＢＬ指導におけるルーブリックの完全版は「付録」（三七一ページ）を参照してください。

ＰＢＬの計画で中心となるのは生徒にとっての学習目標です。プロジェクトが終わるまでに、生徒は何を知っていたり、何ができるようになっていたりすればよいでしょうか？　この質問に答えることで、生徒に身につけてほしい知識や理解、そしてスキルを特定することができます。

ＰＢＬの経験は、生徒が深く考え、不確かなことと闘うことを求めます。そのため、しっかりとした学習目標を設定しなければなりません。もし、あなたが、短時間の授業で学習内容を教えることができたり、生徒がグーグルなどの検索エンジンで答えを簡単に調べることができたりするレベルの問いに向きあったとすれば、有意義なプロジェクトとして、十分な時間や労力の投資ができるものになりません。

学習内容を習得するという面での目標に加えて、生徒がＰＢＬの経験を通して広げたり、深めたりする多様なスキルを考えてみましょう。クリティカルに考え、問題を解決し、協働して何かに取り組み、自らの学習を管理することができる生徒は、将来大学、職場、そして市民生活において遭遇するであろう問題に対して、解決できるだけのスキルを身につけていると言えます。Ｐ

ＢＬでは、これらのスキルを磨くための機会を提供しているのです。

計画の早い段階で同僚からのフィードバックを得ることは、最終的なプロジェクトを向上させることにつながります。クリティカルなフィードバックを得るために展開されてきたお決まりの活動調整、ギャラリー・ウォーク、教科や学年によるチームとの協働した計画などは、すべてが試行錯誤されてきた結果生まれた方法であると言えます。インフォーマルな場でさまざまな情報を共有することは、プロジェクトの詳細を再確認したり、ほかの教師と協働して行う活動のための場を設定したりする場合にも役立ちます。

プロジェクトを計画する際には、生徒が特定した有意義な学習目標を達成できるように、次に示す「プロジェクト計画に不可欠な七つの要素」を考慮してください。

①**挑戦的な問題や疑問**――難しすぎず、簡単すぎず、適切な難易度の問いや課題は、生徒が「ちょうどよい」と感じるゾーンのギリギリのところに追い込み、思考力の向上を促してくれます。オープンエンドの質問や構造化されていない問題は、「正しい」答えや解決策が複数あるような状況を可能にします。

②**継続的な探究**――プロジェクトを立ちあげた段階から最終的な考察の段階に至るまで、生徒は自分なりの意味づけをするために深い探究心をもちます。つまり、答えにたどり着くためには、質問をし、調査を計画・実施し、答えにつながる証拠を吟味する必要があるということです。

探究を推し進めてくれる質問は、探究する経験全体に焦点を当て、学習目標へと導いてくれます。「知る必要のあること」と呼ばれる、生徒がつくった追加の質問（例・探究を推進する鍵となる問いに答えるためには、何を知る必要があるか？）は、プロジェクト全体を通して探究を持続させるのに役立ちます。

③**「本物」を扱う**――可能なかぎり現実世界で学習を使えるようにすることで、生徒の参加度を高めることができます。たとえば、次のような現実世界とのつながりを探します。

・プロジェクトの置かれた状況――問いや課題は、偽物やつくりものではなく、生徒は教室外の世界とのつながりを容易につくることができる。
・生徒が取り組む課題、使用するツール（道具や方法）、参照しているスタンダード――これらは、実際の世界で人々がどのように問題を解決し、解決策を生みだしているのかを反映している。
・自分の活動が与える影響――生徒は、自分の努力が重要であることを実感できる。
・生徒の個人的な興味、関心、価値観、文化との関連。

④**生徒の声と選択**――生徒は意思決定を行い、プロジェクトを通して意見を表明したり、ある立場を擁護したりします。

⑤**振り返り**――生徒はプロジェクトを通して、自分の学習について考えるように促されます。振

り返りは、生徒が直面している障害、克服した課題、つくっている作品の質について考えることを促すものです。

⑥**批評と修正・改訂**——最終的な成果物が完成するまでの間、生徒は批評と修正のサイクルを回し続けることで自分の作品を改善し（学習を深め）ます。教師、クラスメイト、外部の専門家など複数の情報源からの形成的評価（フィードバック）によって、生徒は有用で実行可能な情報を得て、自分の作品を再検討します。

⑦**成果物を公にする**——プロジェクトの集大成として、生徒は最終的につくりあげた成果物（または解決策や議論）を教室の外に持ち出し、学校外の聴衆とも共有することになります。「自分の努力が現実の世界に影響を与える」ということを生徒が認識すれば、質の高い成果物をつくろうとする意欲が高まることでしょう。成果物を聴衆と共有する方法としては、出版（オンラインまたは紙媒体でのコピー）、公開発表会、デモンストレーションなど、さまざまな形式のものが考えられます。これらはすべて、教室を飛びだしてアイディアを共有することができる方法と言えます。

これらの重要なプロジェクト設計のための要素が計画のプロセスをどのように形成しているのかを見るために、キンバリー・ヘッドｰトロッター先生のエピソードと、その結果として生まれた「ナッシビルのマーチ」プロジェクトを取り上げてみましょう（七八ページ参照）。

ヘッドトロッター先生は、生徒の公民権運動への関心を活用して、生徒が学習目標を達成し、成功するためのスキルを身につけられるようにしたいと考えました。このプロジェクトでは、歴史的な出来事を文章から調べる国語科のスタンダードに着目しました。また、生徒たちにチームで活動をしてもらうことで、成功するための「協働するスキル」を養うことも計画しました。

これらの学習目標を念頭に置いて、先生が次の課題としたのは、多様な生徒の学習を支える適切な教材を見つけることでした。アイディアを出すために、先生は学校司書の教師とブレインストーミングを行いました。会話のなかで何冊かのタイトルが出てきましたが、そのなかで、ある本のタイトルが目を引きました。

それは『マーチ（*March*）』というグラフィックノベル風の回顧録で、ジョン・ルイス（John Lewis）下院議員が公民権運動について個人的に語っているものです。先生はこの本に対して、次のように自らの考えを示してくれました。

「私が教える生徒の多くは、グラフィックノベルが好きなんです。だから、彼らがこの本を好きになるのは分かっていました。本を読むのが苦手な生徒には、絵があることが助けとなるでしょう。高学年の生徒たちは、この教材に取り組み、書かれた歴史的な情報をじっくりと読み取ってくれるでしょう。この教材を選択することで、学習の個別化を図ることができます」

図２－１　PBL実践のゴールドスタンダードにおける
プロジェクト設計に不可欠な七つの要素

そこから先生は、学習した証拠となるような、集大成となる成果物として、生徒に何をつくってもらおうかと考えはじめました。先生は自分自身に向かって、「生徒たちにある程度の発言力と選択権を与えながら、何をつくることができるのか？」、「生徒たちはどのようにして協働するスキルを使って、プロジェクトの間中、お互いをサポートしあうことができるのか？」、「どのようにすれば生徒たちは、プロジェクトを通してお互いをサポートするために、振り返りと修正を行いながら協働するスキルを発揮することができるだろうか？」などの質問を投げかけました。

そして、もう一度、同僚とのブレインストーミングを行いました。その結果、彼女はよいアイディアにたどり着いたのです。というのも、メディアを得意とする教師からデジタル・コンテンツに解説をつけるための「ThingLink」というツールを教えてもらったのです。[12]

このツールを使えば、生徒たちは『マーチ』の学習で歴史について学んだことを応用して、自分たちのコミュニティーのなかで公民権運動のバーチャルツアーをつくることができます。画像を選び、文章を書き、その情報と地理的な場所を組み合わせることで、「ランチ・カウンター」での座り込み[13]や学校の人種差別撤廃など、ナッシビル独自の、正義のための行動を語り伝えることができるようになります。また、彼らの作品には、スマートフォンを持っている人なら誰でもアクセスできるようになり、「本物」の視聴者とも結びつくことができます。

ナッシビルにおける歴史的な場所の「解説付きツアー」をつくることは、学習の総括的評価にもなります。学習の成果物となる生徒によるデジタル媒体での作品は、歴史的な出来事を文章から調べるという国語科のスタンダードを満たしているかどうかを示すものとなりました。ヘッド

(12)　画像や動画に情報やメディアを追加して、クラウド上に視覚的なプレゼンテーションやバーチャルツアーをつくることができるアプリのことです。(www.thinglink.com)

(13)　「ランチ・カウンター」とは飲食店のことです。一九六〇年に起きた座り込み闘争のことを指しています。当時、ナッシビルのランチ・カウンターでは、白人のための座席と、有色人種のための座席に分けられていました。こうした差別を撤廃させることを目的に行われたものです。

ートロッター先生は学習目標に焦点を当て、地域の歴史家としての行動を生徒に促すために、学習の原動力となる問いを考えました。その質問とは、「歴史家として、公民権運動がナッシビルに与えた影響を記録する、仮想公民権博物館アプリをデザインするにはどうしたらよいか？」というものでした。

先生はプロジェクトの設計に取りかかりました。重要な学習目標、学習の鍵となる問い、学習の証拠となる最終的な成果物を明確にすると、彼女はプロジェクトの「骨格」とも言えるものを手に入れたのも同然です。

先生が次に考えるべきプロジェクト設計上の課題は、より多くの質問に対する答えを検討して、その「骨格」をさらに明確なものにすることでした。その質問とは次のようなものです。

「このプロジェクトは、ほかにどのようなスタンダードに対応できるか？」
「どのような学習活動だと、プロジェクトの日程的な枠のなかに収まるか？」
「多様な生徒のニーズを確実に満たすために、どのようにして形成的評価を計画することができるか？」
「初日から高い関心をもってプロジェクトをスタートさせ、プロジェクト全体を通して探究心を持続させるためにはどうしたらよいか？」

まだまだ計画を練る必要はありますが、「ナッシビルのマーチ」というプロジェクトが、生徒たちを有意義な方向へと導いてくれることは間違いありません。

試してみましょう！――プロジェクト計画の段階で専門家に相談する

興味深いプロジェクトでは、現実世界に存在する役割を生徒に担わせることがよくあります。たとえば、学習に駆り立ててくれるような質問として、「環境科学者として、どのようにすれば私たちの遊び場に野生生物の生息地をつくることができますか？」、「芸術家として、人々の目を地域社会に影響を与える社会問題に向けてもらうためにはどのようにすればよいでしょうか？」、「地域における飲み水の質を向上させるために、化学はどのように応用することができるでしょうか？」などが考えられます。

しかし、あなた自身がこれらの役割を担った経験がない場合、どうなるでしょうか？　あなたが扱うテーマや学習内容の分野に関連する仕事をしている専門家は、プロジェクトの計画段階で有益なフィードバックを提供することができます。専門家からの助言を得ることで、あなたが計画しているプロジェクトは「プロ」と同じような形での問題解決に、生徒が挑戦できるようにもなるのです。

専門家の仕事をより良く理解するために、プロジェクトの計画に役立つ具体的な質問をしてみましょう。たとえば、次のような質問です。

・どのようにして取り組むべき「課題」や「問題」を決めていますか?
・どのようにして「調査」を行ったり、「証拠」を集めたりしていますか?
・仕事に役立つ「ツール」は何ですか?
・あなたの分野において、「協働することの価値」にはどのようなものがありますか?
・あなたの分野における「質の高さ」は、何が基準となっていますか? また、「素晴らしいもの」をどのように定義していますか?
・あなたの分野の専門家は、どのように「成果」を共有したり、発表したりしていますか?

では、インタビューする専門家はどこで見つければいいのでしょうか? 多様な分野・領域の専門家とつながるために、まずは保護者の情報から探ってみましょう。そして、職業や趣味について尋ねてみましょう。また、地元の企業、近くの大学や研究施設、非営利団体に連絡を取り、専門家のネットワークを広げましょう。専門知識をもつ「情報源」として、大学のクラブや専門家団体を見落とさないようにしましょう。

専門家の考え方や方法をＰＢＬにもち込むことができれば、プロジェクトはより本格的なものになります。

詳細に考える、しかし柔軟性も必要

　PBLを設計するには、どの程度の計画が必要でしょうか？　あなたは、生徒の声や選択の余地をほとんど残さないような、まるで台本のような指導案を作成したくはないでしょう。一方、生徒と一緒にプロジェクトをはじめる前には、プロジェクトのための支援や評価の計画、スケジュールを慎重に検討する必要があります。

　これらをしっかりと準備しておくことで、生徒が主導する授業で時折見られるようなこと、つまり活動がメチャクチャになったり、方向性が分からなくなったりするような雑然さが生じても、うまくコントロールすることが可能となります。

　たとえば、「ナッシビルのマーチ」をデザインする際、ヘッドートロッター先生は、プロジェクトを立ちあげるための導入としてのイベントからスタートし、生徒全員が参加する学習活動を検討しました。そのために彼女は、ナッシビル公立図書館に行って公民権の展示を見学し、歴史家の助けを借りて、一次資料を探索するフィールドワークを計画しました。

「歴史を手のひらに乗せることで、生徒たちにも私と同じようにこのプロジェクトに興味をもってもらうことができます」と、先生は話しています。

また先生は、読み手としての能力が異なる生徒たちが一緒に活動することになると分かっていました。彼女の計画には、すべての生徒が成功するための支援が含まれていました。プロジェクトの初期段階には「よく読む」という行為のモデルを共有するために、すべての生徒にテキストの一部を音読するという計画を立てました。そして、プロジェクトの後半では、異なる能力の読み手をペアにして、読む力を育むことをねらいとした活動を計画しました。「読むことが苦手な生徒がいたら、ペア活動で別の生徒に読み聞かせをしてもらうこともあります」と話す先生は、別の方法で学習内容に迫りたいというニーズをもつ生徒のために、音声録音も利用できるようにしていました。

同じようなことが別の事例でも見られます。テラニア・ノーファー先生が高校の幾何のプロジェクトにおいて、大家族であることから生まれる特別な要望をもつ顧客のために家を設計するという計画をした際、多様な生徒のニーズを考慮しました。たとえば、英語を外国語として学習している生徒が数学の内容に関して話し合うことを助けるために、先生自身の考えを示すのに役立つ「決まり言葉」のリストを用意しました。そのほかにも、特別な支援を必要とする生徒がプロジェクトの中身に集中できるように、設計段階でチェックリストも作成しました。

「彼らに必要となるあらゆる支援を用意することを目指して計画したつもりです」と、ノーファー先生は言っています。生徒たちはデザインの課題に興奮してプロジェクトをはじめましたが、「数学らしい内容に直面した途端、生徒はドミノのように倒れてしまいました！」ということです。

形成的評価からノーファー先生は、多くの生徒が数学の基本的な概念の理解に苦戦していることが分かりました。「これらの概念は学んでいたはずなのですが、しばらく使う機会がなかったのです。彼らは、復習する機会を必要としていたのです」と、ノーファー先生は言っています。

すぐに方針を変えた先生は、数学の概念を復習するための選択肢を生徒に提示しました。教師の助けを借りることもできるし、先生が「お助け係」に指名した、数学の概念をよく理解している二人の生徒に助けを求めることもできるようにしました。

ノーファー先生は、復習の時間を確保するためにプロジェクトの計画表（次ページの**図2−2**）を修正しなければなりませんでしたが、生徒の学習にとっては、十分な時間を費やすことができました（生徒への学習支援についての詳細は第6章を参照してください）。

さらにノーファー先生は、微分積分を学ぶ生徒を対象とした別のプロジェクトにおいて、何人かの生徒が一人で作業するのに苦労していることに気づき、計画を少し修正しなければなりませんでした。彼女は毎週の計画に手を加え、各生徒に対して、チームでの役割とその週に行う必要のあるタスクを説明するように求めました。彼女のプロジェクト計画は、より自主性を発揮する生徒のための柔軟性を維持していたということです。

図２－２　プロジェクトの計画表の例

プロジェクトの計画表				
プロジェクト名「ファイナンス・プロジェクト」			時間設定（18日間）	
月曜日	火曜日	水曜日	木曜日	金曜日
プロジェクト：１週目				
【目標】 複雑な課題の一部を分析し、解決策を探すための切り込み方を特定できる。 【活動／指導】 導入としてイベントクライアントを紹介する。 プロジェクトでのチームとなり、関係づくりを行う。 読むのに苦労している生徒や英語を外国語として学んでいる生徒を支援するために段階的な「責任の移行モデル」を使用し、課題を抱えている生徒の問題を解決する。	【目標】 さまざまな投資手段、利子、ファイナンシャル・プランの基本的な概要を話すことができる。 【活動／指導】 ファイナンシャル・プランナーを生徒に紹介する。 ファイナンシャル・プランナーがファイナンシャル・プランの基本的な事柄を説明している間、生徒はメモをとる。 プレゼンテーションのあと、簡単な質疑応答をする。	【目標】 様々な投資手段、利子、ファイナンシャル・プランの基本的な概要を話すことができる。 【活動／指導】 チームは、ファイナンシャル・プランナーから出されたプランを確認し、視点をチェックする記入用紙を使用して、家族のファイナンシャル・プランに採用するフォーマットを選択する。 チームは選択したファイナンシャル・プランの設計を使用して、「シャーレット」（59ペ	【目標】 有益な質問ができる。 【活動／指導】 生徒を、プランを必要とする家族に紹介する。 割り当てられた生徒（コミュニケーション能力に基づいて選ばれた生徒）は、ほかの生徒がメモをとる間に家族にインタビューを行う。 生徒は、問題解決フォームを更新する。	【目標】 金融モデルを表す方程式を作成し、それを使って状況を解決することができる。金融に関する方程式を探して活用できる。 【活動／指導】 生徒は電卓アプリを活用しながら、基本的な複利の計算式についての調査に取り組む。

生徒はファイナンシャル・プランのモデルを確認する。 生徒は家族とプランナーに向けた質問を作成する。 **【評価／成果物】** 生徒が作成した質問、問題解決の枠組み、問題解決のプロセスでの課題と成果に関する話し合いをする。	このとき、メモをとるための視覚的なツールを用意する。 プロジェクトチームは、プロジェクトの課題を完了するための同意書をつくる。 **【評価／成果物】** 日々の形成的評価のための課題。 家族のための質問を更新したもの。	ージの注4参照）のようなプラン改善のための活動を完遂する。 チームは、フィードバックに基づいて計画を調整する。 生徒は選択したプランを検討し、家族への質問をする。 **【評価／成果物】** 家族への質問を更新したもの。 ファイナンシャル・プランの書式。	**【評価／成果物】** インタビューの手順、インタビューの結果、ジャーナル（学習日誌）への記入、問題解決の用紙の更新に関する話し合い。	**【評価／成果物】** チームでの調査 チームとクラス全体での話し合いと協働のスキルの振り返り。
プロジェクト（2週目）				
月曜日	**火曜日**	**水曜日**	**木曜日**	**金曜日**
【目標】 金融モデルを表す方程式をつくり、それを使って状況を解決することができる。 金融に関する方程式の構造を探し、それを利用することができる。	**【目標】** 金融モデルを表す方程式をつくり、それを使って状況を解決することができる。 金融に関する方程式の構造を探し、それを利用することができる。	**【目標】** 金融モデルを表す方程式をつくり、それを使って状況を解決することができる。 金融に関する方程式の構造を探し、それを利用することができる。	**【目標】** 金融モデルを表す方程式をつくり、それを使って状況を解決することができる。 金融に関する方程式の構造を探し、それを利用することができる。	**【目標】** 家族が経済的な目標を達成するために、どうすればいいのかについて理解してもらうための分かりやすい計画書が書ける。

関数をグラフ化し、主要な特徴を解釈できる。 【活動／指導】 前時からはじめた調査を完了させる。 クラスで、計算式と作成しようとしているファイナンシャル・プランとの関係を話し合う。 教師がほかの計算式によるモデルを示す。生徒は自分の家族に対応させた計算式を使い、問題を練習する。 【評価／成果物】 計算式を考えたワークシート。	関数をグラフ化し、主要な特徴を解釈できる。 【活動／指導】 教師がセミナーの規範を見直す。 生徒は金融に関する計算についての「ソクラテス式セミナー」を受講する。 「話しはじめの決まり言葉」と「見える化」シートが、話し合いをサポートするために使用される。 【評価／成果物】 「ソクラテス式セミナー」でのジャーナルの記入と内容。 ＊「ソクラテス・セミナー」については、171ページの注(4)を参照してください。	関数をグラフ化し、主要な特徴を解釈できる。 【活動／指導】 教師は金融数学のレポートの例をモデルとして示す。 生徒は財務報告書の最初の草稿に取り組む。 生徒はチームの仲間の草稿について、ほめたり、質問したり、提案したりする。 【評価／成果物】 ほめ言葉・提案フォーム。	関数をグラフ化し、主要な特徴を解釈できる。 【活動／指導】 前日のフィードバックをもとに、生徒は財務報告書を完成させる。 プロジェクトチームは、プロジェクトの課題の完了に向けた進捗状況を確認するためにミーティングをもつ。 【評価／成果物】 財務報告書。	【活動／指導】 教師は、自分たちの財務報告書を使って、チームで計画書を書く方法を説明する。 生徒は自分のファイナンシャル・プランに取り組む。 【評価／成果物】 最終問題を解く。 チームでの振り返りとクラスでの話し合いからうかがえる協働するスキル。

プロジェクト（3週目）				
月曜日	火曜日	水曜日	木曜日	金曜日
フレックス・デー	【目標】 家族が経済的な目標を達成するために、どうすればいいのかについて理解してもらうための解説付きの計画書が書ける。 【活動内容／指導】 生徒はファイナンシャル・プランに取り組む。 ファイナンシャル・プランナーが各チームと面談し、進捗状況をフィードバックする。 【評価／成果物】 質問を出す。	【目標】 他人の計画を聞いたり、読んだり、明確な質問をしたり、改善のための提案をしたりすることができる。 【活動内容／指導】 教師がフィッシュ・ボウル（金魚鉢）の方法で、お決まりの活動を調整し、モデルにする。 生徒はお決まりの活動の調整を完成させる。 【評価／成果物】 質問を出す。 ジャーナルの提出。	【目標】 家族が経済的な目標を達成するために、どうすればよいのかについて理解してもらうための解説付きの計画書が書ける。 【活動内容／指導】 調整したお決まりの活動に基づくフィードバックをもとに、チームで提案内容を修正する。 チームは、プロジェクト課題の完了に向けて進捗状況を確認する。 【評価／成果物】 ファイナンシャル・プラン。 チームとクラス全体での話し合いと協働のスキルの振り返り。	【目標】 家族が経済的な目標を達成するために、どうすればよいのかについて理解してもらうための解説付きの計画書が書ける。 自分のプランを数学の要素を用いて家族に説明することができる。 【活動内容／指導】 調整したお決まりの活動に基づくフィードバックをもとに、チームで提案内容を修正する。 チームは家族へのプレゼンテーションの練習を開始する。 【評価／成果物】 ファイナンシャル・プラン。

プロジェクト（4週目）

月曜日	火曜日	水曜日	木曜日	金曜日
フレックス・デー	**【目標】** 自分のファイナンシャル・プランを数学の要素を用いて家族に説明することができる。 **【活動内容／指導】** チームで、自分のプランを家族に発表する練習をする。 チームで、ほかのチーム、ファイナンシャル・プランナー、またはノーファー先生にプレゼンテーションを行い、そのフィードバックをもとにプレゼンテーションを修正する。 **【評価／成果物】** プレゼンテーションの観察。	**【目標】** 自分のファイナンシャル・プランを数学の要素を用いて家族に説明することができる。 **【活動内容／指導】** チームで家族に発表し、その後、祝賀会を行い、最後に協働するスキルやプロジェクト全体についての振り返りを行う。 **【評価／成果物】** プレゼンテーション。協働するスキルの自己評価と相互評価。		

（＊）オクラホマ州オクラホマ市、ノースウエスト・クラッセン高校、テラニア・ノーファー先生の許可を得て使用しています。

「生徒たちが学ぶべきことを学び、もし最終的な締め切り日よりも早く完了することができたら、それは素晴らしいことです。余った時間はほかの学習内容に使うことができますから。私は、彼らのために時間つぶしの課題や活動は課しません。彼らは卒業間近なのです。時間を上手に使う方法を知ることは、人生における大切なスキルです」と、ノーファー先生は話していました。

試してみましょう！——プロジェクトの計画表をデザインする

プロジェクトの計画表は、一般的には、授業やユニットを計画するためにつくるものに似ていますが、ＰＢＬの性質を反映した、次に示すようないくつかの機能が含まれています。

・初日に、導入としてのイベントを設ける。
・プロジェクトの初期段階で、チームの関係づくりとプロジェクトを遂行するための役割分担を決める時間を設ける。
・情報提供の授業や活動の間には個別学習の時間を設ける。
・作品の批評と修正のために十分な時間をとる。
・生徒が作品を公開する前には、プレゼンテーションを練習するための十分な時間をとる。
・プロジェクトの最終版には、「振り返り」と「祝賀会」の時間を設ける。

情報源となる資料を準備する

生徒がプロジェクトをしている間に必要とする資料は何ですか？　それらの資料は、容易に手に入るものですか？　それとも、探すのに多少の手間がかかるようなものですか？　プロジェクトの計画段階は、プロジェクトを成功させるために必要な資料を予測するときでもあります。これには、読み物などの伝統的な資料に加えて、ネット上のものや外部の専門家も含まれます。

「ナッシビルのマーチ」のプロジェクトでは、キンバリー・ヘッドートロッター先生はモバイル機器からアクセスできるデジタル地図を作成するために、テクノロジー・ツールである「ThingLink」(14)が不可欠であることは認識していました。これを使えば生徒はナッシビルのデジタル地図の作成者となり、公民権運動の間に重要となった場所に解説を付けることができますし、その成果物を一般の人々と共有することができるようにもなります。しかし先生は、このツールの使い方の専門家ではありませんでした。

ヘッドートロッター先生の計画の一部には、メディアを得意とする教師を巻き込んで、テクノロジーを使う生徒をサポートしてもらうということが含まれていました。だから、先生自身がデジタルの専門家である必要はないのです。必要に応じてメディアを得意とする教師がサポートをしてくれるため、生徒は図書館で地図を作成することができました。

プロジェクトに必要な資料を考える際には、生徒が必要とする「もの」と、サポートやアドバイス、情報を提供してくれる「人」という、ハードとソフトの両面を考えてください。たとえば、次のようなものです。

・テクノロジー・ツールは、プロジェクト全体で活躍するかもしれません。一次資料を使った研究、科学的なシミュレーション、協働して書くことなど、達成したい学習目標を考え、その達成に寄与するデジタルツールを探します。(15)テクノロジーを有効に使うための計画を立てる際には、メディア・スペシャリストや学校司書、教え方のコーチなどにサポートを求めてください。
・PBLでは、学習内容の専門家が重要な役割を果たすことがよくあります。生徒は、プロジェクトの進行中に専門家と連絡を取ったり、試作物や提案したい解決策について技術的なフィードバックを受けることで活動や作品を見直すほか、修正する必要が出てくるかもしれません。専門家を探すには、ＰＴＡや企業、非営利団体、大学などに連絡を取ることが考えら

(14)　九九ページの注（12）を参照してください。
(15)　欧米の学校では、従来の学校司書がメディア・スペシャリストを兼ねるか、後者が消えて前者に移行しつつあります。生徒たちへの情報面でのサポートを考えると、そうならざるを得ないのかもしれません。

れます。専門家に求めることを明確にしておくと、専門家も無駄な時間を使わずにすみます。

・「本当にある」問題は、多くの場合、複数の教科に関連しています。プロジェクトを設計する際には、教科横断的な学習の機会について考えましょう。

プロジェクトを計画する際、ほかの教科の教師に声をかけてみるのです。プロジェクトの一部だけであっても、チームを組むことができるかもしれません。たとえば、社会科のプロジェクトにおいて調査とデータ分析が必要な場合、数学や統計学で学んでいることを生徒が応用する機会になるかもしれません。同じく、調査報告書の作成を伴う理科のプロジェクトでは、国語科との関連を模索してください。

・プロジェクトによっては、成果物や作品を開発するためにメイカースペース、科学実験室、アートスタジオ、音楽／ビデオ制作スタジオなどを利用することになるかもしれません。これらの施設が学校にない場合は、そのような設備が整っている公共図書館などのような地域のリソースを生徒に紹介することができます。

試してみましょう！――ほかの大人もプロジェクトに参加してもらえる方法を決める

比較的簡単なプロジェクトやＰＢＬに生徒が初めて参加する場合は、教師以外の大人を参加させないほうがよいかもしれません。

しかし、プロジェクトが現実世界にあるような学びの深さを含むものとなり、生徒のモチベーションを高め、学習と現実世界とのつながりをつくるためには、教室外にいる大人を巻き込むことが非常に有効となります。ほかの教師や学校の職員、保護者、さらに生徒たちやプロジェクトの遂行に大きな影響力を与えるために、地域の住民、専門家、各団体の代表などから協力を得る方法を考えましょう。

大人に参加してもらう方法はたくさんあります。

学習内容の専門家——ゲストスピーカーとして招いたり、オンラインで情報を提供してもらったり、プロジェクトに必要なスキルを生徒に教えてもらったりします。

メンター——ゲストスピーカーや専門家に似ていますが、より長期間にわたって生徒と密接に協力してもらいます。複数のメンターが、それぞれの生徒やチームと協力して活動することもできます。

聴衆またはパネルメンバー——プロジェクトの集大成として、または生徒が成果物をつくったり、プロジェクトを推進する鍵となる問いへの回答を考えたりする際の評価者として、大人を招いて生徒が公開した作品を見たり聞いたりしてもらいます。発表会での聞き役になってもらう場合は、生徒の理解や活動のプロセスを探るために質問をしたり、生徒の作品を評価するといった役割を果たしてもらうことができます。

クライアントまたは製品のユーザー——外部の大人たち、または彼らが代表となっている組織は、生徒に何かをしてもらったり問題を解決してもらったりすることで、導入イベントからはじまるプロジェクト全体を見通して、「すべきことは何か」という情報を提供することができます。

たとえば、シェリル・バティースタ先生の「小さな家」プロジェクトでは、クライアントのニーズが何かを生徒に伝え、最後にクライアントのために造った小さな家についての提案を聞くために、コミュニティーのメンバーを募集しました。

あなたがプロジェクトに参加してくれる大人を招待するとき、次の点を心に留めておいてください。

・適切で実現可能な場合は、学校外の大人を見つけて、生徒が実際に助けてほしいことを尋ねる過程に加わってもらう。

・あなたの設定する「問い」に関して、どれほど具体性があって、どのくらいの時間がかかるのかについて明確にすることを助けてもらう。

・同僚、個人的な友人、保護者たちに、誰か専門家や関係のある組織とのつながりをもっていないかと尋ねてみる。時間が許せばほとんどの人が喜んで助けてくれるので、コネがなくても尋ねることを恐れてはいけない。

「基本」を超えて——公平性と影響力を与えるデザイン

プロジェクト設計に関する決定について考えることはほかにもあります。それは、ＰＢＬにおける公平性と影響力という重要な目標を促進する際に役立つものです。

テラニア・ノーファー先生がプロジェクトを計画するとき、プロジェクトの設計に必要な要素をすべて考慮していましたが、実はそれだけにとどまりませんでした。とくに低学年の生徒、経験の浅い生徒、英語を母語としない生徒を対象としたプロジェクトを計画する際には、さらに三つの要素を考慮に入れていました。先生は次のように説明しています。

第一に、私はいつも生徒たちに、将来のキャリアでも応用できるような数学の一面を見せたいと思っています。微分積分では、ファイナンシャル・プランナーの仕事について学び、自分自身がその役割を担っていることを理解します。幾何学が明確にキャリアにつながるのは設計の分野です。家を設計することで、生徒は幾何学の概念を応用し、建築家になるにはどうすればよいのかについて知ることになります。

第二に、私は生徒の背景知識が少ないということを障壁にしたくないと考えています。つまり、プロジェクトは誰もが利用しやすいものでなければなりません。アパートに住んでいようが、一軒家に住んでいようが、すべての生徒が「家」というものについて経験的に知っています。つまり、何らかのスキーマをもっているのです。[16] 私たちは、「家」が何を意味するのかについて、多くの背景知識を構築する必要はありません。

第三に、さまざまな能力レベルの生徒と一緒に活動をするとき、私は全員が夢中で取り組めるようにしたいと思っています。全員が学習内容を理解し、成長できる場をもつことが必要なのです。[17]

同様にレイ・アーメド先生は、生徒のほとんどが貧困のなかで生活しており、その多くが特別な支援を必要としていることから、自らが主張できるように学ぶことを望んでいます。

「コミュニティーという観点から、生徒たちが自分のために主張する方法を知らないことに私たちは気づいています。そのため、高校、大学、そして学校外で成功を収めることができませんでした。私たちは教室という場において、彼らに自分自身を『主張する』ことについて教える必要があります」

アーメド先生[18]は、生徒自身のために、発言することを奨励するための支援方法の一つとしてカンファランスを使用しています。

「生徒たちがカンファランスに応じるとき、彼らは自分が特定した課題や問題を扱っていることを理解しています。彼らはいくつかの解決策を考えるのですが、それについて考え抜くことを手助けする必要があります」

繰り返し練習することで生徒の自信が高まります。先生は次のようにも言っています。

---

(16)　心理学用語である「スキーマ」は、ある物事についてまとまっている知識や情報のことを指します。

(17)　これを実現する方法が、『ようこそ、一人ひとりをいかす教室へ』で詳しく紹介されています。

(18)　個々の生徒に必要なことを見取ったうえで、生徒にそれを教えたり、コメントをしたりすることを指します（「一斉授業」での指導とは異なるイメージをもつ必要があります）。ライティング・ワークショップとリーディング・ワークショップの学習では、「単に活動をしているだけ」という状態にならないためにも、教師がもっとも力点を置くところと言っても過言ではありません。のちの章に登場する「コーチング」も参照してください。また、本章では教師の営みに焦点が当てられているために示されていませんが、生徒同士でのピア・カンファランスも「自立した学び手」として育つためには有効な手立てと言えます。教師によるカンファランスについては、ブログ「WW／RW便り」の左上に「カンファランス」を入力して検索すると大量の情報が得られます。ピア・カンファランスについては、『ピア・フィードバック』（仮題）を出版する予定です。

「生徒たちが大学に進学したときの姿を見ていると、悩んだときには教授に恐れることなく相談しています。彼らは子どものころからこれらについて練習をしてきたので、主体的になることに価値を見いだすようになっていたのです」（三二〇〜三二二ページのアーメド先生のカンファランスの詳細を参照してください。）


中学校の教師であるレベッカ・ニューバーン先生の場合は、もう一つ留意していることがありました。それは、生徒が科学のプロジェクトのことだけでなく、将来的に賢明な意思決定をするためにエンパワーされたと感じることでした。自分にとって重要な問題を考えることでどのような影響を及ぼすことになるのかについて、生徒に知ってほしいと先生は願っているのです。

「なぜ気候変動が重要な問題なのかについて授業で説明することはできますが、多くの生徒は聞き流してしまうでしょう。この『内容』は自分の生き方とどのような関係があるのだろうか？自分の人生を変えるために、どのような選択ができるのだろうか？　というように、さまざまな問題と結びつけることによって深い問いに向きあってほしいと私は考えています」

プロジェクトの終わりまでにニューバーン先生は、科学の内容に関して、これからもプロジェクトで取り組んだ内容を生徒が忘れないだろうという証拠を探します。また、生徒たちに、自分たちがどのような行動をとることができるのかについて確認できるようになってほしいとも考えていました。

「生徒たちは熱エネルギーについての詳細をすべて覚えているわけではありませんが、全体像を十分に理解していますので、適切な質問をしたり、クリティカルに考えたりすることができるのです」と、先生は話していました。

コーチのノート――ＰＢＬの計画中、いかに耳を貸すのか

プロジェクトのデザインと計画の段階で、教師に実践的なフィードバックを提供することは教え方のコーチにとっては大切な役割となります。ＰＢＬを実践する教師からコーチへと転身したジェームズ・フェスター先生は、中学教師のレベッカ・ニューバーン先生が気候変動についての野心的なプロジェクトの計画を考える際に手助けをしました。また、フェスター先生は、コーチである自分とニューバーン先生との協働作業、とくに自分の問いかけがどのようにより良いプロジェクトの設計につながったのかについて、いくつかの見解をもっていました。

――コーチとして振る舞ってはいますが、私はそのテーマの専門家ではないということがよくあります。元々、私は歴史の教師でした。数学や科学についての知識量でいうと、ニューバ

ーン先生のほうが明らかに専門家です。だから、一緒にプロジェクト計画の詳細を詰めていく意味があるのです。彼女の計画が私にとって意味のあるものであれば、彼女の生徒にとっても意味のあるものとなります。

一緒に座って何か作業をするたびに、「その日のうちに（または、プロジェクトの最後までに）、生徒に知っておいてほしいことは何ですか？」と質問していました。そして、生徒が理解を深め、自分で結論を出すことを手助けするための具体的な方法を一緒に探すことになります。では、生徒たちにどのようにして探究心をもって物事について考えてもらい、学習に取り組ませていけばよいのでしょうか？　私がこの質問を続けているのは、その問いがPBLにおいて一番大切だからです。

彼女の目標の一つは、科学についてより多くの話し合いを生徒がすることでした。私たちは、ある教科や領域、分野で用いられている専門的な言葉を生徒が使いこなせるような、お決まりの活動を考えました。彼女は「机の上に『決まり言葉』が書かれたテントを置く」[19]というアイディアをもっていましたが、これは素晴らしいです。生徒たちによい話し合いをしてもらいたいのであれば、集中力を維持するために必要となるものを与えましょう。

もう一つのアイディアは、プロジェクトが中学生特有のニーズを満たすものにすることです。プロジェクトの登場人物となる生徒のことをよく考えなければなりません。彼らには、どのような発達上のニーズがあるのでしょうか？　私たちは、中学生が人間関係を重視していることを知っています。ですから、彼らが学習内容について話し合ったり、相互交流を含んだ活動をしたりするようなお決まりの活動は、この年齢の生徒の学習においては重要なだけでなく不可欠なのです。これらの手立てがなければ、彼らは別のことで周りの人たちと話すことになってしまうでしょう。(20)

私たちは、彼女の構想したプロジェクトの計画表を見て、生徒が誰かと話し合えるような機会を最後に設けられたのがいつだったのかと確認しました。つまり、「生徒たちが学習で何が起こっているのか、口頭で共有することを計画したのはいつだったのか？」を確認したわけです。それを踏まえて、私たちはそのような活動を定期的に取り入れるように計画の修正を続けました。

この種の協働しながら行う計画は、それほど多くの時間を必要としません。フェスター先生とニューバーン先生は、一五分間のミーティングができる機会を見つけ、時間を効率的に使うこと

---

(19)「決まり言葉」が書かれた紙を三角錐にしたものをイメージしてください。
(20) 要するに、授業に集中してくれることはない、という意味です。授業で会話を促進する多様な方法が紹介されている『「学習会話」を育てる』(仮題)を参照ください。

で大きな成果を上げることができました。

「それぞれのミーティングの最後に、私たちは生徒たちのプロジェクトで障害が起こった際の対応について話しました。また、ミーティングの前には、それぞれが何をする必要があったのかについて考えていました。それが、パートナーシップの重要な規範であることを示していたのです」と、フェスター先生は振り返っています。

自分のプロジェクトを蘇らせて再利用する

ＰＢＬをはじめたばかりの教師は、毎学期、プロジェクトの計画をゼロからはじめなければならないのではないかと心配になってしまうことがよくあります。簡単に言ってしまえば、そのようなことはありません。多くのプロジェクトは、何度も使用することができるものなのです。

もっとも、プロジェクトのなかには、内容をタイムリーなものにして、関連性のあるものに更新する必要がある場合もあるでしょう。ＰＢＬのベテラン教師たちは、自分のプロジェクトを振り返り、同僚や生徒に「次はどうすればより良いプロジェクトになるか」について、フィードバックをもらうといったことを習慣にしています。

カリフォルニア州デイヴィスに住む二人のベテランＰＢＬ教師は、あるプロジェクトについて、単に「よい」と評価するだけでは十分ではないと考えました。「戦時下のアメリカ」と呼ばれ、人気のある教科横断的なプロジェクトをクリティカルに検討したあと、彼らはそれを修正して、さらに教科学習としての側面から理解を深め、地域社会とのつながりに広げることにしました。

ダヴィンチ・チャーター・アカデミー[21]で国語と歴史を教えているタイラー・ミルサップ先生は、「このプロジェクトはまともなものでしたが、ある種の小さな、狭い範囲に焦点を絞ったものでした。そこから、大きくて広いプロジェクトへと変化を遂げたのです」と振り返っています。

当初、このプロジェクトでは、生徒たちは戦争小説を分析し、アメリカの歴史を理解したうえで、「次世代の素晴らしい戦争映画」に向けたパイロット版をつくることに挑戦していました。国語を教えるスコット・スティーブン・ベル先生は、近年のイラクやアフガニスタンでの戦争を題材にした新しい小説などを紹介する機会を得ました。

『ジェネレーション・キル』[22]、『ジャーヘッド――アメリカ海兵隊員の告白』[23]、『ザ　ウォッチ』[24]などといった現代的な本は、生徒にとっては魅力的であり、読書レベルに応じた一人ひとりをいか

(21)　(Da Vinci Charter Academy)　カリフォルニア州デイヴィスにある生徒約三五〇人の高校です。
(22)　ワーナー・ブラザーズ製作した、イラクのバグダッドを舞台にした作品です（二〇〇三年）。生々しく、残酷な本当の戦争の内情が描かれています。

す学び方を可能にしました。

生徒の関心は高かったのですが、教師たちはプロジェクトの歴史面が薄すぎるのではないかと心配していました。ミルサップ先生は、「外交政策や戦争の原因について一般論として話すことはありましたが、それには推進力となる目的がありませんでした」と言っています。

ミルサップ先生がたまたま地元の議員事務所に電話をかけたとき、そのプロジェクトに修正を加える機会が訪れました。その議員の補佐官が、議会図書館の退役軍人歴史プロジェクトについて教えてくれたのです。

また議員は、高校生が地元の退役軍人にインタビューをすることに、「生徒たちは興味をもってくれるのだろうか？」と話したようです。ミルサップ先生は、このプロジェクトにどれだけの追加作業が必要になるかをその場で考え、一瞬の間を置いたあと、これに同意しました。

「これは、このプロジェクトのなかでもっとも重要な部分の一つになっています。生徒は退役軍人とつながり、インタビューを行い、一次資料を作成して議会図書館に提出します。生徒にとっては、その提出物を本当に見てくれる視聴者がいるということに大きな意味をもつことになります」と彼は話しています。

過去のプロジェクトをつくり直す場合は、次のような質問を自分自身に投げかけてみましょう。
・このプロジェクトを前回展開したとき、うまくいったところはどこでしたか？　変更や修正を計画している場合でも、残しておきたい、成功した部分を必ず確認してください。

・これまで実践してみて、このプロジェクトの弱点はどこにありましたか？　支援を追加したり、形成的評価を増やしたり、異なる学習活動を行うことで特定の課題をどのように解決することができますか？
・内容をタイムリーなものにしたり、生徒の生活により関連づけたりする必要はありますか？
・学習への取り組みを高めるために、地域社会とのつながりを設ける機会はありますか？
・プロジェクトをより教科横断的なものにする機会はありますか？　ほかの教科・領域の同僚のなかに、チームを組んで指導にあたってみたいと思う人はいますか？

質の高いプロジェクトを設計し、計画するための方法と主な留意点

この章では、効果的なプロジェクトの設計と計画に役立ついくつかの方法、および資料を確認してきました。次の点について考えてみてください。

---

(23)　第一次湾岸戦争に派遣された海兵隊員の自叙伝です。二〇〇五年に映画化もされています。邦訳書は、同名タイトルで（アンソニー・スオフォード／中谷和男訳、アスペクト）二〇〇三年に出版されています。

(24)　現代のアフガニスタンのカンダハルを舞台にした小説です。邦訳はされていません。

・ＰＢＬのゴールドスタンダードにおける「プロジェクト計画に不可欠な七つの要素」は、指導計画についての考え方をどのように変えたり、影響を与えたりしましたか？　あなたの教室では、どの要素がすでに明確なものになっていますか？　また、今よりも要求されている要素は何ですか？

・プロジェクトのアイディアを見つけるための方法のなかで、あなたの心に響くものはありましたか？

・プロジェクトの計画立案に生徒が参加することに対して、あなたはどの程度違和感を覚えていますか？　また、試してみたいと思いますか？

・あなたが計画しているプロジェクトについて、同僚からのフィードバックを得る機会はありますか？　あなたの計画に対するフィードバックを得るために、ギャラリー・ウォークや相互批評といったお決まりの活動をどのように活用していますか？(25)

---

(25)　相互批評の方法でもっとも効果的なものは「大切な友だち」ですので、ぜひ活用してください。五九ページの（※3）を参照してください。

第３章

スタンダードにあわせる

ＰＢＬがデザートではなく「メイン料理」の学習であることを確認するために、プロジェクトを意味のあるスタンダード（学習到達目標）(1)にあわせる。

エリン・ブランドヴォルド先生は、これまで一〇年以上にわたってＰＢＬを取り入れた学校で教えてきました。「私は幸運だと感じています。私は、教育実習もＰＢＬの実践校でやりました」と彼女は言っています。

先生は、現在、カリフォルニア州ヘイワードにある中高一貫校の「インパクト・アカデミー・オブ・アーツ・アンド・テクノロジー」で世界史を教えています。この学校では、貧困のなかで育った多くの生徒を含む多様な生徒が学んでいます。卒業生の多くが、家族のなかで最初に大学進学をすることになります。

（1）　ｖページの注（6）を参照してください。

ブランドヴォルド先生は、一つのＰＢＬの実践が、生徒たち（全員が大学進学を目指す生徒たち）の成績向上にどのように役立っているのかについて実感しています。

「数年前までは、私たちは見映えだけがよいようなプロジェクトを行っていました。生徒たちはそれを楽しんでいましたが、私たちは時々、『何を教えているのだろうか？』と疑問に思うことがありました。生徒が知り、できるようになるために必要な概念やスキルとは何か、と考え続けてきたのです。時間が経つにつれて、生徒がある程度知っていて、かつ価値を見いだせる内容を扱うプロジェクトとして、デザインすることができるようになりました」と、先生は言っています。

そのよい例として、一〇年生の世界史プロジェクト「革命を裁判にかける」があります。この六週間のプロジェクトを計画するにあたってブランドヴォルド先生は、世界のさまざまな革命に関する歴史的内容と、スタンダードに含まれている主張と反論に関する学習目標について慎重に検討を行いました。

プロジェクトの開始から最終版の活動となる模擬裁判に至るまで、プロジェクトを通して彼女は、学習活動と評価をスタンダードにあわせて意図的に行いました。これによって生徒たちは、何を学ぶ必要があるのか、なぜそのような考えを知っておく必要があるのかについて明確に理解することができました。

なぜ、プロジェクトをスタンダードにあわせるのか？

教師がＰＢＬをスタンダードにあわせると、そこでの学習経験が、時間を多くかけただけの価値に見合うものになることが保証されます。とくに、プロジェクトを優先度の高いスタンダード(2)に沿ったものにすれば、最初から深い学びが生まれることになります。つまり、一回か二回の授業で取り組むことができるような学習目標に沿った低いレベルを目指すのではなく、プロジェクトではより大きな概念を扱い、複雑さを伴い、高次の思考を必要とするようなスタンダードにあわせた高いレベルを目指すことを意味します。

優先度の高いスタンダードに焦点を当てることで、生徒がすぐに忘れてしまいそうな事項のリストを網羅することに追われるのではなく、深い概念的な理解を築くことができます。優先度の高いスタンダード（「力のあるスタンダード」と呼ばれることもあります）には、通常、関連する学習目標が組み込まれています。

（2）スタンダードの中身ですが、主役となるもの（Priority Standards）と、脇役になるもの（Supporting Standards）に分けられることがあります。つまり、優先順位がつけられているということです。

たとえば、効果的な小論文の書き方を知ることは、語彙、スペル、文法の習得を必要とします［参考文献３］。小論文を書くことに重点を置いたプロジェクトでは、これらの関連したスキルも教えることになるのです。また、小論文の書き方がさまざまであるように、四角形の性質の理解を深めるための算数・数学のプロジェクトだけでは、世の中のすべての四角形に対応することができないかもしれません。評価の専門家であるダグラス・リーヴス（Douglas Reeves）は、「ひし形は扱わない」といったように、優先順位の高いものにだけ集中するようにと助言しています。［参考文献３］

エリン・ブランドヴォルド先生の学校では、カリキュラムの計画に関してはかなりの自由さが与えられています。しかし、ＰＢＬに取り組む教師も、教育委員会が義務づけた学習内容の範囲と、それを教える順序に従わなければなりません。また、一部の教育委員会では、特定の学習目標に焦点を当てた定期的なテストを、九週間に一度という頻度で実施しています。それでも、ＰＢＬを教育委員会の義務として、決められた内容や順序と統合させることは可能です。ただ、その際には入念な計画が必要となります。

ジョージア州グウィネット郡にあるラニア高校が、そのよい例です。同校のデザイン・テクノロジーセンター（ＣＤＡＴ）に所属する生徒は、ビジネスパートナーと協力して意欲的なプロジェクトに取り組むだけでなく、州や教育委員会レベルのテストを受けなければなりません。ＣＤ

ＡＴの教師がスタンダードに沿って慎重に指導することで、生徒たちはスタンダードに沿ったテストにおいて一貫して高い点数を獲得し、さらに専門家が制作するようなビデオアニメーションの作成においても特許を取得したり、映画のクレジットを取得したりするなど、ＰＢＬとしての実績も誇っています。

スタンダードにあわせることは、ＰＢＬの実践、とくにプロジェクトのデザインと計画（第２章）に自然と重なります。しかし、スタンダードに意図的に焦点を当てることは、設計段階だけで行うことではありません。学習の鍵となる問い、プロジェクトのルーブリック、導入としてのアクティビティー、学習の支援、成果物を公にすること、および評価の計画といったすべての面が、プロジェクトの目標とするスタンダードに沿うことに関係するのです。

コラム　ＰＢＬ実践のゴールドスタンダードの指標――スタンダードにあわせる

プロジェクトがスタンダードに沿って考え抜かれたものであれば、教師が学習目標を明確に伝え、その目標を達成できるように生徒を支援している証拠を見ることができます。ＰＢＬ実践のゴールドスタンダードのルーブリックに含まれている「スタンダードにあわせる」の指標には、次の点が挙げられています。

・成果物の評価基準は、はっきりと具体的にスタンダードから導きだされていて、習熟度を示すことができる。
・生徒の学びを支援する方法、批評と修正のためのお決まりの活動、評価、ルーブリックは、特定のスタンダード項目の達成を一貫して手助けしてくれるものとなっている。
（＊）ＰＢＬ指導におけるルーブリックの完全版は、「付録」（三七〇ページ）を参照してください。

知っておくべきことにあわせる――「革命」プロジェクトとの相性のよさ

エリン・ブランドヴォルド先生が生徒の有意義な学習を実現するために、どのようにしてプロジェクトをスタンダードに沿ったものにしているのか、詳しく見てみましょう。

プロジェクトの計画に取りかかる前にブランドヴォルド先生は、まず生徒が習得する必要のあるすべての学習内容のスタンダードとスキルを整理しました。

「私は、『この一年の間に、これらのスキルや概念をどのように教えようか?』と自問自答しました。そして私は、スタンダードから一年間の内容を示したものをマッピングし、教える必要のある内容とスキルを特定しました」

一年間の学習内容マップをもとにしてブランドヴォルド先生は、生徒と一緒にどのような方向性のもとに学習を展開していくべきかについて考えられるようになりました。先に述べたように、一部の教育委員会では、カリキュラムの範囲と教える順序を守ることを義務づけることでカリキュラムのマッピングを行っています。自分でカリキュラムをつくる場合でも、教育委員会の指示に従う場合でも、すべきことは同じなのです。

ブランドヴォルド先生から世界史の授業を受ける一〇年生は、「世界の権力と抵抗」という大きな概念に焦点を当てています。それについて、「『私たちが日常生活のなかで、どのように権力の存在を感じることを経験し、その権力にどのように参加し、どのように対応しているのか』について調べることを意味しています」と、ブランドヴォルド先生は説明していました。

授業の内容は、生徒が世界中のさまざまな形態の権力を探り、歴史のなかで人々が権力に対してどのように抵抗してきたかを探るのに役立ちます。そのような内容を探究することで生徒は、「一人で調査することができる能力、クリティカルな思考、口頭および書面によるコミュニケーション能力を養い、さまざまな本や文章を分析し、そして評価できるという、自信に満ちた読み手になれる」とブランドヴォルド先生は話しています。

このような全体像を念頭に置くことでブランドヴォルド先生は、より具体的な学習目標にプロジェクトを対応させるための準備ができました。たとえば、カリキュラムマップに基づいて、彼女は二学期に論証的な文章を書くことに重点を置くことを決めています。これについては、「革命」のプロジェクトはとても適していると言えます。

「過去に、このプロジェクトにおいてディベートを最終的な成果物として行ったことがあります。これを模擬裁判で終わるように変更・修正することで、生徒は話し合いのスキルを発揮して、異なる視点に立って考えることを学ぶ必要があると考えました」と、先生は説明しています。

また、学習に真実味をもたせるために、先生は法律の専門家に裁判の準備の仕方について話してもらっています。「専門家ならではの見方によって、生徒は根拠に裏打ちされた、より強力な話し合いを構築することができるはずです」と、先生は述べていました。

このプロジェクトで生徒は、「市民対革命」をテーマにして、理解を示すパフォーマンスとして発表することに挑戦します。模擬裁判に備えて、生徒はなぜ革命が起こるのかについて考え、政治的な反乱によって誰が利益を得るのかについて、説得力のある事例をつくらなければなりません。また、最後の模擬裁判では、役柄として弁護士になる生徒もいれば、証人として証言する生徒も登場します。どのような配役になったとしても、全員が効果的な論証力を発揮する必要があります。

プロジェクトに組み込まれた学習目標を明確にするためにブランドヴォルド先生は、個人の習得度を強調するために、評価規準を「私は〜できる」という文言に書き換えました。たとえば、「各州共通基礎スタンダード」に沿った目標には次のようなものがあります。

・私は、正確な主張を紹介することができる。
・私は、その主張について、代わりとなる主張や対立する主張と区別することができる。
・私は、主張と反訴を公平に展開することができる。
・私は、自分の主張や反訴の長所と限界を指摘することができる。
・私は、主張と反訴の関係を明確にするための言葉や言い回しを使うことができる。
・私は、聴衆の知識レベルや関心を予測することができる。
・私は、提示された情報に沿った結論を提示することができる。

また、世界史の内容に沿ったそのほかの目標としては次のようなものがあります。
・私は、革命の枠組みを使って、革命の原因を判断することができる。
・私は、ロシア革命をほかの革命と比較することができる。
・私は、独裁政権が国民に与えた影響を分析することができる。
・私は、革命家の行動の背景にある動機を分析することができる。
・私は、革命が市民の生活を向上させる効果について判断することができる。

これらの学習目標をクラスに取り入れる前にブランドヴォルド先生は、生徒がこのテーマに取り組もうとする気持ちになっていることを確認したいと考えました。生徒の関心を高めるために先生は、「ある特定の国X」という名称の、一週間にわたる学習を想定した「革命」に関するプロジェクトを開始しました。

ブランドヴォルド先生は次のように説明しています。

「その初日に臨んだ生徒たちは、まず教室の様子が違っていることに気づきました。牢屋、店舗、労働者のためのエリアが設けられていました。生徒は三、四人のグループに分かれ、不平等を体験しました。王族にはソファーがあって特権が与えられ、大量のお金（偽物）が用意されていました。対立が起こるような舞台が設定されたうえで、生徒たちは公正で機能的な社会をつくることに挑戦したのです」

この週には、世界史を学習する四つのクラスでさまざまなドラマが展開されました。あるクラスでは暗殺を企てました。また、あるクラスではリーダーが権威を放棄しました。別のクラスでは、生徒たちがルールに合意するためにタウンミーティングを設定しました。これらは目指す社会づくりに向けて前進しているかのように見えましたが、ブランドヴォルド先生にとっては、「彼らはみんな、お互いに言いたいことを言うだけになってしまい、逆にイライラしてしまった」ようです。

教師の視点から見ると、夢中になるイベントを体験している様子は目的を果たしたように思えます。生徒は明らかに活動に参加しており、革命につながる社会的、政治的、経済的な不安について新鮮な見識を得ていました。シミュレーションが終わるころには、生徒たちはこの体験を振り返り、「革命」についての簡潔な定義にたどり着くことができました。また、反乱のあと、社会はどのように再建されていくのかについても多くの疑問が投げかけられました。

ブランドヴォルド先生は、シミュレーションが終わったあと、第二週目に突入するまでの間に学習の鍵となる問いを生徒たちに紹介しました。それは、「歴史家である私たちは、市民の生活を向上させる革命の有効性について、どのように判断することができるのだろうか？」というものです。

プロジェクトは、個人での課題とチームでの課題によって展開されました。ブランドヴォルド先生は、生徒が学習目標を理解していることを確認しました。大きな目標を、生徒たちも管理できるくらいの大きさに分解するために、毎日、クラスに具体的な学習成果を掲示しました。たとえば、「私は革命の条件、信念、きっかけを特定することができる」という成果は、プロジェクトの二週目に生徒が背景知識を構築していたときのものです。そして、第三週目の終わりには、多くの時間を使って文書資料とその根拠の評価を学んだあと、「私は、議論を示し、説得力のある証拠でそれを裏づけることができる」という成果が出ていたのです。

各授業の終わりに、生徒はその日の成果をどれだけ達成できたかについて四段階で自己採点をしました。この形成的な自己評価によってブランドヴォルド先生は、特定の学習ニーズにあわせたフォローアップの授業を計画することができました。このプロジェクトでの評価については第5章をご覧ください。

毎日の目標を設定することは、「学習は目的をもって行うべきだ」という先生自身の信念を反映しています。生徒が学習目標を理解していれば、「なぜ、これをやるのかという疑問から解放される」と先生は言っています。生徒は、日々の目標がどのように最終的な成果物に結びついているのかについて知ることができるのです。学習目標を学習の展開との関係で捉えると、生徒たちがしていることの目的がより明確になります。

試してみましょう！——どのスタンダードに焦点を当てるかを決める

すべての学習をPBLにしている、あるいはほとんどの時間をPBLで展開している教師は、教える必要のあるスタンダードのほとんどを、プロジェクトのなかに含めるための方法を見つけています。PBLをあまり使用していない教師は、特定のスタンダードをプロジェクトに含めず、代わりにほかの指導方法を使って教えています。

プロジェクトで教えるべきスタンダード（あるいは、学習内容ないしユニット）を決定するには、学校の状況、個人的な視点、生徒、学年やコース、そのほかの要因に大きく左右されます。「これ！」というルールはありませんので、次のような振り返りのプロセスを試してみてください。

❶次の三つのカテゴリーに分けて表を作成します。
・重要であり、プロジェクトで取り組むのに適している。
・重要だが、プロジェクトで取り組むには適切でない。
・重要ではないし、プロジェクトでの取り組みとしても適切でない。

❷次の質問を考慮して、学期、学年で教える必要のある各スタンダードを、三つのカテゴリーのいずれかに分類してください。
・それは重要なスタンダードですか？　あなたの教育委員会や州では、それを「重要な」スタンダードとして指定していますか？　それは教科・領域の学習にとって基本的なものですか？　それは、中核的または教科横断的な概念（例・低学年では数的感覚、高学年では数学のモデル化、システム思考、情報が示された文章の解釈など）ですか？
・プロジェクトを通して教えることは適切ですか？　深い理解と探究が必要ですか？　複雑なもの（例・民主主義における三権分立、生態系）ですか、それとも比較的単純なものですか？　一、二回の授業で学べるものではなく、学ぶのにかなりの時間を必要とするものですか？（たとえば、理科の実験の安全対策や手順は重要なことですが、PBLにはおそらく適していないでしょう。ひし形とは何であるかを学ぶことも、PBLには適していないでしょうが、この概念はより大きな数学のプロジェクトに含めることができます。）

❸プロジェクトに含まれるそれぞれのスタンダードに、どのくらいの時間と重みをかければよいのかについて検討してください。

・このスタンダードはプロジェクトのメインとなるものですか？　生徒はこのスタンダードを学ぶのに、かなりの時間を費やしますか？　このスタンダードは、プロジェクト全体に織り込まれていますか？　批評、振り返り、評価の焦点となりますか？

・このスタンダードは、プロジェクトのなかで比較的短期間で習得できるものですか？　ほかの授業のなかに組み込んだり、成果物に対する評価の一部とすることはできても、主要な部分とは言えないようなものではありませんか？

・スタンダードは、プロジェクトの背景に隠れているくらいのほうがいいですか？　プロジェクトのなかで生徒は、はっきりとスタンダードに焦点を当てない形でスタンダードを練習したり、実演したりすることが期待できるでしょうか？

焦点化した状態を維持する

ＰＢＬに慣れていない教師は、生徒の疑問を取り扱いながらも、「どのようにすれば学習目標に焦点を当て続けることができるのか」とよく質問します。生徒の疑問やアイディアが、目標とするスタンダードから遠ざかってしまった場合はどうすればよいのでしょうか？

数学教師のテラニア・ノーファー先生は、プロジェクトのすべての学習活動が学習目標に関連していることを確認することで、スタンダードに向かって生徒を意図的に誘導しています。「私は、スタンダードを意識する場面が何度も出てくるようにしたいと思っています。とはいえ、注意していなければそれは簡単にはできません」と、ノーファー先生は言っています。

たとえば、家の設計に関する彼女の幾何学のプロジェクトでは、クライアントに提示するための設計図を作成する必要があることを生徒たちは知っていました。一部の生徒は、見栄えのよい成果を生みだすことが予想されるオンラインツールを使って制作したいと思っていました。

「それが完成したとして、何か素晴らしいことを生徒たちが成し遂げたように思えるかもしれませんが、その活動のなかに数学の要素は入っているのでしょうか？　オンラインツールが、すべての計算をバックグラウンドで行っているのです」と、ノーファー先生は言います。

生徒が学習目標を達成していることを確認するために、生徒には最初の設計図の下描きを手作業でさせました。「手作業ならば計算する場面が生じます」と、先生は説明しています。そして、プロジェクトの後半では、生徒自身が数学の能力を証明する機会を経たので、最終的な設計図を作成するためにオンラインツールを使用するといったオプションが設けられました。

「予定外の変更」を避けることも、プロジェクトが手に負えないものになることを防ぐ一つの方法です。プロジェクトの進行にあわせてスタンダードを増やしていくのではなく、強調したい学習目標に焦点を当てるようにしましょう。

また、学習の鍵となる問いと最終的な成果物が、学習目標にどのように沿っているのかについて生徒が確認できるようにします。たとえば、クラスでの話し合いにおいて、必要事項のリストを振り返るたびに生徒が、「今、自分が考えた質問は、学習の鍵となる問いに答えるのにどのようにつながるのか?」について考えられるようにするのです。

時には、生徒のアイディアがプロジェクトの目標から大きく外れてしまうこともあります。ホワイトボードやプロジェクトボードに「アイディアの広場」というスペースを設けて、生徒の質問や提案を記録しておくという教師もいます。

振り返りの手立ては、学習目標への集中を維持するのに役立ちます。たとえば、プロジェクトのルーブリックを参考にして、生徒が特定のスキルや理解に向けた進捗状況を確認できるようにするのです。ある小学校の教師は、ルーブリックを色分けさせて、時間の経過とともに生徒自身が進歩していることが分かるようにしています。

コーチのノート——教科・領域を超えてつなげる

現実の世界で起きている問題は、複雑な状況になりがちといった様相を呈しています。そのような問題の解決策として、異なる分野の専門家がそれぞれの考えを共有し、お互いの考えを積みあげて策を構築したり、時にはお互いの考えに挑戦したりするといった必要が生じます。ＰＢＬをより本格的なものにするためには、教科横断的な内容のつながりを探すことが適していると言えます。

協働的なプロジェクトの計画をはじめるのは難しいことだと、教え方のコーチであるジェームズ・フェスター先生は認めています。とくに中等教育段階では、教師は自分の教科には精通していますが、ほかの教科については決してそうではないため、他教科のスタンダードとの関連性を見つけるために苦労することがあります。

教科横断的なプロジェクトの計画をはじめるために、ここではフェスター先生が実践してきた三つのコーチングの方法を紹介します。［参考文献23］

マインドマップ

この方法は、すでに教師同士で協働するチームが決まっていたり、プロジェクトでどの教師とチームを組みたいのかがはっきりとしている教師にとってはとくに効果的です。各教師が一年を通して教える主要なテーマとスタンダードのマインドマップを、大きな模造紙に描きあげることからはじめます（**図3－1**参照）。

この模造紙は壁に掛けられ、各教師は順番に自分の学習方針を一つずつ説明します。一人の教師が話している間、ほかの教師はそれに耳を傾け、自分の教科との関連性を探します。自分の教科でやっていることと似ている内容を耳にするたびに、教師は無言で話し、手の模造紙に印をつけたり、注釈をつけたりして関連性をメモします。

そして、各教師が自分のつくった模造紙を解説し終わったら、チームで関連しているところを確認します。それが、素晴らしいプロジェクトを練りあげるための出発点となるのです。

学習の鍵となる問いに関するギャラリー・ウォーク

この方法は、教職員会議や、決められたチームやプロジェクトのパートナーがまだいない教師同士の打ち合わせにおいてとくに有効です。まず、大きな模造紙に一五～二〇個の学習の鍵となる問いを書くことからはじめます。会議をしている部屋の壁にこれらを貼って、ギャラリーのよ

図３－１　教科横断的なつながりをつくるためのマインドマップ

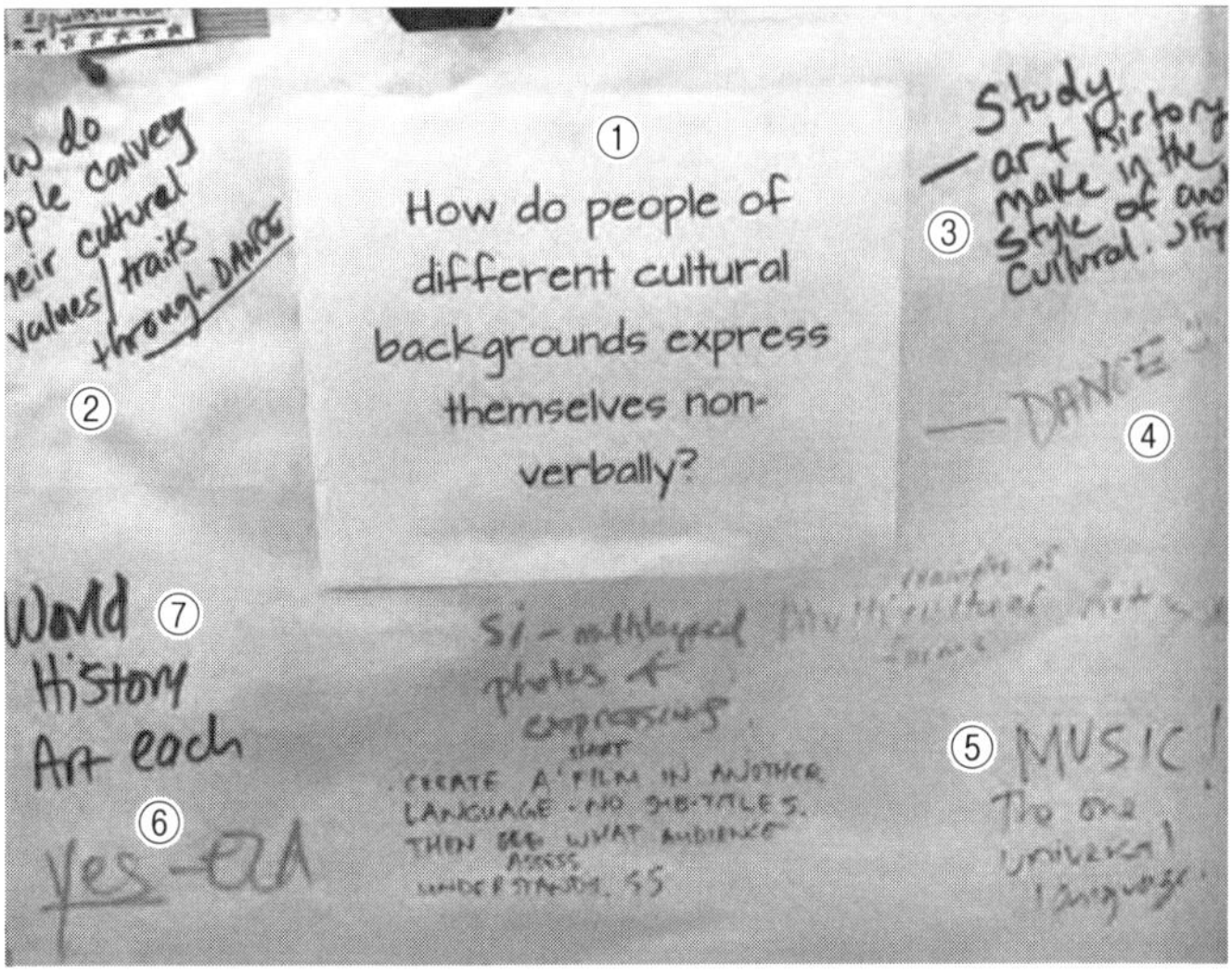

①異なる文化的背景をもつ人々は、言葉を使わないでどのようにして自分自身を表現するの？
②人々はダンスを通して、どのように文化的な価値観・特徴を伝えているのでしょうか？
③アートの歴史を学んで、別の文化のスタイルで制作してみる。
④ダンス
⑤音楽！　世界の共通言語
⑥そう、国語
⑦世界史と美術で、それぞれ

（＊）ジェームズ・フェスター先生の許可を得て使用しています。

うにします。その後、教師たちは、それぞれの問いを読み、自分の専門としている教科領域との関連性を考え、その関連性を静かに模造紙に書き足していく形でギャラリー・ウォークを続けます。

教師が自分の教科のスタンダードとあっているいると思えない場合は、専門の教科・領域との関連性を高めるために、学習の鍵となる問いを修正することができます。その後、次の模造紙に移動し、このプロセスを繰り返します。この手順の最後に、とくに関連性があると感じた問いを模造紙に追加して、その模造紙を書いた教師と、関連性やプロジェクト計画のための入り口となる点について話し合いを行います。

（**ヒント**　学習の鍵となる問いのアイディアは、教師、生徒、教え方のコーチがつくったり、プロジェクトのデータベースからインスピレーションを得てつくったりすることができます。）

タイムライン

この構想ないし計画段階用に使う「お決まりの活動」は、最後の学期など、特定の期間内に教科横断的な活動を計画しようとしている少人数のチームやペアのために設計されているものです。各教師が付箋紙に、一日（または一週間）ずつ計画が示されたプロジェクトの計画表を書きだすことからはじめます。

これらのメモは、長い列になるように壁やテーブルに貼られていきます。もちろん、パートナーとなる教師も同じようにします。最終的には、二人の教師がつくった二つの計画表は平行な二つの線となります。

このようにして完成した計画表が掲示されたあと、お互いの計画表を見て、自分たちの内容が重複する可能性のある場所を探します。付箋を移動させて相手の教科・領域との関連性を強くしたり、相手が展開しようとしているプロジェクトをサポートする機会をつくったりすることをおすすめします。

スタンダードにあわせるための方法——実践に向けての問い

この章では、プロジェクトをスタンダードにあわせるためのさまざまな方法について説明しました。現在の実践を振り返る時間を取り、スタンダードとプロジェクトの学習目標をより強く結びつける機会を考えてみてください。

・スタンダードとプロジェクトの学習目標をより強く結びつけるような機会を考えてみましょう。カリキュラムのマッピングを自分で行っていますか[3]？　それとも、教育委員会や学校から決めた範囲や順序に従うことを求められていますか？　学校や教育委員会などからの指示は、ＰＢＬの計画にどのような影響を与えていますか？
・あなたの教科や学年の学習内容や目標を見通したとき、大きな学習内容に関するプロジェクトを設定する最適な機会はどこにありますか？
・カリキュラムマップを考えたとき、教科横断的なプロジェクトに最適な機会はどこにあると思いますか？
・学習目標をどの程度はっきりと生徒に説明できていますか？　毎日の目標をより明確にすることによって、生徒が学習を自己管理するときにどのように役立つでしょうか？

（３）あるいは、「求められている」と錯覚を起こしていますか？

第4章

活動をうまく管理する

うまく管理されたPBLによって、生徒たちは深い学習にたどり着いたり、プロジェクトや「人生」で役に立つスキルを身につけたりすることができる。

カリフォルニア州エルクグローブにあるフォークスランチ小学校の教師であるジム・ベントリー先生とその生徒たちは、映画制作者として素晴らしい評判を得ています。住んでいる市が、リサイクルについて住民を啓発するためのビデオ教材を制作すると決めたとき、市は何度も生徒たちをプロデューサーとして「雇いました」。生徒たちの努力が認められ、市は学校にサービス・ラーニング(1)に対する助成金を出しています。

二〇一六年から二〇一七年の間、ベントリー先生が教えていた六年生のクラスは、有機性廃棄

(1)　教室で学んだことを、地域社会の問題解決にいかす活動によって、社会の一員としての責任を感じることを目指す学習方法のことです。

物のリサイクルを義務づける新しい州法を地元の企業コミュニティーに教えるため、七本の短編ビデオの制作を依頼されました。この法律は二〇二〇年までに段階的に導入され、ほとんどの小規模事業の経営者やアパートの管理者は、地元の埋め立て地から生ごみやその他の有機性廃棄物を転用するための「リサイクルプログラム」を導入することになりました。

このような本物のプロジェクトは複数の効果をもたらします。本物の「クライアント」をもつことは、学習への取り組み度合いを飛躍的に高めるだけでなく、記憶に残るという場の設定も可能にします。さらに、一般の視聴者が存在することでその映像の成果が問われるため、生徒（および教師）は品質、創造性、生産性などに関して高い目標を設定することになります。よってベントリー先生は、映画プロジェクトを理科、国語、算数、社会科、テクノロジーなど、さまざまなカリキュラムにおけるスタンダードに適合させることができます。

生徒たちが質の高い作品をスケジュールどおりにつくり、またその過程で学習機会を最大限にいかすためには、ベントリー先生自身がプロジェクト管理に精通している必要があります。「私の仕事は、『これは単なる活動だ』と生徒に思わせないことです。教科の内容に大きくかかわるアイディアを取り入れて、七つのグループがそれぞれ作品をつくるとなると、かなり野心的で大胆なスケジュール管理を維持しなければなりません」と、このＰＢＬのベテラン教師が説明していました。

ベントリー先生と生徒が取り組むプロジェクトは、確かに複雑で時間のかかるものですが、ＰＢＬに対する経験の深さが教師にあるからこそできることだと言えます。よって、新人とされる教師には、あまり時間のかからないプロジェクトからはじめることをおすすめします（まさに、ベントリー先生がＰＢＬの教師として自信を築きあげてきた方法です）。とはいえ、時間がかからず、一つの教科や領域のみを扱うようなプロジェクトであっても、学習経験を軌道に乗せるために、活動の管理については注意を払う必要があります。

あなた自身のプロジェクトについても、その活動を管理するために活躍してくれる「ツールキット」を開発することで、ＰＢＬのプロセスと流れをスムーズに進行させ、学習目標により専念することができるようになります。ＰＢＬがどのようにプロジェクト管理をサポートするかについてより良く理解するために、主要な方法とツールを詳しく確認していきましょう。

コラム　ＰＢＬ実践のゴールドスタンダードの指標――活動をうまく管理する

生徒が自分たちで学習活動をうまく管理するＰＢＬを展開している間、教師はさまざまな方法で学習を軌道に乗せることができます。ＰＢＬ実践のゴールドスタンダードのルーブリックに含まれている「活動をうまく管理する」の指標には、次の点が挙げられています。

・授業では、クラス全員に対する指導と少グループ対象の指導を含むように、個人の活動とグループ活動の時間を適切に組み合わせている。
・プロジェクトの性質と生徒のニーズに応じてバランスのとれたチームがつくられており、さらに適切な生徒の声（※1）と生徒による選択で形成されている。
・プロジェクト管理ツール（グループ内の計画表、グループでの契約書、ジャーナルなど）を活用して、生徒の自己管理や自主性、協働性を支援している。
・生産性を最大化するために、プロジェクトの活動時間中は授業の習慣と規範が一貫して守られている。
・現実的なスケジュール、チェックポイント、締め切りが設定されているが、それが活動の流れの妨げにならないように柔軟性をもたせている。

（＊）ＰＢＬ指導におけるルーブリックの完全版は「付録」（三六九ページ）を参照してください。

（※1）「声」には、「考え」、「意見」、「主張」などの意味も含まれています。

チームワークを最大限に活用する

その性格上、ほとんどのプロジェクトではさまざまなレベルの協働が行われています。生徒は、個々の制作物や課題に取り組んでいる場合でも相互学習による活動に取り組み、お互いにフィードバックを行っています。ＰＢＬにおいて「チームで活動すること」を強調しているのは、学習における「関係性の力」を生徒が利用できるようになってほしいという意図があるからです。

しかし、チームワークのためのチームワークではありません。協働することが重要なのは、ＰＢＬが本当に存在する課題や問題を扱い、ヘルスケア、エンジニアリング、公共事業、非営利事業などの多様な分野において、問題解決がどのように展開されているのかを反映しているからです。その問題の複雑さが増すにつれ、専門家同士の協働はますます重要になります。

今日の生徒は、協働すること自体が新しい常識となる社会に参入していくことになります。相互に結びついた社会で複雑な課題に取り組むためには、文化の違いを把握し、多様な視点を理解し、分野を超えたつながりをつくる方法を知っておく必要があります。「チーム」というものは、新興企業から政府機関、そして学校に至るまで、あらゆる場所で組織の基本的な単位となっています。［参考文献22］

チームワークの面で秀でた人になることとは、教室の枠をはるかに超えた目標となります。たとえば、ＩＴ大手のグーグルは、「プロジェクト・アリストテレス」と呼ばれる研究で、完璧なチームを逆行分析（リバース・エンジニアリング）(2) しようと試みました。グーグルのチームメンバーは、個性やスキルを混ぜあわせてチームの生産性を高めることができる「魔法の公式」などは存在しないことを知り、驚きました。むしろ、以下の引用が示すように、その答えは効果的なPBL、とくに「文化をつくる」ことと一致していました。

> 研究者たちは最終的に、「よい」チームと機能不全に陥ってしまうチームを区別するものは、チームメイトがお互いにどのように接しているかである、という結論に達しました。言い換えれば、正しい行動規範はグループの集合的な知性を高めることができ、間違った行動規範は、たとえメンバー全員が個人としては非常に優秀であったとしても、チームの足手まといになるという可能性があったということです。［参考文献22］

さらに、パフォーマンスの高いチームは二つの特徴をもつという傾向がありました。第一に、チームでの話し合いでは、全員が同じくらいの「発言時間」を得ていました（PBLの約束事でも強調されていることです）。第二に、優れたチームは高い「社会的感受性」を示していました。これは、「声のトーン、表情、その他の非言語的な合図に基づいて、相手がどのように感じているかについて判断できることに長けていた」［参考文献22］ということを意味します。

これらの合図に注意を払うことは、チームのメンバーが自由に発言して、お互いにリスクがあっても気軽に発言できるように、「心理的な安全性」を築くのに役立ちました。このことは、P

ＢＬの教室でも同じことが当てはまります。すべての生徒が、自分の考えが尊重されていることを理解しておくことが大切なのです。

ＰＢＬに初めて参加する生徒は、「どうして一人でやってはダメなのですか？」と質問することがあります。なぜ、チームワークがプロジェクトの成功に不可欠なのか、その理由を説明できるように準備しておきましょう。ここでは、協働することを必要とするプロジェクトのシナリオ例をいくつか紹介します。

・プロジェクトは、専門性を必要とする場合があります。一人で取り組むには問題が大きすぎたり、複雑すぎたりすることがあります。このような場合には、生徒一人ひとりがチーム内で専門的な役割を担い、それぞれの強みをいかして協働での活動が行えるようになります（一六二～一六六ページの「試してみましょう！―生徒に、プロジェクトチームでの役割を与える」を参照してください）。

・学習の鍵となる問いは、意図的に「開いた問い」になっており、グーグルなどで検索しても答えが分からないものになっています。実際には、複数の「正しい」解決策や成果物が存在します。つまり生徒は、自分の興味にもっとも適したチームを組んで、生徒自身の発言権と

（２）ものづくりの分野において、ある製品の構造を調べ、同じようなものをつくりだすことを指しています。

選択権を強化することができるということです。

・創造性や協働できる能力は、プロジェクトの成功において不可欠な要素となる場合があります。生徒は、問題や課題に対して多様な視点、共感力、観察力をもち込むことで、より良い解決策を導きだすことができます。これもまた、実際に協働することの理由の一つです。

プロジェクトをデザインし、計画する際には（第2章で説明したように）、生徒が「どのように」、そして「なぜ」協働するのかについて考慮しておく必要があります。あなた（教師）自身が生徒をチームに割り当てるのか？　それとも生徒が自分でパートナーを選ぶのか？　**表4－1**（一六〇ページ）に示されているように、どちらの方法にも長所と短所があります。

もう一つの考慮すべき点は、「いつ」チームを構成するかということです。プロジェクトによっては、プロジェクト開始直後からチームでの活動をはじめる場合もあります。これによって、プロジェクト全体を通して協働する活動に必要なスキルを計画的に教え、それを強化し、そして評価する時間を確保することができます。

一方、生徒がより深く調査したい特定のテーマを決定する前にいくつかの調査を行い、個人で理解を深めてもらうこともできます。そうすれば、そのテーマを中心として自然にチームが形成され、生徒はより多くの発言権と選択権を得ることができます。

どちらの方法にもメリットはありますが、重要なことは、プロジェクトの内容とそれにかかわる生徒の準備具合にあわせてチームの選び方を決めることです。

プロジェクトがはじまったら、協働での活動計画を、進行状況を見守りながら、それにあわせて調整します。生徒が個人で活動することに慣れている場合は、協働での活動、交渉、合意形成、活動内容の分担などについてあなたの支援が必要になるでしょう。だからこそ、チームのダイナミックな活動を管理することが、ＰＢＬによる指導においては極めて重要な側面となるのです。

レイ・アーメド先生は、複雑な化学のプロジェクトに生徒が取り組む際、効果的な協働が望ましい結果を得るために必要であることを生徒に意識づけています。たとえば、水質に関するプロジェクトでは、チームの各生徒が同じ実験を行いました。実験で使用する腐食防止剤は、チーム内のメンバーがそれぞれ異なるものを使用していました。アーメド先生は、次のように説明をしています。

「生徒がデータを収集するときは正確でなければなりません。そして、チームとして成果に貢献できるよう、ほかの生徒に対しても協力をしなければなりません。チームは、四つの異なるデータが隠れている情報をもっていて、その情報からそれぞれがデータを抽出し、分析することが求められています。自分の好きなことだけはできないのです。自分のしたいことを横に置いて、『これがチームの長期的な目標で、これが私たちのやり方だ！』と言えるようにならなければならな

表４－１　チーム編成のさまざまなやり方――その長所と短所

チーム編成の考え方	長所	短所
教師が決める。	・時間が節約できる。 ・意見の相違や生徒が傷つくリスクを減らすことができる。 ・教師がチーム間のバランスをとることができる。 ・教師が生徒の成長と最大限の効果を生むためのバランスがとれる。 ・現実世界ではほとんどチームを自分で選ぶことができないので、実際の状況に似ている。	・チーム編成に不満をもつ生徒がいるかもしれない。 ・生徒たちは、「これが自分たちのチームだ」というオウナーシップと責任感を失うかもしれない。 ・生徒がチームメイトを賢く選ぶ方法を学ぶ機会にはならない。
生徒の意見を取り入れながら、教師が決める。	・意見の相違や生徒が傷つくリスクを最小限に抑えられる。 ・生徒の成長と最大限の効果を生むために、教師がチームのバランスをとることができる。 ・生徒にはオウナーシップがあり、生徒に納得してもらうことができる。 ・生徒がチームメイトを賢く選ぶ方法を学ぶ機会となる。	・教師にとって時間がかかる。 ・すべての生徒の好みを尊重することは難しいかもしれない。 ・チーム編成に不満をもつ生徒がいるかもしれない。

生徒が決定するまでのプロセスを教師が管理する。	・意見の食い違いがほとんどなくなる。 ・生徒がオウナーシップと責任感をもつ。 ・生徒はチームメイトを賢く選ぶ方法を学ぶ機会となる。	・チームの選び方を教える必要がある場合、時間のかかる可能性がある。 ・いじめといった問題を防ぐために、教室の文化を正しいものにする必要がある。 ・生徒が傷つくリスクがある。 ・年少の生徒にはすすめられない。 ・チームが効果的に活動するために必要とされる能力を理解していないかもしれない。

いのです。だからこそ、生徒たちは協働して取り組む必要があるのです」

　一方、サラ・レフ先生は、教えている小学生の生徒に協働するスキルを身につけてもらおうと、ウォーミングアップの活動からはじめました。五歳のある子どもたちは、クラスメイトと一緒にプロジェクトに取り組む前、五年生の「パートナー」と協働で活動をしました。チームとしての課題は、リサイクルされた材料を使ってオリジナルのものをつくることでした。

　後日、レフ先生は、この経験について五歳の子どもたちだけから報告を受けました。彼らは、典型的な評価の言葉ではなく、絵文字が使われた、幼児のために特別につくられた「協働すること」に関するルーブリックを確認していました（小学校低学年向けの「協働すること」に関するルーブリックは、www.bie.org/object/document/k_2_teamwork_rubric で入手できます）。レフ先生は次のように説明してくれました。

「私たちは、どうすればチームの一員としての力を高めることができるのかについて話し合いました。自分のアイディアをチームメイトと共有することが難しいと感じたらどうしますか？　チームメイトが協働せず、さぼろうとしていたらどうしますか？　どこに自分たちの改善の余地があるでしょうか？」

生徒たちが協働するスキルを自己評価したとき、レフ先生は子どもたちの正直さに感心しました。つまり、「全員が笑顔マークではなかったのです！」。子どもたちは、協働することへの理解を共有しており、それが彼らのＰＢＬの活動に反映されていたのです。

試してみましょう！——生徒にプロジェクトチームでの役割を与える

プロジェクトチームは、メンバーそれぞれに役割があるとより良く機能することがあります。年長の生徒の場合は、教師抜きでもチーム内で役割を決めることができます。一方、年少の生徒の場合は、教師が役割を決めることを手伝うべきです（少なくとも初めのうちは）。ここでは、役割分担をする際に役立つ提案をいくつか紹介します。

・生徒に「学習者プロフィール」を記入してもらいます。これにはいろいろな方法がありますが、デンバー公立学校のＰＢＬ教師であり、教え方のコーチでもあるケリー・リーゼイ先生が開発した「ＳＩＮＧプロセス」と呼ばれるものが効果的です。これは、四分割された枠のそれぞれに、次に示す四つの問いに対する回答を記入してもらうものです。

――あなたの強み（Strength）は何ですか？
――あなたが興味（Interests）をもっていることは何ですか？
――あなたに必要なこと（Needs）は何ですか？
――あなたの目標（Goals）は何ですか？

次ページに示す**図４－２**は小学校レベルの例で、**図４－３**は中学校・高校レベルの例です。「ＳＩＮＧプロセス」の結果を利用して生徒をチームに振り分けたり、年長の生徒の場合は、どのようなチームをつくりたいのかを決めるときの参考にしてください。

・すべてのプロジェクトで同じ役割を担うのか、プロジェクトによって異なる役割を担うのかを決定しましょう。ただ、あるプロジェクトでは「映像プロデューサー」という役割が必要とされ、別のプロジェクトではその役割は必要ないといったケースもありますので、両方のやり方をミックスさせるといったやり方もあります。

・本当の意味での協働ではなく、「僕はできたからもういいや。できなかったら君のせい」というように分断された「ニセモノのグループ学習」を避けるために、一人の生徒がすべての仕事をこなすのではなく、役割を「委任する」という形で責任を共有できるようにしましょう。

典型的なグループワークの役割である、チームリーダー、議事録係、調査係、資料

図4−2　小学校低学年のプロジェクトチームの役割

「子どもの家」の活動チーム	
「子どもの家」のおそうじ	水草
修理の報告	「子どもの家」のルールを守らせる

（＊）サラ・レフ先生の許可を得て掲載。

作成係、イラスト係などではなく、「プロジェクト・マネージャー」、「主任技術者」、「歴史家」、「コミュニケーション・マネージャー」、「ソーシャルメディア・ディレクター」、「クリエイティブ・ディレクター」などの、社会を意識した現実的な役割を考えてみましょう。このやり方は、担当する仕事を多く抱えてしまったり、効果的にチームを導くことができない「ボス」が存在する場合に起こりうる問題を回避するときにも役立ちます。

・それぞれの役割が果たすべき課題を決定します。従来のグループ活動では、イラスト係となった生徒だけがイラストづくりの責任を負っていた

図4－3　「学習者プロフィール」をつくるための「SING プロセス」に基づく表

強み	興味
・グループのメンバー間でつながりがつくれる。 ・みんなの意見が聞ける。 ・柔軟性がある。 ・新しい道具を考えだすことができる。	・ほかの人の視点や経験を理解する。 ・独自の解決策を考える。 ・イラストを活動に取り入れる。
必要なこと	**目標**
・ほかの人と話すことでアイディアを形にする。 ・安心してアイディアに取り組めるような雰囲気をつくる。 ・目的やねらいとする成果を明確にする。	・協働することと効率よくすることのバランスを学ぶ。 ・チームという組織と時間の管理を改善する。 ・チームのメンバーに、建設的なフィードバックを提供する。

（＊）デンバー公立学校ケリー・リーゼイ先生の許可を得て掲載。

ことでしょう。一方、ＰＢＬのプロジェクトチームでは、その役割は「クリエイティブ・ディレクター」と呼ばれ、イラスト作成に関するプロセスを「監視」し、イラストの品質チェックを行い、クリエイティブな面に関する基準が満たされているのを確認するといった責任を負うことになります。

以下では、生徒が協力して、うまく活動に取り組む方法を学ぶ際に役立つ、さらなる方法をいくつか紹介します。生徒が効果的に協働する方法を学べば、自分一人では達成できなかったであろう、より質の高い成果を生みだすことができます。

よいスタートを切る

あなたがチームを割り振った場合でも、生徒がパートナーを選択した場合でも、チームがよいスタートを切れるようにしたいものです。とくに生徒同士がお互いのことをよく知らないような場合は、チームづくりの活動が効果的となります。

チーム名やチームのロゴを決めるなど、少ない作業量ですむような課題は、チームで共有するアイデンティティーを形成する際に役立ちます。また、会話のきっかけをつくったり、それぞれのメンバーがチームにもたらす「強み」を認識できるようなアンケートを実施するといった方法もあります。

結果責任があることへの理解を促す

チームの契約書や合意書にメンバーとしての責任を書いておくことは、結果責任があることを理解するのに役立ちます。実際、チームの契約書を書きだすことは、よいチームづくりの活動になります。生徒がＰＢＬにまだ慣れていない場合は、契約書の様式を与えたり、ほかの生徒が書いた例を共有したりするとよいでしょう。

生徒には、明確で、シンプルな言葉遣いを促してください。図４－４を参照してください。

望ましい行動のモデルを示す

チームにとって効果的なメンバーになるとはどういうことなのか、モデルで示します。たとえば、プロジェクトを計画し、実施するために、教務の教師、司書教師、情報機器を得意とする教師と協働してみるという方法が考えられます。(3) それぞれの人がもっている専門知識を強調し、あなたが行う「協働」がどのような結果を生むのかについて、実際に生徒に示してください。

(3) 教師相互の協働プロジェクトの具体的な事例は、『学校図書館をハックする』で多数紹介されています。

図４－４　チーム契約書の例

プロジェクトチームの約束事	
プロジェクト名	
チームメンバー	
合意事項	
□私たちは、全員でお互いの考えを尊重して聞くことを約束します。 □私たちは、全員が自分のできるかぎりの仕事をすることを約束します。 □私たちはみんな、時間どおりに仕事をすることを約束します。 □私たちは、必要に応じて助けを求めることを約束します。 □私たちはみんな、＿＿＿＿＿＿＿＿＿＿＿＿を約束します。	
もし、チームの誰かが私たちの合意事項の一つ以上を破った場合、チームはミーティングを行い、その人に対して合意事項に従うように要求することがあります。それでもその人が合意事項を破った場合は、先生に解決策を見つけてもらうようにお願いします。 日付：＿＿＿＿＿＿＿＿＿＿ チームメンバー署名 ＿＿＿＿＿＿＿＿＿＿　＿＿＿＿＿＿＿＿＿＿ ＿＿＿＿＿＿＿＿＿＿　＿＿＿＿＿＿＿＿＿＿ ＿＿＿＿＿＿＿＿＿＿　＿＿＿＿＿＿＿＿＿＿	

協働している実例を強調する

学校外の事例を使って、生徒にチームで活動することの価値を理解できるようにします。科学の進歩につながる新発見、地域社会の問題解決、スポーツイベントなどのニュース記事のなかに、協働したことによって現れた成果がないかと探してみましょう。また、フィールドワークや専門家とのインタビューを計画している場合は、その人たちに対して自身の活動における協働の意義とは何かについて尋ねるよう、生徒に促します。

プロジェクトチームが結成されるとすぐにエリン・ブランドヴォルド先生は、生徒に、チームの契約書づくりに取りかかるようにと指示しました。

「生徒には、三つから五つのことを約束してもらいます。材料や資料をすべて揃えること、期限を守ること、自分の役割をしっかりとこなすことなどです。チームメイトを失望させた場合の対処方法についても、自分たちで話し合います」と、彼女は言っていました。

生徒たちはお互いに正直で、時には面白いやり方で契約書づくりに取り組んでいたようです。ブランドヴォルド先生が次のように振り返っています。

「教室の後ろで、腕立て伏せをしている生徒を目にしたんです。なので、『どうしたの?』と尋ねると、その生徒は『私は課題ができなかったんです。これは、私が決めていた罰なんです』と話していました」

プロジェクトを通して、クラスの決まりや日課が協働する文化を強めてくれます。生徒による振り返りやその他の形成的評価の手法は、チームがダイナミックに機能しているのかどうかを評価し、改善のための提案をするように、と訴えてきます。次に示されるような、ＰＢＬのベテラン教師からのヒントを参考にしてください。

ダイナミックに掛けあわせる

チームでプロジェクトを行うといっても、生徒がいつも同じグループで活動をするわけではありません。「ソクラテス・セミナー」[4]のように、クラス全体を巻き込んだ学習活動もあります。一方、「ミニ・レッスン」[5]では、追加の指導や支援を必要とする異なるチーム同士の生徒を集めてもよいでしょう（学習支援についての詳細は第６章を参照）。内向的な生徒であれば、チームで活動をするという社会的な要求から離れて、プロジェクトの一部を個人で活動できる機会があれば喜ぶでしょう。[6]

チームで進捗状況のチェックをする

プロジェクトの活動に移る最初と最後のタイミングで、チームが目標を設定したり、進捗状況を報告したり、明確な質問をしたり、期限が迫っていることをお互いに確認しあったりする機会をつくります。少しでもチームを見直す時間を設けることで、チーム内の良好なコミュニケーションが強化され、全員が共有した目標に集中することができるようになります。

チームでの取り組みを振り返る

プロジェクトのなかの重要な時期に、自分のチームがどのように協力しているかを振り返るように促します。もし、協働することがプロジェクトの主要な学習目標である場合は、その度合いを見取るためのルーブリックやその他の評価基準を用意しておき、それを振り返りの際に使用します。

チームのすべてのメンバーは、自分の言いたいことを言えていますか？　チームは、それぞれの生徒の才能や個性、能力をいかしていますか？　どのようにすれば、チームは協働性をより深めることができますか？

（４）二重の円になって座り、内側の円に座る生徒が話し合いをし、外側の円に座る生徒がその話し合いを見ながら自分の意見を整理するというものです。

（５）ワークショップ形式の授業などで耳にしたことがある方も多いでしょう。生徒がひたすら読んだり、書いたり、探究したり、問題解決したりする前などに、短く一斉に指導することと捉えてください。

（６）内向的な生徒への対処の仕方については、『静かな子どもも大切にする』（仮題）を参考にしてください。

プロジェクトの最後に、自分たちのチームワークがつくりだした成果にどのように貢献したのか、あるいは邪魔になったのかを振り返ってもらいます。この経験をもとにして、次のプロジェクトでは、生徒たちはどのようにチームワークを改善したいと思っているのでしょうか？

プロジェクトを管理するための方法を増やす

プロジェクトを管理するためのさまざまな方法を開発することで、学習目標に焦点を当てながら、プロジェクトの細かな動きをより確認することができるようになります。また、生徒がプロジェクトを管理するための独自ツールや方法を開発することを意図的に支援しましょう。それらの方法は、ＰＢＬに取り組むときだけでなく、実生活においても大いに役立ちます。

プロジェクトを通して、学習のプロセスを支援するツールや習慣を採用してください。計画表（カレンダー）、チームの記録、課題チェック表などのツールは、生徒がプロジェクトの進捗状況を計画して、整理したり確認したりする際に役立ちます。これらのツールは、生徒の理解度を評価するためのルーブリックやその他の評価ツールとは異なる目的を果たします（これも、ＰＢＬにおいては極めて重要です）。

プロジェクトを管理するためのツールは、生産性と自己管理を高めてくれるものです。これらのツールは、これまでに何ができているのか、次に何をする必要があるのか、いつまでに何をする必要があるのか、誰が何をするのか、について明確にしてくれます。

とはいえ、注意してほしいことがあります。プロジェクトの管理を重視しているからといって、生徒は段階的な指示に従っているわけでも、同じペースで学習しているわけでもありません。また、最初から最後まで、すべてのことが生徒の手に委ねられているわけでもありません。プロジェクトを管理するためのツールや習慣は、生徒が組織化された状態を保ち、情報を得られるようにすることで生徒自身の学習をより効果的な成功へと導くものなのです。また、これらのツールは、進むべき方向からプロジェクトがずれはじめたとき、早めに警告してくれるシステムとして使うこともできます。

プロジェクトのいろいろな面に注意を払うことは、生徒にとっては難しいことです。一つのプロジェクトだけでも、知る必要のある問い、厳選された資料、研究ノート、ジャーナル（学習日誌）など、結構な量の「もの」が発生します。テラニア・ノーファー先生は、数学を教えている生徒の頭を整理する手助けとして、各チームの活動スペースにプロジェクトフォルダーを設けています。「毎週、そのフォルダーに新しい課題や計画表を更新したものを追加しています」と、ノーファー先生は言っています。生徒たちは、プロジェクトを進めるために必要となるものを見つけるとき、そのフォルダーを参照する必要があることを理解しています。

同じくレベッカ・ニューバーン先生は、中学生が必要とするであろう、プロジェクトのすべての課題と厳選された資料を保存するためにウェブサイトを使用しています。

多くのＰＢＬ教師は、教室のなかに「プロジェクトの壁」と呼ばれる壁をつくり、学習の鍵となる問い、プロジェクトの計画表、知っておくべきこと、そのほかの構成要素を掲示しています。ここに掲示されるものは、ある段階で更新が止まっているようなものではなく、プロジェクトの展開にあわせて進化を続けています。

「デジタル・プロジェクト・センター」も同じ目的を果たしており、生徒がオンラインで、いつでもどこでもアクセスできるという利点があります。保護者にとっても有効なものです。「デジタル・プロジェクト・センター」は、今後に控えている締め切り日、必要なリソース（情報やモノなども含む）、校外学習、その他プロジェクトの流れに関する詳細などといった実用的な情報とともに、子どもの学習の様子を見ることができる「のぞき窓」を与えてくれるのです。

授業で生徒は、「プロジェクトの壁」や「デジタル・プロジェクト・センター」を活用して知る必要のあることを明らかにすることができるので、自分たちの探究に役立てることができます。そのリストは、学習をより深く掘り下げていくにつれて増えていくことでしょう。

要するに、調べてみたい新しい質問を追加したり、すでに扱った質問を取り下げたりすることができるのです。この情報にアクセスできるようにすることで、「プロジェクトの壁」は生徒の頭の中が整理されている状態を保つだけでなく、自分自身の学習をさらに促進させることに役立ちます。

「プロジェクトの壁」は従来の掲示板とは異なります。これは、「今まさに」進行中の学習に焦点を当てたものであり、学習の最後に完成した成果物を見せるためのものではありません。それらは、その時々に応じた学習のためのツールや支援を提供するものです。また、これは、高校生だけではなく小学生にとっても使いやすいものと言えるでしょう（「プロジェクトの壁」がＰＢＬをどのように支援してくれるのかについては、一九四ページからの「コーチのノート」を参照してください）。

習慣は、教室文化の一部として効果的にプロジェクトの管理ができるようにするための多くのツールを提供してくれます。「ＮＰＯ法人アンコモン・スクールズ」の代表を務める教育者であるダグ・レモフ（Doug Lemov）が言うように、教室での習慣とは、「生徒たちが、あまり注意を払わずに、意図的な認知をせずに（言い換えれば習慣として）、そして／または自分の意志で、教師の指示なしに行う（たとえば、読書中にノートをとるなど）、自動化された手順やシステム」［参考文献41］のことです。

習慣のなかには、宿題の提出や出欠をとることなど、日々行うことが決まっている作業に対して効率を上げるものもあります。ＰＢＬでは、習慣は生徒自身が学習を管理し、より深い思考を促すのにも役立ちます。

ハーバード大学の「プロジェクト・ゼロ（Project Zero）」によって開発された「視覚化された思考方法」の習慣は、多くのPBL教師によって使われています。(7) この研究に基づいたたくさんの習慣は、「学習者の思考プロセスをゆるやかに導き、能動的な取り組みを促すものです。これらは短くて、学びやすい方法であり、生徒の思考を広げたり深めたりし、教室における日常生活の一部となっている」ということです。［参考文献52］

探究のための支援として思考方法の習慣は有効なものですが、プロジェクトを進めるためにふさわしい構造を与えることで、生徒が自らの学習を管理するのにも役立ちます。たとえば、ローリー・ワーバーガー先生は、広がりをもつ教科等横断的なプロジェクトを通して、「見て、考えて、不思議に思う」と呼ばれる方法を活用していました。［参考文献70］

この方法は、生徒に三つの質問（何が見えたのか？／それを見て何を考えたのか？／そこから何に疑問をもったのか？）を考えるように促すことで注意深い観察を進め、探究するための支援となっています。

「見て、考えて、不思議に思う」を定期的に使用することで、プロジェクト全体を通して生徒の好奇心を刺激し、プロジェクト活動の展開を整理するのに役立ちました。ワーバーガー先生は次のように説明しています。

新しいテーマに触れはじめたときに観察や疑問を刺激するための思考方法の習慣を導入し、それらの観察や疑問から探究をはじめるための調査を行い、その後、執筆、批評、書き直しを繰り返していくという形式が、その学年の残りの期間に行う活動の基本的な枠組みとなりました。［参考文献70］

ＰＢＬを支援するための習慣を確立するためには時間と労力が必要だ、とエリン・ブランドヴォルド先生は認めています。そのうえで、「あなたがいなくても生徒が考えたり、問題を解決したりすることができるように、その時間と労力を使うことが重要なのです」とブランドヴォルド先生は話しています。

また先生は、生徒がさらに学習管理できるように「見える化」シートなどを紹介し、実際に調査をしたり、到達点となる課題を完了させるためのチェックリストを使って、学習管理のためのステップを覚えてもらったりしています。さらにブランドヴォルド先生は続けます。「何度も同じことを説明しなくてもいいように、指示を明確にする必要があります。そうすれば、生徒はより早く課題に取りかかることができます」

（7）　六一ページの注（23）を参照してください。

もし、生徒が学習計画に関する質問をしてきて、その答えが配られた資料に書いてあるようなことがあれば、「私はあなたを信じているよ。自分で考えればいいんだよ」と言うことでしょう。チームでの取り組みに関する問題を解決する方法について、生徒が効果的にミーティングを行うための習慣を身につけるとどうなるのかについて考えてみましょう。いくつかの簡単な手順を踏むことで、不満のぶつけあいになることなく、解決策を見つけることに焦点を当てた話し合いができます。

ある小学校の教師は、プロジェクト中、この習慣を子どもがチームとしての取り組みを管理できるようにするために使用しています。

①**私たちの議題は何ですか？**――私たちが話し合う必要がある具体的な問題、関心、状況は何ですか？（注意・ミーティングのためのミーティングにならないようにしてください！）

②**私たちはこれについて何を知っていますか？**――チームのメンバーは、議題に焦点を当てながらさまざまな視点での見方を受け入れ、尊重しあった話し合いを行います。

③**次の段階は何ですか？**――問題を自分たちだけで解決できましたか？　それとも先生の助けが必要でしたか？　このあと、誰が何をしますか？

このような新しい習慣を確立するためには、よく考えられた練習が必要となります。最初にフィッシュボウル（金魚鉢）の内側で、チームでのミーティングのモデルをみんなでつくったり、ロールプレイをして、良いミーティングと悪いミーティングの決まりを実演したりするのもよいでしょう。そして、生徒が自分たちのチームでミーティングを開きはじめたら、教師がオブザーバーとしてそこに参加し、話し合いが脱線しはじめたら議題に引き戻すようにします。

ある小学校の教師は、情報源を教師だけに頼るのではなく、子どもたち同士で答えを求めあってほしいため、「私に尋ねる前に、クラスメイト三人に聞く」という習慣を使っています。テネシー州メンフィスのある教師は、九年生の生徒がＰＢＬのプロセスを管理することに自信をもてるようにするため、この習慣の独自バージョンを考えだしました。教え方のコーチであるイアン・スティーブンソン先生は、このような習慣が教室文化を少しずつ変えていった様子を説明しています。

この先生の生徒たちはＰＢＬに慣れていませんでした。これまで生徒たちは、まるでスプーンでご飯を食べさせてもらうかのように、すべての情報を教師から与えられる形で教えてもらっていました。先生は、生徒自身がやることをもっと自分で決めてほしいと思っていましたので、最初からプロジェクトについてあれこれ質問されることは望んでいませんでし

た。先生は、次のようなシンプルな習慣を導入しました。

「質問があるときは、まず自分のグループの周りにいる人に質問してみてください。それでも解決しない場合は、ほかのグループの人に聞いてみましょう。その後、一度立ち止まって、もらった情報を振り返りながら、自分で初めての質問に答えてみましょう。それでも分からない場合は、私に相談してください」

すぐに先生は、このような習慣こそ教室になくてはならないと気づきました。先生は三つのステップの概要をまとめたポスターをつくり、教室の目立つ場所に掲示しました（**図4－5**参照）。コーチングをするために私が観察していたときには、生徒からの質問に単に答えるのではなく、ポスターを見ることを意識するようにと頻繁に注意をしていました。生徒の側だけでなく、先生（ファシリテーター）の側でも、すぐに答えを与えないという努力が必要だったのです。

図4－5　困ったときの対処法

「どうしよう……」と思ったときにすること

ステップ1　自分のなかで質問をしてみる。
ステップ2　周りの人に質問をしてみる。
ステップ3　もう一度！　自分自身に質問をしてみる。
ステップ4　ファシリテーターに質問をしてみる（あなた自身の学習に当てはめてみたときにはどうなるか、つながりを考える準備をしておきましょう）。

（＊）イアン・スティーブンソン先生の許可を得て掲載。

先生は自分を追い込んで、生徒たちにポスターを見るように促し、「あなたは今、この学習計画の流れのどこにいるのですか？」と尋ねるようにしていました。

生徒たちの反応は興味深いものでした。最初は不満の声が多く上がり、なかには「先生は私たちを助けてくれない！」といった文句を言う生徒もいました。しかし、徐々にプロジェクトの流れについての質問であると理解し、生徒同士で助けあえると分かってきました。

そうなってくると、先生は生徒からより深い質問を受けるようになりました。生徒からの質問の中身は、プロジェクトの管理や資材についてのものからプロジェクトの中身（内容）についてのものへと変化していきました。この方法が習慣化されると生徒たちは、学習というものが、今まで経験してきたものとは違ったものに見えたり、聞こえたり、違う意味があることに気づけるようになりました。このような方法によって、生徒たちはより多くの努力をしなければならないでしょう。しかし、最終的にはそれが報われるのです。

プロジェクトを管理するために使えるテクノロジー・ツール

中学校の歴史教師であるトム・ネヴィル先生は、テクノロジーを活用してＰＢＬのなかで生徒が協働する活動を促し、時には物理的な距離を超えた協働での活動も行っています。現在進行中の「モニュメント・プロジェクト」（www.monumentsproject.org）では、複数の国の生徒たちが歴史の調査を行い、海外に埋葬された第一次世界大戦のアメリカ退役軍人の物語を語り伝えています。

生徒の学習を管理しているネヴィル先生は、オンラインのフォルダーを作成して、関連するデータベース、デジタルツール、プロジェクト管理のための様式へのリンク先をそのフォルダーに入れました。ＰＢＬにテクノロジーを取り入れているネヴィル先生の哲学はシンプルなものです。「テクノロジーについてだとか、ある特定のツールについてとかを議論するのではなく、適切なときに、適切な場所で、適切なものを使用するということが大切です。もし、生徒が利用できる最良の選択肢に触れられ、自分が選択したものについて熟考することができれば、テクノロジーが使われたツールを使いこなすことができるようになるということよりも、最終的にはもっと重要なことを生徒が手にするのです」と、ネヴィル先生は語っていました。

どのようなツールがあなたのＰＢＬのフォルダーのなかに入っていますか？　ツールをいくつか提案しておきます。

協働で活動するためのクラウドベースのツール「G Suite for Education（旧 Google Apps for Education）」——これには、協働での活動、コミュニケーション、プロジェクトの管理に適した幅広いクラウドベースのツールが含まれています。たとえば、カレンダー、共同編集ができるドキュメントやシート、フォーム、そしてGoogle Classroom（https://edu.google.com/k-12-solutions/g-suite）などがあります。なお、Microsoft365にも、資料の作成や協働で何かをすること、チームの管理などができるオンラインツールが含まれています。

デジタル・クラスルーム——学習を管理できるプラットフォームでは、カレンダー、グループ作成、アナウンス、成績評価機能、ポートフォリオなど、あるプロジェクトで必要となる事柄にあわせてカスタマイズされたデジタルの教室をつくりだすことができます。その一例として、Edmodo（www.edmodo.com）やClassDojo（www.classdojo.com）があります。

ウィキ（Wiki）——複数の書き手が同時に編集できるウェブサイトのウィキは、プロジェクト中に資料を作成し、共有、管理するのに便利なものです。その例としては、PBworks（www.pbworks.com/education）やGoogle Sites（https://sites.google.com）などがあります。

プロジェクト・トラッカー「**Slack（https://slack.com）**」や「**Trello（https://trello.com）**」——これは、チームプロジェクトの進捗状況を追跡し、協働での取り組みを促進するために、教育現場や専門家が使用しているツールの例です。

デジタル掲示板——これらは、形成的評価、ブレインストーミング、資料や情報の共有に便利なものです。よく知られている例としては「Padlet」（http://padlet.com）があります。[8]

学習時間を最大限に活用する

第2章で、質の高いプロジェクトをデザインし、計画するための方法を検討した際、目的を考えながらプロジェクトをはじめることの意義を論じました。これは、重要な学習目標に焦点を当て、プロジェクトの計画に深い学びを盛り込むために行う確実な方法です。また、計画を立てる際には、プロジェクトの終わりに学校外のゲストを招いた発表の場を設けたり、出版物やウェブサイトで成果を公開したり、それ以外の方法で成果を示すことも重要であると確認しました。これによって生徒たちは、「本物」の聴衆や発表対象を得られるだけでなく、「本物」の締め切りも設定されることになります。

プロジェクトを立ちあげると、成果発表の本番へのカウントダウンがはじまります。プロジェクトの最終段階までに、すべての生徒が学習目標を確実に達成できるようにするにはどうしたらよいでしょうか？

時間の管理に関しては、プロジェクトの計画表に注意を払いながら、生徒が独自で時間を管理する方法を計画する必要があります。チェックポイントとなるような課題を随所に設定しておくことは、それが大きなプロジェクトであったとしても、小さなステップの積み重ねで展開していくということを生徒に理解してもらうことになります。このような課題に対して、明確で現実的な締め切りを設定することは、生徒が締め切りを守ることを学び、着実な前進を保証することになりますので、成果発表間際に焦ったり、その場しのぎになったりすることが防げます。

また、プロジェクトの計画表で設定された日程を「何が何でもそのとおりにすべきもの」と捉えるのではなく、柔軟性を保ち、生徒の学習状況に応じて調整することが必要です。たとえば、テラニア・ノーファー先生は、幾何学を学ぶ生徒が最終的な成果として家の設計図をクライアントに対してプレゼンする前に、少なくとも二回は仲間とプレゼンのリハーサルをするように計画していました。

しかし、生徒たちが数学の概念を理解するのには予想以上の時間が必要であるということに気づきました。先生はそれにあわせて計画表を調整することにして、ミニ・レッスンと学習内容の復習により多くの時間を割くようにしました。そうなると、プレゼンのリハーサルは一回しかできませんでした。そうなってでも、ミニ・レッスンと復習に時間をかけたのです。

---

(8)「デジタル掲示板」と訳しましたが、「5ちゃんねる」のような、世界の誰もがアクセスできるインターネット上の電子掲示板をイメージしてはいけません。クラスのなかだけで書き込みや議論ができるものです。また、ここに示されている具体的なサービスをつなげて利用することが可能なものも多いです。たとえば、ここでは「Padlet」が例に挙がっていますが、そこで作成したものを「Google Classroom」で共有することができます。

ＰＢＬのベテラン教師からうかがえるプロジェクトを管理するためのヒントは、あなた自身が、生徒にとってより深い学習を導くための時間をたくさんつくれるか、ということになります。

妨げになるものを取り除く

高校の科学教師であるブランドン・コーエン先生は、クラス全体での課題と少人数グループでの課題を組み込んだプロジェクトを構成しています。プロジェクト管理者としてのコーエン先生が目指している学習像は、何人かの生徒に対して実験機器やツールの使い方を教えるなど、活動から一歩離れた指導をしているとき、残りの生徒はするべき自らの活動に集中しているというものです。

「このような学習を実現するためには、信頼する文化が必要となります。また、生徒は取り組むべき課題はどのようなものなのかについて知っておく必要があるということも意味します。つまり生徒は、『その活動は何ですか?』、『なぜその活動をしているのですか?』、『それをいつまでにしなければならないのですか?』といった問いへの答えをもっていなければならないのです」とコーエン先生は話していました。

先生がプロジェクトを管理するために意識していることの一つは、生徒の成長にとって教師が妨げにならないようにすることです。コーエン先生はまた、「生徒が私の助けを必要としているとき、もし私の手が離せない状態であった場合でも、生徒にはほかの方法があります。それは、仲間に助けを求めたり、私の手が空くまで別の課題をしたりすることです」と話していました。

個に応じた対応をする

時間と活動の流れの管理を学ぶ際、より多くの支援や枠組みを必要とする生徒がなかには存在します。注意欠陥障がいやそのほかの理由から特別な支援を必要とする生徒に対応するために、プロジェクトの活動を管理できるくらいの作業量や時間に分けて集中力を維持し、次の活動が予測できるように支援することが求められます。自己管理のための自分なりの方法を身につけることで、自立した学習者として生徒が成長することを手助けしていきましょう（ＰＢＬでの支援の詳細については第６章を参照してください）。

学習の流れに沿って展開する

形成的評価のための方法（第５章で詳しく説明します）は、プロジェクト全体を通して生徒の理解度を確認するために不可欠となります。しかし、生徒の思考や学習の流れを妨げずに評価をするためにはどうすればよいのでしょうか？

ジェームズ・フェスター先生が中学校で教えていたときに発見した有効な方法は、それぞれの机に小さなホワイトボードを置いて、生徒自身が取り組んでいることを言葉で説明し、それを書き留めてもらうことです。先生はこの方法について、知りたがりの訪問者に「今日はこんなことをしています」と伝えるために博物館が看板を設置する場合と同じようなものである、と言っています。

このやり方についてフェスター先生は、「生徒が何に取り組んでいるのか、どのような部分に手を貸してあげればいいのかを簡単に把握することができる」と説明してくれました。

しかし、フェスター先生は、このアイディアを自分で考えだしたものであると自慢しているわけではありません。「これは、私が活動の邪魔になっていることにうんざりしていた生徒から教えてもらったアイディアです。ある日、その生徒は机の上に付箋を貼って、『私は○○をちゃんとやっています』と書いていました。なんて素晴らしいアイディアだと、そのときに思ったのです」と、フェスター先生は振り返っています。

グループ活動の時間を戦略的に使う

生徒たちのチームがプロジェクトによく取り組んでいるときには、その授業時間を観察や確認のために使いましょう。これは、ＰＢＬのベテラン教師であるケビン・ギャント先生によるアドバイスです。

グループ活動の時間に、教師は各チームに順番に顔を出して、グループにおける協働の様子を観察したり、グループの話し合いに加わったり、支援するためのミニ・レッスンを設けることを提案しています。

「グループ活動を計画する際には、『私（教師）はそのとき何をするのか』ということについても考えます。もし、そのような計画がなければ、教師は暇をもて余すことになってしまいます」［参考文献29］と、ギャント先生は述べています。

振り返りを軽く扱わないようにする

プロジェクトが、「やることがいっぱいで時間が足りない！」という状況になってくると、振り返りの時間を見つけることが難しくなるでしょう。そのようなときには、振り返りの時間を削るといった誘惑が生じます。しかし、そんな誘惑に負けないでください。授業の終わりに数分だけでも生徒に一度立ち止まってもらい、学習の有り様を振り返ってもらうだけでも十分な場合があります。

どのようなことで苦労しているのか？　プロジェクトで何がうまくいっているのか？　振り返りのための「決まり言葉」[(9)]と方法をうまく組み合わせることで、「お決まりの」答えを避けるようにしましょう。たとえば、生徒同士でインタビューをしあったり、ツイートを共有したり、絵文字を使ったりして、プロジェクトについての振り返りをしっかり組み込みましょう。

休憩時間を設ける

とくに長期にわたる複雑なプロジェクトでは、「疲れ」が進行を遅らせてしまう可能性があります。そのためジム・ベントリー先生は、映画制作を担った生徒と一緒にプロジェクトの課題を分担しています。

「プロジェクトの期間中は、プロジェクトに直接かかわる活動を四五分間行い、しばらく休憩してから、その日のうちに再び活動に取り組むということもあります。台本の批評のように集中しなければならない活動をしたあとは、シフトチェンジをして、しばらくの間文章構造の図式化に取り組むこともあります。精神的な休憩をとるのは非常によいことです」と、ベントリー先生は述べていました。

反転授業を取り入れる

反転授業のモデルとは、教師が授業の講義部分を事前に録画しておいて、それを宿題として生徒が見るというものです。このやり方をＰＢＬで採用すると、小グループでの活動時間や個別指導のための時間を確保することにつながります。

たとえば、経済を教えているジェイソン・ウェルカー先生は、すべての生徒に理解してもらいたい経済の学習内容を録画した授業映像を使って教えています（ほかの教師は、カーン・アカデミーのような団体がつくった既製のビデオを使うこともあります）。授業中、ウェルカー先生は各チームに顔を出して、生徒が（事前に見たであろう映像で触れていた）学習内容を、そのプロジェクトにいかすことができているかどうかを確認しています。このような形で展開した少人数での話し合いは、従来のやり方における授業よりも内容を深くする傾向があります。

たとえば、環境経済学のプロジェクトでは、チームが経済理論を応用して、国連で採択された持続可能な開発目標（ＳＤＧｓ）[10]の一つに取り組みました。このプロジェクトは、生徒が入念に考えた「カーボンオフセット」[11]に関するプロジェクトへの投資をしてくれるように校長先生や教

---

(9)　ＰＢＬにかかわらず、振り返りをワークシートなどに書かせようとする教師が近年増えてきているように思います（それを願っています）。しかし、ここで書かれているように、「今日は楽しかったです」のような振り返りしか出ないようなやり方では意味がありません！　それを避けるために、優れた教師はワークシートの欄の標題を「感想」ではなく「今日の学び」とするなど、細かなところにまで目配りしています。毎時間の最後に行う振り返りの必要性と、多様で具体的な方法については『質問・発問をハックする』（第3章）を参照してください。

(10)　二〇三〇年までに、持続可能でより良い世界を目指す国際目標です。一七のゴール（目標）とその下位目標である一六九のターゲットから構成されています。日本の学校でも、近年の「教科横断的な学び」を志向する流れの一貫として、学習の対象とした取り組みがなされています。

育委員会を説得するなど、実際の行動につながるものとなりました。

ワークショップモデルを統合する

ワークショップモデルは、リテラシー（読み・書き）を伸ばすためにもっともよく使われ、実証されてきた学習方法です。ＰＢＬの分野でも、多岐にわたる学習活動において効果的な管理をサポートしてくれるものです。

たとえば、レイ・アーメド先生は、高校の化学の授業にライティング・ワークショップを定期的に取り入れています。ワークショップという方法は、科学的な文章を書く力を向上させるだけでなく、友人からのフィードバックを受けて能力を向上させることに寄与したり、必要な支援は何であるかを教えてくれたりします。アーメド先生は、これが化学のプロジェクトでどのように機能するのかについて次のように説明しています。

「ある生徒が文章を一つ選んで、『ねえ、グループのみんな、私はみんなに文章を見てもらって、フィードバックをもらう準備ができているよ』と言います。その生徒はプレゼンをして、自分の作品のよいと思っていることを訴えます。その次に、『ここが私の困っているところ、助けてほしいんだよ。これをどうにかするためにどうしたらいいと思う?』とほかの生徒に問いかけるのです」

アーメド先生は、「このような協働のあり方は、まさにプロの科学者が自分の仕事を改善していくために使っている方法である」ということを生徒が思い出せるようにしています。「もし、化学実験室でみんなが活動しているなら、二週間ごとに自分の研究成果を発表することになります。このような研究発表を通しての相互批評が学問の中心となるものです。それが科学者の仕事なのです」と、アーメド先生は自らの経験を踏まえて生徒に話しています。

アーメド先生のクラスでは、生徒の作文に対して、先生からのフィードバックも、生徒たち同士でのフィードバックも、どちらも早い段階で行われています。プロジェクトが完了間近になると、教室外の専門家がさらなる批評を提供してくれます。そのため、プロジェクトが完了間近というタイミングになると、生徒は自分の作品を改善するためのフィードバックの価値を理解するようになっています。

自分の作品を発表し、学校外の対象に向けて発表するというプロジェクトの目標をあらかじめ知っていると、プロのように質の高い科学的な文章を書いたり、発表できるように頑張ろうという意欲が湧いてくるということです(12)。

---

(11)　あるところで排出された温室効果ガスを、異なる場所で植林、森林保護などをすることで間接的に吸収しようという取り組みや考え方のことです。

コーチのノート――学習の成果物を保存する

ジェームズ・フェスター先生が教え方のコーチを務めている北カリフォルニアのある教育委員会では、学習を目に見える形にするための方法を熱心に採用しています。その方法の一つが「プロセスの壁」です。これは、プロジェクトが展開されていくに伴って学習の成果物を掲示するものです（このツールのことを、「プロジェクトの壁」や「プロジェクト掲示板」と呼んでいる教師もいます。四八〜五〇および一七四〜一七五ページも参照してください）。

フェスター先生の同僚たちは、教室の目立つ場所にテープで何枚か留めることで[13]このような壁をつくっています。プロジェクトが進むにつれて、学習の成果物である「知る必要のある質問」、「授業のまとめプリント」、「スケッチノート」、あるいは「振り返りジャーナル」などを追加していきます。

「これは、プロジェクトの継続的な記録になります。また、記録は多様な媒体で行われますし、更新され続けるのです」と、フェスター先生は説明してくれました。

プロジェクトの最後には、教師はその壁を巻いてしまうことで豊富な情報を保存し、次のプロジェクトの計画を立てるために活用することができます。[14]次に行う同じプロジェクトにおいてほかの生徒を教えるとき、このときの学習の成果物を見直して、よかったところと具体的な課題を思い出すことができます。プロジェクトに関する継続的な記録を保存しておくことで、教師はプロジェクトの修正、更新、発展をすることができ、それを振り返り、次のプロジェクトにいかすことによって改善していくことができます。また、生徒たちにとってもこの壁は多くの機能を果たしてくれます。

「この壁は、説明／結果責任、評価、探究、学習の支援、学級文化の形成などに活用されるツールとなります。生徒が欠席した場合でも、その生徒は壁を見ることで、ほかの生徒に追いつくことがすぐにできます。前の時間にしたことを修正したり、さらに何かを追加したりすることができるので、修正することの重要性を示してくれるものともなります。振り返りの時間になっても、

(12)　ライティング・ワークショップとリーディング・ワークショップについて詳しくは、『ライティング・ワークショップ』、『作家の時間』、『リーディング・ワークショップ』、『読書家の時間』、『イン・ザ・ミドル』を、それを理科に応用して実践した記録については『だれもが科学者になれる！』を参照してください。現在、この方法を算数、社会科、理科で実践し開発している『数学者の時間』や『科学者の時間』の執筆を計画しています。また、『社会科ワークショップ』が二〇二一年夏に出版予定となっています。

(13)　欧米ではブッチャー・ペーパーを使っています。ホワイトクラフト紙ジャンボロールやイーゼルペーパーに相当しますが、日本では高価なため、模造紙が無難かと思います。

(14)　現在では、写真や動画に撮って保存したほうが使い勝手がよいでしょう。

生徒はいちいち、プロジェクトの序盤にやったことを思い出す必要はありません。プロジェクト全体の学びを、ひと目で確認することができるからです。何よりも、生徒の作品例をすべて見られることで、『ここが自分の教室なんだ』と生徒は感じることができます。それが、取り組む姿勢を高めることにつながります」と、フェスター先生は説明してくれました。

さらに「プロセスの壁」は、プロジェクトの管理だけでなく、コーチングのためのツールとしても有効です。フェスター先生は、次のように話していました。

「コーチや管理職は、教室に入って壁を見れば、生徒がプロジェクトのどの段階に取り組んでいるのかが一目瞭然となります。また、生徒がどのような状況で学んでいるのかについても知ることができます。コーチや管理職は、これを見て、ＰＢＬの実践が豊かに展開されているという証拠をつかむことができるのです」

活動を管理するための方法——実践に向けての問い

この章では、ＰＢＬにおける活動を管理するためのさまざまな方法を確認してきました。おそらく、あなたはこれまでプロジェクト管理者としての自分の側面について考えたことがなかったのではないでしょうか。また、生徒がＰＢＬを通して身につける自己管理スキルについても考えたことがなかったでしょう。

活動を管理するための側面について考える際には、どのような「活動を管理するための方法」をプロジェクトに取り入れるべきかについて考えてみてください。

チームワーク――プロジェクトチームをつくるための計画はどのようなものですか？　チームがスムーズに活動に取り組めるようにするにはどうしたらよいですか？　チームをどのように見取り、チームに生じる課題をどのように解決していきますか？

ツール――この章で説明したテクノロジー・ツールのうち、どのツールをすでに使用していますか？　プロジェクトで学習目標を達成するために、デジタルツールをどのように活用することができるでしょうか？

時間――プロジェクトの日程を計画する際、生徒がフィードバックに基づいて活動や作品を修正できるように、「中盤の一番大変な部分」に十分な時間を確保することを意識していますか？　チームが豊かに活動しているとき、授業時間をどのように使って学習を観察したり、確認したりしていますか？

第５章

生徒の学びを評価する

形成的評価と総括的評価のバランスを図り、複数の情報に基づいたフィードバックを生徒に提供することで生徒が深い学びを達成し、ＰＢＬにおける質の高い活動を生みだせるようにする。

何週間もかけて小さな家を設計する活動に取り組んだあと、シェリル・バティースタ先生が教えている三年生は、プロジェクトの最終段階として設定されているプレゼンテーションを行う準備が整いました。そして順番に、詳細な設計図や模型、見積書、プレゼンの内容を各チームがクライアントと共有していきました。

クライアントはプレゼンの一言一句に耳を傾けました。そして、「予算枠のなかで私たち設計チームは、場所や位置、期間、労働力、材料、個人的な好みを考慮に入れて、どのように家族のための家を設計することができるでしょうか？」という学習の鍵となる問いに対する子どもたちの答え、つまり図面や模型などに目を通したのです。

それまでの週に行われたフィードバックや修正、改善がどのように行われ、このプレゼンに向けて子どもたちはどのように準備してきたのかということについては、クライアントにはっきりとは見えないものだったかもしれません。プロジェクト全体を通して行われた形成的評価には、教師からのフィードバック、クラスメイトからの相互評価（ピア・フィードバック――訳者補訳）、専門家からの助言、自分の取り組みへの振り返りが含まれていました。これらすべてが生徒の学習を形づくり、最後のイベントであるプレゼンに向けた、最善のアイディアを生みだすことにつながったのです。

包括的な評価がＰＢＬの成功になぜ不可欠なのか

ＰＢＬにおいて、生徒の学習に違いをもたらす重要な要素は包括的に評価することです。ＰＢＬにおける評価は、生徒をよりレベルの高い状態へと導くためのものです。「落ちこぼれ」というレッテルを貼るための順位づけをしたり、生徒を能力別に分類したりするためのものでは決してありません。評価の専門家であるリック・スティギンス（Rick Stiggins）が述べているように、適切な評価の方法を採用することが、すべての生徒を成功へと導く鍵となるのです［参考文献65］。これは、ＰＢＬではとくに当てはまります。ＰＢＬでは、評価の焦点は「生徒の成長」にこそ向けられるべきものなのです。

コラム　PBL実践のゴールドスタンダード――生徒の学びを評価する

ＰＢＬ実践で使うさまざまな方法が、包括的な評価を可能にしてくれます。多様な形式や枠組みの評価が、プロジェクトの初めから終わりまで行われます。ＰＢＬ実践のゴールドスタンダードのルーブリックに含まれている「生徒の学びを評価する」の指標には、次の点が挙げられています。

・プロジェクトの成果物やその他の評価材料は、教科・領域のスタンダードと成功のためのスキルを徹底的に評価するために活用されている。
・形成的評価が、さまざまなツールや手立てによって定期的かつ頻繁に行われている。
・批評と修正のやり方など、形成的評価を行うために考えられた方法がチェックポイントで定期的に行われている。生徒は、効果的なフィードバックを提供したり受け取ったりしていて、それが教師による（再度の）指導の必要性を明らかにしたり、生徒の活動の様子を把握したりするのに役立っている。
・生徒には、自分の成長を自己評価し、必要に応じて仲間のパフォーマンスを評価するような機会が、定期的に、よく計画されたものとして提供されている。
・スタンダードに沿ったルーブリックは形成的評価と総括的評価のどちらも使えるので、プロジェクト全体を通して教師も生徒も活用している。

(＊) ＰＢＬ指導におけるルーブリックの完全版は「付録」(三六八ページ)を参照してください。

評価のバランスをとるための方法

小テストや観察、およびフィードバックを与えるための「決まったやり方」のようなＰＢＬでも役立つ多くの評価のためのツールは、あなただけでなく、すでに生徒たちにとってもなじみのあるものとなっているでしょう。[1] ＰＢＬによる指導を展開しようとするうえで考え方を変えなければならないことは、「いつ、なぜ、そして、どのように、評価が行われるか」について、より意識的に考える必要があるということです。

形成的評価ないし「学びのための評価」は、プロジェクトを通して頻繁に行われる必要があります。また、生徒にはフィードバックに基づいて自身の作品や活動を修正するための十分な時間が必要ですし、より良いものをつくるために下書きや練習を何回も行う必要があります。

総括的評価ないし「学んだことの評価」は、プロジェクトの終わりの段階で行われるものです。しかし、生徒が「どのように自分たちが評価されるのか」という評価の基準を理解したうえでプロジェクトを開始しなければなりません。

教師は、学習目標の習得度を具体的に定義しつつも、生徒に分かりやすい言葉で書かれたルーブリックをプロジェクトがはじまる段階で確認することで、評価計画を透明性のあるものにします。この章の後半でエリン・ブランドヴォルド先生が説明するように、生徒と一緒にルーブリックをつくることを好む教師もいます(2)。

ＰＢＬにおける評価とは、個人とチームの評価、自己評価と相互評価、そして学習内容の習得度とプロジェクトの成功のためのスキルの評価という、さまざまな観点の評価をバランスよく行うことでもあります。生徒自身が評価プロセスに積極的に参加し、それを積み重ねることで、学習状況を多面的に把握（し、改善・修正—訳者補記）することができます。

(1)　残念ながら日本ではまだそうなっていません。『一人ひとりをいかす評価』と、次の段落に出てくる「学びのための評価」について書いてある『テストだけでは測れない！』を参照してください。

(2)　日本ではあまり展開されていませんが、価値のある取り組みです。たとえば、生徒にルーブリックの概念を説明したうえで、「よい意見文を評価するためのルーブリック」をグループで考えてもらうと、現状の生徒がもつ「よい意見文」観を知ることができます。そのルーブリックを参照した意見文を生徒が書いたあと、実際にそのルーブリックを使って生徒同士で評価しあうと、ルーブリックに足りなかった評価の観点が浮かびあがってくることでしょう。もちろん、教師も新しい観点を提示することが必要とされるときもありますが、それを繰り返すことで生徒のなかで「よい意見文」観が具体的なものになり、それらの事項に意識的な意見文が書けるようになるはずです。

効果的な評価方法を計画するために、ＰＢＬにおいて生徒を成長へと導くための四つの方法について詳しく確認していきましょう。その方法とは、①評価基準の透明性を保つこと、②形成的評価を強調すること、③個人とチームの評価のバランスをとること、④複数の情報源からのフィードバックを奨励することです。

評価基準の透明性を保つこと

レベッカ・ニューバーン先生が、中学生を対象にして気候変動に関するプロジェクトを計画していたとき、「人間は、地球の気候にどのような影響を与えているのか？」、「気候変動を緩和するために人間ができることは何か？」という二つの問いについて、今後忘れることがないくらい理解をしてもらいたいと考えていました。

これらの学習目標は「次世代科学教育スタンダード」と「各州共通基礎スタンダード」という、アメリカで設定されているスタンダードにも対応しており、徹底的に探究するプロジェクトとして適したものと言えます。また、生徒が科学との間に関係性をつくり、自らのこととして問題を解決するための活動に取り組むことを支援したいという、ニューバーン先生の願いも反映したものとなっています。

「プロジェクトを計画するとき、この学習内容は生徒の生活とどのように関係があるのか？　生徒がこの内容を学んだあと、自分に対して、状況を変えるためにどのようにエンパワーされたと感じてもらえるのか？　と私は考えているのです」と、ニューバーン先生は話しています。

先生は、学習の鍵となる問いからプロジェクトをはじめつつ、これらの学習目標をさまざまな方法で生徒に伝わるようにしています。

「表情、場所、物語――気候変動の科学とその物語」と呼ばれたプロジェクトをはじめるときに先生が提示した学習の鍵となる問いは、「気候変動の影響は、さまざまな地域社会でどのように現れているでしょうか？　そして、私たちにできることは何でしょうか？」という、実生活にまつわる学習の可能性を示すものでした。

プロジェクト全体を通して、学習活動、生徒による調査、専門家との協議、フィールドワーク、および振り返りといったすべてが学習の鍵となる問いに関連しており、生徒が学習目標に集中し、行動を起こすための準備に役立ちました。

プロジェクトの各段階で、生徒は評価基準を理解していました。ニューバーン先生のクラスのウェブサイトにそれが明確に記載されていたことからも分かります。先生はまた、学習の到達点となるような課題の内容や締め切りも事前に知らせていました。生徒たちは、プロジェクトの最終段階で自分たちが理解したことをいかし、「気候変動に対して実際に影響を与えることができる行動計画」を提案しなければならないことも分かっていました。先生は、プロジェクトの全体像を生徒に伝え、それに沿って学習を評価し、指導することで生徒を成功へと導いたのです。

プロジェクトが終わろうとしていたときニューバーン先生は、生徒たちの考えた「気候変動に対して実際に影響を与えることができる行動計画」をクリティカルに見直すために、一つのチームに加わりました。また、生徒たちは、食品廃棄物を減らすためのキャンペーン映像をつくることにしていました。先生は、「彼らは、なぜこのテーマがこれほど重要な問題なのかを説明してくれました。さらに、彼らはよいデータをもっていました」と振り返っています。

生徒たちは、専門用語が使われている議論を展開したのです。先生は、生徒たちがつくろうとしていた映像を改善するために、細かな編集方法をいくつか提案をしました。しかし、生徒たちがもっていた問題に対する重要な概念についての理解については、肯定的なフィードバックしか与えませんでした。

「食品廃棄物を減らすことは、本当に気候変動に変化をもたらすためにできることだと生徒たちは理解していました。それは、とても刺激的なことでした」というニューバーン先生の言葉は、生徒たちにとって重要な目標に取り組めば、どのようなことが達成できるのかを示しています。

生徒がPBLの学習目標を理解し、その学習に熱心に取り組んでいくために、導入としてのイベントが終わったあとすぐ、評価に関する計画を生徒と共有してください。

ルーブリックを説明する

ＰＢＬに関する経験値や学校の状況にもよりますが、ゼロからプロジェクトのルーブリックをつくることも、過去に使われたルーブリックを再利用したり、学年や学校全体で共有されている共通のルーブリックを使用したりすることもできます。どのような情報であっても、生徒が評価基準を理解し、学習者としての成長へ導くために、ルーブリックをどのように活用するかについて生徒自身が知っていることを確かめてください。

たとえば、四年生を対象とした社会科のプロジェクトにおいてアビー・シュナイダージョン先生は、ライティング・ワークショップですでに使ったことのあるエッセイに関する評価のルーブリックを使用しました。生徒はそのルーブリックを活用して下書きを修正し、相互評価によってお互いの文章に対する批評を書くことができました。

一方、エリン・ブランドヴォルド先生は、高校の世界史の授業において、革命についてのプロジェクトの最後、模擬裁判のパフォーマンスを評価するための採点ガイドをつくるというプロセスを通して生徒を指導しました。ブランドヴォルド先生が、どのようにして実現したのかについて説明をしています。

生徒が裁判のフィルムクリップを見て分析し、法廷での議論の練習をする時間を設けたあと、模擬裁判にうまく参加できていたかについて評価する基準を、ある手順を使って考えることにしました。クラス全体での合意を得るために、「大きくなっていくグループ」と呼ばれる方法を採用したのです。

まず、生徒は個人で五つの評価基準を考えます。次にパートナーと、それぞれが考えた評価基準を比較して、五つの評価基準になるよう擦りあわせます。その次は、ペアから四人のグループになって同じことを行います。このプロセスは、グループの規模が倍になるように設定されており、クラス全体で合意に達するまで続けられます。

生徒が最終的に導きだした五つの評価基準（証拠、論証、プレゼンテーションスキル、法律に関する専門性、知識）を箇条書きにしたリストは、模擬裁判の間、陪審員役の生徒がほかの人たちの法廷でパフォーマンスを評価するために使用しました。

ルーブリックを生徒と一緒に作成することで、素晴らしい教室文化をつくりあげることができます。「このプロセスによって生徒たちは、『この活動を本当にうまくやったと言えるものはどんな感じのものだろう?』と考えるようになります」とも、ブランドヴォルド先生は話していました。生徒は、教師が設定した学習目標に対して、自分たちのルーブリックを設定することでより

質の高い活動とはどのようなものなのかを理解することになるのです。

生徒たちがルーブリックの使用に慣れていない場合は、プロジェクト計画の初めの段階で生徒がルーブリックを理解し、評価ツールを使う練習ができるような時間を設けてください。効果的な方法としては、以前のプロジェクトでつくられた生徒の作品例を共有し、ルーブリックを採点ガイドとして使用し、その作品の質を生徒に評価してもらうということが考えられます。評価の際によく使われる語彙について、生徒が理解していることを確認しておきましょう。そして、なじみのない用語を定義したり、生徒が理解できる同じような意味の用語を提案したりすることで支援をしましょう。

化学教師のレイ・アーメド先生は、その学年がスタートするとき、生徒にルーブリックとは何かについて紹介しています。

「ニューヨーク・パフォーマンス・スタンダード・コンソーシアム」(3)によって作成されたルーブリックが、二学期におけるプロジェクトの総括的評価で使われることになると説明します。これ

(3)（New York Performance Standards Consortium）生徒の学習を評価するためには、スタンダードに準拠したペーパーテストに依存するよりもパフォーマンス評価を重視すべきだという信念に基づいて、一九九八年に設立された団体です。それに対して、日本では依然としてペーパーテストに依存した評価体制となっている現状があります。いったい、テストへの信仰とも言えるものはどこから来ているのでしょうか？

はハイ・ステイクス[4]な評価であり、その結果は、生徒の卒業要件にかかわることになります。

アーメド先生は、将来の参考のためにルーブリックを配るのではなく、すぐに使える学習ツールとして生徒と一緒にルーブリックを使っています。生徒たちは科学論文の隣にあるルーブリックに目をやります。「これは、私たちが目指しているところです。私たちは、科学者の仕事をしているのです」と、アーメド先生は説明しています。

プロジェクトの一環として、生徒たちが設計した実験について自らレポートを書きます。その目的を念頭に置いて、生徒たちは雑誌の論文を一緒に読み、ルーブリックで求められているそれぞれの基準を見て、お手本となる論文を分析します。この作業によって、生徒が質問し、質の高い論文をつくるためには何が必要なのかについて考えはじめる機会が生まれるのです。

特定の学習目標に生徒たちが集中できるようにするためには、ルーブリックの一行目だけを示してあげるとよいでしょう。たとえば、**図5-1**では、アーメド先生が生徒と一緒に使っているルーブリックのなかにある、「自分の文章を確かめる」という評価の観点に示された一行を示しています。

これを生徒たちと共有する場合には、「元の情報源」、「適切な引用」、「仮説や証明した命題」など、重要な語句を理解している必要があります。言葉というものは、左から右に（日本語の場合は上から下に）読めばよいだけのものと思われるかもしれませんが、活動の質によって説明に

図5－1 すぐれた論文のための評価基準

パフォーマンス	素晴らしい	よい	十分である	修正が必要
自分の文章を確かめる。	研究の背景調査が、少なくとも二つの情報源を用いて徹底的に行われている。 出典情報の記載や引用がすべて適切に行われている。 問題設定の価値が明確に述べられている。 「仮説／命題」が研究の背景に基づいている。	研究の背景調査が徹底的に行われている。 出典情報の記載や引用が適切に行われている。 問題設定の価値が述べられている。 「仮説／命題」が研究の背景と関連している。	研究の背景調査が文章の導入部に含まれている。 出典情報の記載や引用が行われている。 問題設定の価値が述べられている。 「仮説／命題」が明記されている。	研究の背景調査が文章の導入部に含まれていない。 出典情報の記載や引用が適切に行われていない。 問題設定の価値が述べられていない。 「仮説／命題」が記載されていない。

出典：「ニューヨーク・パフォーマンス・スタンダード・コンソーシアム」から引用。www.performanceassessment.org/rubrics から入手できます。

使われる言葉も換わってきます。生徒たちにとって重要なことは、どのような学習の道筋が知識の獲得につながり、そして知識以上のものを手に入れるための手立てとなるものが何なのかについて理解することです。

もし、協働することやクリティカルな思考のような、成功のためのスキルがプロジェクトの一部として評価される対象になるなら、それらの学習目標がはっきりと定義されているかどうかを確認してください。

バック教育研究所では、成功するために必要なスキルを評価し、学習内容に関する知識や最終的な成果物を評価するために一つのルーブリック使っています。そして、プロジェクトに関する学習目標に位置づけられる成功のためのスキルを評価するために、もう一つのルーブリックを使うことを推奨しています（四つのC――クリティカルな思考［critical thinking］、協働すること［collaboration］、コミュニケーション［communication］、創造性［creativity］――を評価するためのルーブリックは、my.pblworks.org/resources からダウンロードして利用することができます）。

生徒たちがルーブリックを理解していることを確認したら、プロジェクト全体の学習ガイドとなるようにそのルーブリックを使うように促します。たとえば、テラニア・ノーファー先生の数学の授業では、ルーブリックなど、プロジェクトに関連するすべての文書が入ったフォルダーをグループが活動するテーブルに置いて、生徒たちがプロジェクトに関連する解決すべき課題に取り組んでいる間、付箋にメモを取りながら先生は机間《きかん》指導を行っています。

「私は歩いて、耳を傾け、評価して、どこがうまく取り組めているところなのかについて書いた付箋を、生徒たちの机の上に貼っていきます。生徒たちは、目の前でルーブリックが見えるようにしています。生徒たちは私のフィードバックを見て、改善するために次はどのようなことをするべきかについて話し合うことができるのです」と、ノーファー先生は話していました。

たとえば、ある生徒は、正解にたどり着いているにもかかわらず、自分の取り組みに対してなぜより良いフィードバックが得られないのかと不思議に思っていました。

「私はその生徒に、ルーブリックを見るように言いました。すると、その生徒は、『ああ、問題をどうやって解いたかを説明していなかった』と言ったのです。次の時間になってその生徒は、どの問題でも自分の解法について説明をしていました」と、ノーファー先生は振り返っています。

この生徒は、目標というものは、単に「できた」か「できなかった」かを問うだけではなく、質の高い取り組みをすることが重要であるということを理解したわけです。

（４）　日本における入試や定期試験など、成績に直結し、さらには生徒の進路をも決定してしまうものをこのように言います。

試してみましょう！——二一世紀における成功のためのスキルを評価する

ほとんどの教師は、学習内容に関する知識とスキルを評価してきました。プロジェクトが展開されている間、この目的のために、クイズ、テスト、作文課題、その他の伝統的なツールを使うことができます。そして、生徒がつくる作品やプレゼンテーションに、評価の証拠となるものを見つけることができます。クリティカルな思考、問題解決力、協働する力、創造力、そしてイノベーションする力といったような、二一世紀において成功するためのスキルを評価するために、あなたは次に示すようなツールや方法を活用することができます。

・ある成功のためのスキルが、どのようなものであるかについて説明したルーブリックやその他の評価基準を生徒と共有します（または、一緒に作成します）。その事例は、my.pblworks.org/resources を参考にしてください。

・生徒がプロジェクトに取り組む様子を観察し、一つ以上の成功のためのスキルをどのように使っているのかをメモします。ルーブリックやその他の評価基準を参考にして、観察可能な行動のチェックリストを作成します。

・プロジェクトを展開している間のどこかで、生徒またはチームと打ち合わせをし、一つまたは複数の、成功するためのスキルをどのように磨いているのかを確認します。

・プロジェクトの展開中と終了時の総括的評価として、ルーブリックまたはその他の評価基準を参照しながら、成功するためのスキルを使っているかどうか、その状況を生徒に自己評価してもらいます。プロジェクト終了時には、自分と仲間が一つ以上の成功スキル（とくに協働する力）をどれだけうまく発揮していたかについて評価してもらいます。
・プロジェクトの間、一つまたは複数の成功するためのスキルを発揮したことを記録するために、生徒にジャーナルをつけてもらい、プロジェクトの終わりにこのプロジェクトで得たものを振り返ってもらいます。
・生徒がプレゼンテーションをしている際、成功するためのスキルを発揮できているかどうかを明らかにするための質問をします（または、聞いている生徒に質問をするように促します）。たとえば、問題を解決したり、革新的な作品をつくったりするために、どのようなプロセスでプロジェクトを展開したのかについて説明をしてもらいます。

形成的評価を重視する

ＰＢＬが展開されている教室を訪問すると、あなたはさまざまな方法で行われている形成的評価を目にすることでしょう。さまざまな方法とは、授業の最後に、教師が生徒の理解度を確認するための出口チケット、生徒自身が学習を評価して振り返るジャーナル、具体的なフィードバックを生徒同士で提供しあうことを支援するギャラリー・ウォークなどです。(5)

ただし、これには注意が必要です。形成的評価を行う頻度を増やすからといって、成績をより重視することを必ずしも意味しません。成績がつけられると、生徒にとっては一時停止の標識が目の前にあるかのように感じられるほか、課題が完了したことを意味すると感じてしまいます。それとは対照的に、形成的評価は、学習経験のなかで次に何が起こるのかを感じさせるためのものと言うことができます。

PBL指導を行う教師にとっての形成的評価は、次の指導を計画するための情報を提供してくれるものとなります。「ある学習内容を別の方法で教える必要があるだろうか?」、「追加の情報を生徒に提供する必要があるだろうか?」、「生徒に自分の考えをより深く、より広げることに挑戦してもらうべきだろうか?」と考えることが、次の指導のための診断的評価となるのです。(6)

一方、生徒にとっての形成的評価は、質の高い作品をつくったり、理解を深めたりすることを助けてくれるものとなり、その時々に応じたフィードバックを提供してもらうことで学習を支援してくれるものとなります。形成的評価をしたときに点数をつけるのではなく、成績は、到達点となり得るような課題の評価や総括的評価のときにのみつけるようにしましょう。

ジム・ベントリー先生は、プロジェクト全体を通して形成的評価を賢く行うことを重視しています。「もし、フィードバックがプロジェクトの最後にしか与えられないのであれば、『時すでに遅し』の状態になってしまいます」と、ベントリー先生は注意を促しています。

ベントリー先生は、教えている六年生の理解度を確認するために、テクノロジー・ツール、批評のための手順（五八ページを参照）、教師の観察を組み合わせて使用しています。Google Classroom で学習内容に関連した質問をしたり、「Padlet」と呼ばれるデジタル掲示板に締め切り日などの「お知らせ」を投稿したりします。(7)

生徒の回答や反応を見ると、行き詰っている生徒や苦戦している生徒がいることも分かりますので、小グループでの指導や個別指導を計画することができます。教師はギャラリー・ウォークの計画表を立てて、現在進行形で制作している作品に対する相互批評を引き出すようにしています。(8) そして、「うまくいっていることは何ですか？」、「何に困っていますか？」、「何か疑問に思

(5) 授業の最後の数分を使って、生徒が小さな紙に教師からの質問に答える形で書きます。書き終わった生徒から、チケット代わりにそれを提出して教室を出るという仕組みのものです。とても効果的な形成的評価の一つです。

(6) 指導の前に、教える側が学習者の状況を把握するために行う評価のことです。

(7) これを含めてクラウドベースのツールについては、第4章を参照してください。

(8) ＰＢＬにかぎらず活動を重視した授業では、困っている項目ごとに生徒を集め（たとえば、書くことの授業であれば「書き出しに困っている人、前に集まりましょう」など）、適切な支援をすることがあります。

っていることはありますか?」といった質問について検討するように促すことで、学習支援として機能するフィードバックを行っています。

「効果的な形成的評価とは、多くの場合、席に近づいて、生徒が学習活動に取り組んでいるのを見たり聞いたりすることだ」とベントリー先生は付け加えています。もし、生徒が行き詰まっていたり、さらに学習内容を深めるための準備ができていたりするように思えた場合は、先生はヒントを与えることにしています。それぞれの段階で形成的評価を行うことは、タイムリーで、理解しやすく、実行可能なフィードバックを生徒に提供する機会となるのです。[参考文献26]

一方、レベッカ・ニューバーン先生の理科の授業では、同様の評価方法が学習のガイドとなっています。生徒が気候変動に関するプロジェクトに取り組んでいる間、ニューバーン先生はさまざまな評価方法を使って生徒の理解度を確認し、必要に応じて自分が行う指導も調整しました。そこで行った指導は、事前に計画されたものもあれば、生徒の状況を見て、その場で臨機応変に行ったものもありました。

予備知識を評価する——プロジェクトを立ちあげた際、生徒の予備知識を評価するためにニューバーン先生は、課題として「気候」と「天気」の違いを簡単に説明するように求めました。課題をより魅力的なものにするために先生は、ツイッターをモデルにして課題の枠組みをつくったのです。しかし、実際にツイッターを使ったわけではありません。その代わりに生徒は、紙にツイートを書きました。ただ、それぞれの投稿には、本物のツイッターのように文字数の制限がありました。

生徒たちが最初に考えたことが妥当なものなのかを試すために、ニューバーン先生は次に、異なる地域に位置する三つの都市（アラスカ、オレゴン、フロリダ）における一〇日間の天気予報という情報を与えました。生徒たちは、どの予報がどの都市のものなのか見分けることができたでしょうか？　生徒たちの予想と正解は一致していたでしょうか？　これらの天気予報は、「気候」と「天気」の定義を見直すきっかけとなったでしょうか？

次に、生徒は自分が書いた定義を同じ班の友人に読んでもらい、ツイッター形式で返信をもらいました。その友人は、見せてもらった定義に納得しない場合、どのようなところが正しいと思えないのかについて新しい紙にツイートする形で返信し、説明しました。もし、生徒たちが読んだ定義をよいと思った場合、そのツイートに「いいね」をし、ほかの人も共有したほうがよいと判定したら、その定義をリツイートしました。

このような速いペースで展開する活動は、生徒がもつ予備知識がどの程度なのかという情報を与えるだけでなく、プロジェクト中にフィードバックを与えるのがニューバーン先生だけではないということを生徒たちに知らせることにも役立っていました。

到達点となる課題を与える——生徒が気候変動についての科学的な認識、とくに気候変動が人口に与える影響について理解していることを確認するためにニューバーン先生は、学習内容の理解を深める時間を設けたあと、プロジェクト中の数週間で行うように計画していた到達点となる課題を与えました。生徒たちには、（自分が興味のある場所を選び、それを基準にして）小グループに分かれて、気候変動の影響を受けやすいとされる、世界のどこかの地域に向けた「災害の分析」に関するポスター制作という課題が提供されました。

この課題は、ニューバーン先生が生徒の学習内容の理解度を確認するための方法も提供してくれました。彼女が知りたかったのは、「生徒たちは、何が厳しい気象現象を引き起こすのかについて知っているのだろうか？　気候変動が天候にどのような影響を与えるのかについて理解しているのだろうか？　洪水や干ばつなどの予測はできるだろうか？　ある気候変動に関する場面に直面した人間の生き様について、データで裏づけをとることができるのだろうか？」ということでした。

「災害の分析」というポスター制作の課題には、相互評価の機会が組み込まれていました。各チームは、ポスターの下描きからはじめました。生徒たちはその下描きをクラスメイトに見せ、描いた内容について最初のフィードバックをもらいました（先生は、もしポスターで描こうとしている内容や生徒同士でのやり取りで誤解が生じた場合に対処しなければならないので、生徒たちの話に耳を傾けていました）。

これから描く内容がはっきりしてきたら、実物大のサイズでポスターを描きます。そして、ジグソー学習のような形でほかのチームに発表する準備ができました。評価の一環としてニューバーン先生は、各チームの生徒が正確に内容を説明できているかどうかを確認するために、その発表に耳を傾けていました。

観察し、質問する――災害ポスターの事例のように、計画された評価とともにニューバーン先生は、プロジェクト全体を通して、自らがインフォーマルな観察者となる時間を十分に確保していました。ニューバーン先生は、効果的な形成的評価とは「質問することがすべてです」と言っています。自らの学習について生徒が話し合っているとき、先生は耳を傾け、質問を投げかけます。「それから一歩下がって、子どもたち同士で話をしてもらいます。『再検討が必要だな、誤解をしているな』と思われることを耳にした場合のみ、私は壁に止まっているハエが、たまに鬱陶《うっとう》しく近づいてくるように、生徒同士の話し合いに踏み込んでいきます」

彼女がよく使用する形成的評価に際した決まり文句のような質問のなかには、何度も何度も使うことができるほど汎用性の高いものがあります。たとえば、次のようなものです。「それについて、もっと詳しく教えてくれますか？」、「その例を挙げてくれますか？」、「なぜ、そう思うのですか？」、「あなたが言っていることの背景にある、あなたの考えをもっと聞きたいです」

いくつかの決まり文句は、理科の授業において生徒にもっと知ってほしい教科特有の内容を補強してくれます。たとえば、「あなたの主張は何ですか？　その証拠は、あなたの推論をどのようにサポートしていますか？」のような言葉が効果的と言えます。

一方、テラニア・ノーファー先生は、高校の数学の授業において、生徒と一緒にインフォーマルな評価を使って、悪戦苦闘している生徒が粘り強く取り組めるように励ましています。困っている生徒をすぐに助けてしまうのではなく、「壁にぶつかっても大丈夫だ」ということをその生徒に教えているのです。

「一日、二日と、その問題に立ち向かわせることもあります。私は生徒たちに、『解けないままで困り続けることは、何も悪いことではないんだよ。深呼吸して、そのあと別のやり方で問題に取り組んでみよう。私は、あなたのためにここにいるのだから』と言っています。それでも問題との苦闘が続くようであれば、追加の指導をしたり、別の方法でその概念を教えたりすることが必要であるという教師への合図だ、ということができます」

ノーファー先生の評価に対する考え方は、先生の教室文化と一致しています。「私たちは、前向きな失敗の価値について話しています」と、先生は言っています。「数学において、問題に取り組み続けることは難しいことです」と先生は認めていますが、適切な評価を行うことは、問題に取り組み続けるための「精神的な強さ」を育てる支援となるのです。

試してみましょう！――形成的評価の方法を計画するためのマップをつくる

生徒が必要なことを学習し、プロジェクトの成果物の完成に向けて軌道に乗っていることを確認するために、プロジェクトで使う形成的評価とそのタイミングを計画できる「プロジェクト評価マップ」を使用します。このマップの基本フォームと完成させた例を、下のＱＲコードで見ることができます（アカウント登録が必要です）。

基本的なプロセスは次のとおりです。

①マップの左側に、プロジェクトの主要な最終成果物の一つをリストアップします（これは、総括的評価の役割を果たします）。

②成果物の右側に、それをつくるために生徒が必要とする知識、理解、成功のためのスキルをリストアップします（これらは、学習目標やスタンダードから導いた目標として表現することができます）。

③成果物／学習目標のさらに右側には、学習目標に向けた生徒の進捗状況を確認するために必要となる、形成的評価のためのツールと方法をリストアップしてください。

図5－2 「革命を裁判にかける」プロジェクトのための評価マップ

模擬裁判（革命を裁判にかける） 最終成果物／総括的評価	鍵となる知識、理解、成功のためのスキル	形成的評価
	革命の原因と影響を説明できる。	組織と革命に関する内容のクイズ 情報箱を使ってつくった情報カード 時系列に基づいた作文
	情報の質をはかる基準に照らして一次資料と二次資料を調べ、革命の有効性を判断することができる。	質の高い評価基準の作成 情報箱を使ってつくった情報カード グループでのケースセオリー
	専門性の高いプレゼンテーションスキルと徹底した質問を駆使して、自分の考えを効果的に聴衆に伝えることができる。	証人宣誓供述書と弁護 仲間からのフィードバックとそれを受けた修正 先生からのフィードバックとそれを受けた修正

（＊）エリン・ブランドヴォルドからの許可を得て掲載。

図５－２は、エリン・ブランドヴォルド先生の「革命を裁判にかける」という世界史プロジェクトでの例を示しています。

個人評価とチーム評価のバランス

ＰＢＬでは、チームでの活動が重要な位置を占めています。これは、教室外の世界で、協働することが重要な役割を果たしているということを反映したものです。そのため、ＰＢＬを実践する教師は、プロジェクトを計画する際、チームがダイナミックに活動できることを念頭に置きます。

ＰＢＬを実践する教師は、すべての生徒が失敗を恐れなくてもよいという安心感を覚え、すべての声が重要であると感じるような、協力的な教室文化を構築します。教師は、学習を管理し、支援し、コーチングをしながら効果的な協働を促していきます。当然のことながら、チームワークは評価においても重要な役割を果たします。

ＰＢＬに初めて取り組もうとする教師の多くが抱く疑問は、「チームでつくったものを評価しつつ、個人の学習をどのように評価することができるのでしょうか？」というものです。チームごとに異なるプロジェクトに取り組んでいる場合、生徒（および保護者）のなかには公平性の問題を提起する人もいます。一部の学校では、どのようにしてもチームの努力を評価することは難しいとする、成績評価の方針を設けているところがあるくらいです。

このような問題に向きあってきたＰＢＬを行うベテラン教師たちは、個人とチームの評価のバランスをとるための実践的な方法を開発してきました。ここでは、その教師たちが実践している方法をいくつか紹介していきます。

個人の課題なのか、チームの課題なのかを明確にする――プロジェクトの計画段階で、どの課題を個人で行い、どの課題をチームで行うのかを決め、それに応じて評価します。たとえば、個人で学習内容を理解していることを証明するために、生徒は小論文を書いたり、テストを受けたりする必要があるかもしれません。チームでの成果物では、自分の理解を応用して、チームで共有された解決策や成果物を生みだすことが求められます。

たとえば、シェリル・バティースタ先生の「小さな家」プロジェクトでは、それぞれに与えられた文章を書くという課題によって評価されました。生徒たちは提案された設計図についての意見書を書き、家の設計に使われる数学の概念に関する手引き書も作成しました。チームへの評価は、クライアントへのプレゼンテーションのみに焦点を当てて行われました。

一方、ほとんどのＰＢＬ教師と同様にエリン・ブランドヴォルド先生は、通常、チームの課題よりも個人の課題を重視していました。「革命を裁判にかける」プロジェクトでは、個人にとっての到達点となる課題として、プロジェクトの三週目の終わりに制限時間を設けた文章作成の課題がありました。これによってブランドヴォルド先生は、学習内容の理解度を確認するとともに、各生徒が議論の組み立て方を理解しているかどうかを確認することができました。

このプロジェクトでは、生徒はチームとして裁判での議論、証拠の提示、法廷での役割を反映することのできる活動である「ケースセオリー」(9)が評価されました。「これが、全員同じ評価をした唯一の課題でした」と先生は言っています。先生の意図は、チームのメンバーが全員同じ出来事を見つめていることを確認し、裁判におけるそれぞれの役割に応じた準備をする前に、全員が議論と証拠を理解しているかどうかを確認することでした。

チームの結果責任を強める――評価を行うための方法は、チームに対して責任をもたせ、チームのメンバーが自分の力を発揮しない「フリーライダー」(生徒が「サボリ」と呼ぶような人)(10)になってしまう問題を回避するのに役立てることができます。

学習の管理に関してこれまでの章で確認してきた議論では、効果的なチームでの活動を奨励す

(9) 法律用語で、当事者のある一方から行う、事件について時系列で説明することを指します。
(10) 日本でもグループ学習を展開する際に、「フリーライダー」の問題は訴えられています。グループ内でリードする人の意見に「ただ乗り」するだけで、自分では何も考えず、学びを生みだしていない生徒のことです。

るために、チーム内での契約書を活用することが案の一つとして挙げられていました。また、一部の教師は、結果責任を強めるための方法として、チームへの貢献度を評価するように生徒全員に求めるということも行っています。

たとえば、レベッカ・ニューバーン先生は、プロジェクトの終わりが近づいてきたころに、生徒一人ひとりの努力や貢献度に基づいて得点をつけるように求めています。チームのメンバー全員が貢献していた場合は、均等に得点が配分されます。

「しかし、誰かが自分の役割を果たさなかったり、ほかの誰かが余計に働いてしまった場合は、個人の点数を上げたり下げたりする機会となります。生徒は事前にこのことを知っていますので、チームに対する責任感という意識を築くことができるのです」と、ニューバーン先生は説明してくれました。

一方、エリン・ブランドヴォルド先生は、プロジェクト中にチームのメンバーがお互いの協働スキルを評価する機会をスケジュールに組み込んでいました。

「チームのメンバーは、メンバーそれぞれの成績を考え、その理由を説明しなければなりません。私は、正直に成績をつけるようにすすめています。もし、あなたが、よい成績をつけるに値しない人に高い点数をつけてしまった場合、その人に対して、グループに貢献しなくてもよいという許可を与えていることになります」と、先生は説明しています。

生徒はまた、プロジェクトの最後にチームの最終評価を行います。これらの得点は、協働することに関する面に反映されることになります。

チームワークについての振り返りを促す――形成的評価の方法の一つとして、自分のチームがどの程度うまく一緒に活動できているかについて生徒に振り返ってもらいます。これは、ジャーナルの記述、出口チケット(11)の質問に対する解答、または各チームとの話し合いを振り返りの機会とすることが考えられます。

チームが有している課題を早い段階で発見することによって、学習の筋道を修正する時間が生まれ、誤っていることを解決する手助けとすることができます。

複数の立場からのフィードバックを奨励する

従来は、教師からのみ評価をすることが一般的でした。それとは異なり、ＰＢＬでは複数の立場から評価が行われることがあります。これには、自己評価に加えて、仲間（チームのメンバーやクラスメイト）、聴衆、専門家など、教師以外の他者が含まれます。

---

(11)　二一七ページの注（5）を参照してください。

仲間からのフィードバックを募る——ＰＢＬを展開する教師の間で共通して採用している方法の一つに、互いに批評しあう文化を構築することがあります。これは、生徒同士でフィードバックをしたり、受け取ったりするための方法を生徒に教え、モデルを提示して、コーチングすることを意味しています。

多くの教師は、ＰＢＬの専門家であるロン・バーガー（Ron Berger）の発想を共有しています。彼は、親切で、具体的で、役に立つフィードバックをあらゆる年齢層の生徒が行うことを奨励しています［参考文献９］（「EL Education」というサイトで見られるこの映像では、バーガー氏が「オースティンくんの蝶[12]」という話をしています（下のＱＲコードで見られます）。

エリン・ブランドヴォルド先生は、さまざまな手順を活用することによって生徒同士のフィードバックを行うように指導しています。たとえば、「革命を裁判にかける」プロジェクトでは、「フィッシュボウル（金魚鉢）」のやり方を用い、チームは法廷における議論の練習をしました。あるチームは「フィッシュボウル」の真ん中で練習し、別のチームは外側でその議論を観察していました。観察者となった外側のチームの生徒たちがフィードバックを提供したあと、役割を交代しました。このような手順を踏んだあと、両チームに対して、フィードバックに基づいて議論のやり方を修正する時間がもたれました。

ブランドヴォルド先生は、フィードバックが具体的なものであることを確認するために、観察した様子を記録するための「見える化」シートを生徒たちに与えました。その中央の列にはクラス全体で決めた評価基準が記載され、左側の列には改善のための提案を示すように促されました。その提案には、「あなたはこれをしなかったけど、○○はできたはずです」というようなことが書かれていました。

一方、右側の列には、よかった点を強調するスペースが設けられました。たとえば、「あなたが、これをしたのはよかったです。これからもやり続けるべきだと思います」というようなことが書かれていました。

批評するという経験は、発表者と聴衆のどちらにとっても有益なものであることが分かりました。「それは、このプロジェクトで使用した方法のなかで、もっとも効果的なものの一つでした」と、ブランドヴォルド先生は振り返っています。

聴衆からのフィードバックを得る――活動のなかに「本物」の聴衆を用意することは、学習に夢中に取り組むことができる可能性を高め、質の高い成果物を生徒がつくることにつながります。

---

(12)　バーガー氏は、蝶の生息地保全のための資金調達としてカードをつくって販売していますが、その制作の様子や、蝶の科学的な絵を描くという活動に対する相互フィードバックが映像に示されています。

このような理由から、成果物を公にすることはPBLを設計するうえにおいて不可欠な要素であると考えられています。また、プレゼンテーションを公にすることで、プロジェクトの成果を教室外の人と共有するだけでなく、聴衆となった人々からフィードバックを募ることができます。

聴衆は、生徒の成果物に対してどのように反応すればよいか、あなたからのコーチングを必要とするかもしれません。

たとえば、シェリル・バティースタ先生が教えている生徒がプロジェクトの集大成イベントとして、自分たちがつくった「小さな家」のデザインをクライアントにプレゼンした方法は二〇一ページで紹介しました。このときには、バティースタ先生はクライアントに、プレゼンの採点基準と生徒への質問の候補となり得るリストを事前に提供していました。

先生はまた、各クライアントの家族にもっとも適した、お気に入りのデザインを選んでもらうように依頼していました。プロジェクトの初めの段階では、生徒はクライアントが求める住宅に関するニーズやデザインの好みなどについてインタビューを行っています。生徒たちが完成させたデザインは、そのときに取材したクライアントの希望をどの程度反映したものになったでしょうか?

生徒たちの各チームがプレゼンを行った会議室を出たとき、バティースタ先生は、クライアントが自分の決断について葛藤している様子を目にしました。フィードバックの一環としてクライアントには、最終的な選択についての説明を書面で提示することが求められていました。バティースタ先生は、「クライアントが選択した理由」を生徒が聞くことによって、「なぜ、クライアントは、ほかのデザインではなくこのデザインを選んだのだろうか？　いったい何が、選ばれるか選ばれないかの違いにつながったのだろうか？」というように、自分たちのデザインや活動を振り返るきっかけにしたいと考えていました。

プレゼンを公開する準備の一環として、聴衆が生徒と積極的にかかわれるようにするためにはどうすればよいのかについて考えてみましょう。必要に応じて、補足を求める質問を促したり、聴衆による投票といった方法はどうでしょうか。

たとえば、ある高校のマーケティングに関するプロジェクトでは、小学四年生に向けて生徒たちの商品を売り込むといったことが最後に設定されていました。ブライアン・ショッホ先生は、商品のアイディアを聞いたあと、四年生が投票できるように準備をしました。その投票結果がプロジェクトの成績に影響することはありませんでしたが、高校生たちは有意義なフィードバックをもらうことができました。

これと同様に、ブランドヴォルド先生が教えている生徒が「革命を裁判にかける」プロジェクトのなかで訴訟を起こしたとき、陪審員が評決を下しました。陪審員は、生徒が作成した基準に基づいて評決を下したのです。また、先生は、模擬裁判の間に提示された証拠を確認するための

「見える化」シートも陪審員に提供していました。

専門家からのフィードバックを奨励する——多くのプロジェクトでは、学習内容に関する分野の専門家がプロジェクトに参加しています。そのような専門家は、調査段階や生徒が成果物や解決方法を設計・考案している段階で参加するのが望ましいでしょう。どのようなものが優れたものなのかという基準に精通している専門家からフィードバックを得るわけですが、専門家は、プロジェクトの最終となるプレゼンテーションや成果物の評価を行うという形で、総括的評価に貢献することもできます。

「小さな家」プロジェクトでも、シェリル・バティースタ先生が教える生徒たちは、エンジニアに相談する機会が何度もありました。プロジェクトの初期段階では、そのエンジニアが手がけたプロジェクトの設計図をモデルとして生徒たちと共有しました。その後、生徒が設計図づくりに取り組んでいるとき、「図面は正確で整っていて、適切なラベルが貼られていることを確認するようにしたほうがいいよ」といったように、エンジニアが生徒たちにアドバイスをしていました。

専門家からのフィードバックを聞くことは、「私が『線は真っ直ぐ引きなさい』と言うよりも、生徒にとっては意味のあるものとなります。専門家からのフィードバックは、より重みがあるのです。それは『本物』の言葉ですから」とバティースタ先生は言っていました。

レイ・アーメド先生も、化学プロジェクトの、ある側面についてフィードバックをもらうために専門家を招いています。水質に関してかなりのデータを収集することになるプロジェクトについて、統計の専門家たちを招いて、生徒がデータを分析して発表する方法を考える手助けをしてもらいました。招いた専門家たちのメンバーは、アーメド先生の教え子から大学院生、数学の教師、そして仕事で統計を扱っている人に至るまでさまざまでした。

「自分と同じことに向きあっていて、親しみやすい専門家に会ってもらうことは、生徒たちにとっては重要なことでした」と、アーメド先生は話しています。

アーメド先生は、生徒が専門家とどのようにかかわるのかということについても意図的に取り組んでいます。先生は、生徒が専門家との一対一でのカンファランスの際、議題を事前に設定するようにしています。専門家との打ち合わせの準備として、生徒自身が「何を学びたいのか」について考えたほうがいいからです。

たとえば、ある生徒が次のように考えるかもしれません。

「私は統計の専門家と会うことになりました。『t検定』(13)の使い方を学びたいのです。私は『t検定』について理解するために、これまで二つのことをしてきました。『t検定』についてのビ

(13)　二つのアンケートの結果など、調べたいデータの平均値の差を使い、その違いが偶然なのか、意味のあるものなのかを評価する検定の手法です。

デオを見ることと、いくつかの練習問題をこなしてみることの二つです。でも、まだ理解できていません。ほかにも考えていることが二つあります」

このような生徒の考えが、専門家との会話の基礎になるのです。「この枠組みによって、主体性を促していくことができるはずです」と、アーメド先生は付け加えていました。生徒たちは、自分でより深く学び、理解する必要があることを先生は主張しているのです。

同様にキンバリー・ヘッドｰトロッターｰ先生は、「ナッシビルの行進」プロジェクトが終わりに近づいたとき、生徒たちにフィードバックを与えるために専門家をクラスに招待しました。もっとも、歴史家や社会正義への取り組みに携わってきたという専門家が最終的な成果を発表する相手ではありませんでした。最終的な成果を発表する相手は、地元に住む一般の人々だったのです。

専門家たちからもらった批評は、改善を行うことができる最後の機会となるものとして役立ちました。そして、専門家たちの熱意が、生徒たちのプロジェクトへの情熱を、長く、明るく燃えあがらせたのです。

最後に――学んだことの評価

教育学を専門とするロバート・ステイク（Robert Stake）教授は、広く用いられている用語、

「形成的評価」と「総括的評価」の区別について次のように述べています。

――料理人がスープを味わうときになされるもの、それは形成的評価であり、客がスープを味わうときになされるもの、それが総括的評価である。［参考文献60］

ＰＢＬでは、プロジェクトが最高潮となる段階こそ、評価の焦点が「学びのための評価（形成的評価）」から「学んだことの評価（総括的評価）」に移行するときです。プロジェクトの最初に設定した目標を生徒が達成したかどうかを判断する際、その学習を経験した成果として、生徒が「何を知っているか」や「何ができるか」を評価するために、教師は学習の証拠をクリティカルに見る必要があります。

ＰＢＬにおける総括的評価は、プロジェクトの性質に応じてさまざまな形をとることができます。たとえば、最終的な評価を次のような形で行うことができます。

・プロジェクトのルーブリックに照らしてつけられる最終成果物の得点。
・生徒が学んだことを応用できるかを評価するパフォーマンス課題。
・生徒がどれだけ内容を理解しているかを示すことができる最終試験や長めの作文。

・プロジェクトの最後に行われるプレゼンテーションや、成果物の展示に対する専門家からの意見。
・生徒のジャーナルやデザインノート、実験レポート、生徒が学んだことの証拠となるようなそのほかの文書。

この章の前半部分では、個人とチームの評価をバランスよく行うための方法について説明しました。総括的評価に関しては、生徒が学習目標を達成するためにどれほど成長したのかについて知りたい、とみなさんは思うことでしょう。

たとえば、現実のクライアントのためにファイナンシャル・プランナーとして生徒が活動するプロジェクトの終わりにテラニア・ノーファー先生は、数学の概念を生徒がどれほど理解しているのかについて知りたいと思っていました。

生徒たちは、最終的にはチームで協力してクライアントにプレゼンをすることができましたが、初めは一人ひとりで、住宅ローンや大学の学費を支払うための節約方法などに関する計算に取り組んでいました。ノーファー先生は、このように生徒が行う計算の実態を踏まえて学習内容の習得度を評価していました。

試してみましょう！——ＰＢＬにおけるさまざまな成績のつけ方を検討する

ＰＢＬに初めて取り組む教師は、生徒がチームで活動し、「本物」の成果物をつくり、学習内容の知識に加えて成功するためのスキルにも焦点を当てている場合、プロジェクトの成績をどのようにつければよいのかと疑問に思うことがあります。ＰＢＬを採用することは、多くの教師、学校、教育委員会にとって、評価と成績表のあり方を再考することにつながります。しかし、ＰＢＬは、従来の評価や成績のつけ方と、スタンダードに基づいた評価またはコンピテンシー・ベース（行動特性）の評価などや成績のつけ方に対応できることが知られています。

すべての教師は、成績のつけ方とそれに対する信念をもっていますので、「これがＰＢＬで成績をつけるための方法だ！」と安易に納得することはないでしょう。しかし、ＰＢＬに取り組む教師が提案する、考慮しておくべきいくつかのアイディアを挙げることはできます。

・プロジェクト全体で、成績や点数を一種類しか与えないということがないようにしてください。そうではなく、プロジェクトのなかにいくつかのチェックポイントを設けて、比較的小さな課題、小テストやそのほかの評価、さまざまな提出物を採点するようにしてください。

・成績の基準となるもののほとんどが個人のパフォーマンスによるものであり、チームのパフォーマンスに対して成績をつけるわけではありません。

・生徒たちは、自分の成果を公にするような本格的なプロジェクトによって質の高い活動を行う意欲を維持する必要がありますので、チームで作成した成果物の採点をまったく行わないということもアイディアの一つとして検討してみてください。
・学習内容に関する知識やスキルの習得に基づいた成績づけと、成功するためのスキルの評価（それを成績に加えることもあり得ます）は別々に行うようにします。
・つくっている最中の作品や下書きの段階で、成績や点数をつけたりしてはいけません。プロジェクトの成果物に対しては、完成段階で成績をつけるようにしましょう。

コーチのノート――形成的ブレインストーミング

ＰＢＬを成功させるために初めて形成的評価の重要性を学んだとき、教師は「参ったな……」と感じてしまうことがよくあります。また、学習を軌道に乗せるために十分なツールや方法など、どのようにしたら思いつけるのだろうかと不安に思うかもしれません。教師が自覚しているか否かはさておき、ほとんどの教師は、すでに形成的評価のための便利なツールキットをもっているものです。

実際、学習者をサポートするための確認、観察、小テスト、質問などの営みを頻繁に行っているのに、自分たちが行っていることが形成的評価であることに気づいていないのかもしれません。これがまさしく「よい指導」なのです。

ここでは、教師集団で一緒に活用できる、速いペースのコーチング活動（「スキャテゴリー」というゲーム[14]をモデルにしています）を紹介します。目標は、教師たちが「形成的評価者」としての自らの考えを自覚し、ＰＢＬで創造的な評価をするためのアイディアを考えられるように手助けすることです。

❶教師たちに、三、四人のチームをつくってもらいます。
❷五分間で、形成的評価のアイディアをできるだけ多くブレインストーミングすることを説明します。形成的評価のツールや方法（例・出口チケット、親指を立てたり下げたりする仕草）の例を誰かに紹介してもらい、ほかの人たちの理解を深めます。
❸タイマーをセットし、スタートさせます。
❹時間切れになったら、チームごとに、自分たちが出したアイディアの数を報告してもらいます。

（14）（Scattergories）ボードゲームの一種です。アルファベットが記されたサイコロを振り、出た目のアルファベットが頭文字になる「お題」にちなんだ言葉をたくさん書きだすという、言葉遊びの側面をもっています。

❺次は、各チームが順番にアイディアを共有します。この方法は「スキャテゴリー」のスタイルで行います。つまり、ほかのチームが自分たちと同じアイディアを発表した場合には、「私たちもそれを思いついた！」と言って合図をするようにします。重複していることが確認されたら、すべてのチームはそのアイディアをリストから外します。

❻それを続けると、最終的に形成的評価のためのユニークなアイディアのリストができあがります。これらのアイディアが、いつ、どのようにＰＢＬに取り組む生徒の学習を支援するのに役立つのか、グループ全体で考えてみます。[15]

生徒の学びを評価する方法——重要なポイント

この章では、ＰＢＬにおける効果的な評価を支援するための多くの情報と、実際の評価事例を確認してきました。ＰＢＬにおける評価の仕方を改善するための方法を検討する場合は、今あなたが行っている評価のあり方を振り返る時間を使ってみてください。

・生徒は、評価基準を理解していますか？　ルーブリックを使って、生徒の成長を支援し、常によいものを求める文化がつくられていますか？

・あなたの評価計画は、形成的評価に重点を置いたものになっていますか？　この章で紹介されている多くの形成的評価の方法のうち、どれを生徒に紹介しますか？　また、その結果、あなたはどのようなことを学びたいと思いますか？

・個人とチームの評価のバランスをとるために、あなたが立てる計画はどのようなものですか？　各チームのメンバーがお互いに結果責任をもつようにするために、あなたはどのような支援をしますか？　チームで成果物をつくっている場合、一人ひとりの生徒の学びをどのように評価しますか？

・誰が、プロジェクトのフィードバックを提供することになっていますか？　クラスメイト、専門家、聴衆から生徒が受けるフィードバックの質を高めるためにはどうしたらよいでしょうか？

(15)　出口チケットや親指でのサインのほかに形成的評価の方法が浮かばないときは、『一人ひとりをいかす評価』を参考にしてください。

第６章

生徒の学びを支援する[1]

それまでの学習経験や言語の流暢さ、読解のレベルに関係なく、すべての生徒がＰＢＬで成功できるような環境をつくりだす。

アビー・シュナイダージョン先生と同僚の教師が四年生の社会科と国語科との合科ユニットを再設計したとき、その目標を、州の歴史について簡単な概要を学習すること以上のものを設定しました。

「四年生を終える段階になると、ほとんどの子たちはゴールドラッシュと『カリフォルニア・ミッション[2]』のことしか覚えていないでしょう。私たちは、もっと深いところまで掘り下げたかっ

(1)　原書では「scaffold＝足場をかける」が使われていますが、日本ではまだ馴染みのない言葉なので「支援する」を訳語として使います。

(2)　スペインのカトリック教会によるヌエバ・エスパーニャ北西部への宣教活動と、そのために建てられた伝道所などの総称です。

たのです」と二人は言っています。

これが「カリフォルニアの大冒険」プロジェクトのはじまりでした。八週間、生徒たちはチームに分かれて、「何がカリフォルニアを『黄金の州』にさせたのか?」という、学習の鍵となる問いを調査しました。生徒たちは、歴史上の「黄金」に関するエピソードを一つ選び、その概要を整理したものを書いて、オリジナルの寸劇を披露するなど、自分たちが選んだ事例をリアリティーのあるものにすることが求められました。

プロジェクトのクライマックスとして位置づけられたイベントとして、実際の観客の前で各チームが歴史的な寸劇を演じるということが学校行事として計画されました。このグランドフィナーレに向けた準備には、インタビューなどの調査をすることや説得力のある文章を書くこと、舞台セットのデザインをすること、脚本を書くこと、スピーチをすることなど、学習到達点となる多くの課題が含まれていました。

シュナイダージョン先生は、このプロジェクトがはじまる前から二八人の生徒がさまざまな背景をもっていることを知っていました。カリフォルニア出身の生徒もいれば、最近アメリカに来たという移民の生徒もいました。また、読解力が四年生段階で想定されるレベルを上回っている子どももいれば、英語を流暢に話せるようになっているとは言い難い子どももいました。

このクラスでは、ネイティブ・アメリカン、古い時代の冒険家、ゴールドラッシュに焦点を当てた、リテラシーを育むためのユニット（国語科）を通して、州の歴史についての共通理解を深めていきました。「カリフォルニアの大冒険」プロジェクトは、歴史について、より分析的に考えることを全員に求めるものとなっていました。

すべての学習者の成功を支援するために、教師はプロジェクトの計画に支援の手立てをたくさん盛り込みました。また、生徒が悪戦苦闘しているのを見たときは、その瞬間に必要なサポートを提供しました。「私たちがあらかじめ想定していたことと、目の前の生徒が必要としている瞬間とのバランスが重要です」と、シュナイダージョン先生は説明しています。

ＰＢＬでは、個々の生徒のスタート地点がどこであろうと、提供される支援のすべてが学習者として成長できることを可能にします。教師は、生徒がどのように学習内容にかかわっていくのかということから、調査をしたり、チームメイトと協働したりする準備に至るまで、すべてのことを考慮します。

提供する支援には、すべての生徒に対応するものもあれば、少人数のグループや個人にのみ必要とされるものもあります。また、支援のなかには、事前に計画されているものもあれば、必要に応じてその場で提供されるものもあります。支援がうまくなるということは、「生徒の活動を見て、生徒に必要なものを特定し、それに応じた介入をするためのツールをもてるようになることを意味します」とシュナイダージョン先生は言っていました。

なぜ、PBLに学びの支援が必要なのか？

学びを支援することは一般的に重要な教育実践とされていますが、とくにPBLにおいては、すべての生徒が成功するように支援することが非常に重要となります。そのねらいは、すべての生徒が目指す学習目標に到達するための条件を決定し、支援することです。これには、教科に関する目標や、生徒が成功するためのスキルが含まれます。生徒が自力で成功するための能力と自信を身につけていくにつれ、提供された支援は徐々に外されていきます。

教師が提供する支援は、生徒がほかの方法では達成できなかったかもしれない成果を上げることを可能にするものです［参考文献67、74］。「一人ひとりの生徒をいかす」指導に関する権威であるキャロル・アン・トムリンソン（Carol Ann Tomlinson）は次のように説明しています。

> 「一人ひとりをいかす教室」での教師の目標は、主要な学習目標との関係でいうと、生徒がどのような段階にいるのかを把握し、生徒が現状に満足している状態よりも少しだけ進んだ状態へと進められるような学習体験を提供することです。教師は、生徒の努力と生産的な学習を選べるようにコーチングし、生徒には、少し手の届かないと思えるような目標に到達す

一ることを促す支援があることを保証します。［参考文献65］

公平な教室では、生徒のそれまでの学習経験、言語の流暢さ、読解力[3]は成功の障壁にはなりません。トムリンソンは、「すべての生徒の『次の段階』という言葉が指し示すものは、必ずしもみんな同じではありません。また、すべての生徒が成長するためには、多様な支援が必要であることを忘れないでください」とアドバイスしています。［参考文献65］

これは、教科の内容をかなり理解している生徒や「ギフティッド」[4]と呼ばれる生徒にも当てはまります。

「ある生徒には簡単な課題を与え、ほかの生徒に異なる特別な課題を与えてしまうというパター

（3）トムリンソンの著書『ようこそ、一人ひとりをいかす教室へ』では、これらのほかに、異なる生活体験、もっている興味関心の違い、学び方や学ぶスピードの違いなども重視されています。

（4）「神から才能を与えられた」という意味です。先天的に、知性や創造性、ある教科などで特別な能力を発揮したり、潜在能力をもっていたりする子どものことを指します（ビル・ゲイツも「ギフティッド」でした）。日本の多くの先生は、学習に困難を抱える子どもへの対応に目が向きがちですが、簡単すぎて授業を受ける意味がないと感じてしまったり、能力がありすぎるがゆえに生きづらさを感じてしまったりしている「ギフティッド」の子どもに対する支援も考えなければなりません。その手立てとして、ここで論じられている「一人ひとりをいかす」支援／教え方が必要となります。

ンに陥りがちです。本当に必要なのは、すべての生徒が本質的な知識、理解、スキルに集中することです。そして、すべての生徒が自分の活動(5)を行うということを考えなければなりません」と、トムリンソンは忠告しています。〔参考文献53〕

「支援する」と聞くと、何だか難しいことのように聞こえるかもしれませんが、そのように認識する必要はありません。もし、子どもが補助輪つきの自転車で乗る練習をしているところを目にしたことがあるのなら、「支援」されている様子を実際に見ていることになります。

補助輪はずーっとつけっぱなしというわけではありません。バランスがとれ、ハンドルさばきができるようになり、さらにブレーキをかけることができるようになれば補助輪は外されます。補助輪なしの自転車に乗り、ふらついたり、数回倒れたりしたあと、その子どもは自信をもって一人で自転車に乗れるようになります。これと同じように、教室での支援が適切に管理されていれば、補助輪としての役割を果たすことになるのです。〔参考文献7〕

適切な支援が提供されていれば、ＰＢＬはさまざまな能力をもつ生徒の学習に適切で利用しやすい学習方法となります。とはいえ、ＰＢＬは万能ではありません。通常の学年段階と比べて学習の進度や理解度が大きく遅れている生徒には、プロジェクトが進むにつれて、スキルを高めたり、知識を補ったりする必要がありますので、それらを取り入れた指導を行うなどの配慮が必要になります。

次に示す例にあるように、ＰＢＬを行う教師はさまざまな方法を駆使しています。その多くが伝統的な指導方法でも使用されているものであり、同時に、すべての生徒が学習目標に向けて前進できるようなものとなっています。

コラム　ＰＢＬ実践のゴールドスタンダードの指標――生徒の学びを支援する

教師が支援の提供にしっかり取り組んでいるＰＢＬの教室では、成功するために必要な支援をすべての生徒が受けています。ＰＢＬ実践のゴールドスタンダードのルーブリックに含まれている「生徒の学びを支援する」の指標には、次の点が挙げられています。

・生徒はそれぞれ、学習内容と資料、そしてスキルを手に入れるための支援を受けている。これらの支援は、必要でなくなったら徐々に取り除かれていく。

・学習に必要な支援が、生徒の質問やニーズから導かれている。プロジェクトの開始時には、教師はあまり多くの情報を提示しない。それが必要となったとき、もしくは生徒が要求して

(5)　ここで言う「自分の活動」とは、「取り組むことに意味や価値を感じられ」、「与えられた課題ではなくて、自らが主体的に取り組み」、「夢中で取り組める」ことを意味します。もちろん、かなりの差がありますから、一斉指導というわけにはいきません。

きたときにのみ提示する。

・主要な成功のためのスキルが、さまざまなツールや方法を駆使して教えられている。生徒はそれを練習して、身につけるとともに、成長を振り返る機会が与えられている。

・生徒の探究が促され、支援もしっかりと設けられていると同時に、生徒を可能なかぎり自立した学び手として考え、行動するように促している。

（＊）ＰＢＬ指導におけるルーブリックの完全版は「付録」（三六七ページ）を参照してください。

「カリフォルニアの大冒険」に対する支援の提供方法

ＰＢＬで学びの支援をすることは、使い慣れた指導方法を活用する機会を提供します。従来の授業で使用してきた支援（「見える化」シート、難易度別にアレンジされた文章、話し合いの仕方など）の多くは、プロジェクトでも効果的に機能します。

ＰＢＬで効果的な支援をするには、目の前にある学習課題を具体的に理解する必要があります。あなたの目標は、生徒が学習内容を習得するための支援となっているでしょうか？　生徒が、教科特有の考え方を身につけるための支援ができているでしょうか？　協働することやクリティカルな思考など、そのほかの成功するためのスキルに対する支援はできていますか？　生徒は、プロジェクトを管理するための能力を磨けているでしょうか？

求める支援が違えば達成されることも異なります。その実際を確認するために、アビー・シュナイダージョン先生が行った「カリフォルニアの大冒険」というプロジェクトにおいて、生徒の学びを支援した様子を詳しく見ていきましょう。

プロジェクトの初期段階でチームを編成する際、シュナイダージョン先生と同僚の先生は、生徒の調査能力とリテラシー(6)を考慮し、それに応じた学習内容への支援を行っていました。「もっとも学習に苦戦している生徒は、ゴールドラッシュに焦点を当てたチームに参加してもらいました。その生徒たちは、ある程度の予備知識をもっていたからです」と、シュナイダージョン先生は説明しています。

クラス全員が取り組んでいた以前のユニットにおいて、教育委員会が採用していた国語教育プログラムのなかでゴールドラッシュについて学習をしていました。このような予備知識があったので、さまざまなことに支援を必要としていた生徒たちにとっても調査の負担が軽くなり、文章を書くことに集中できたようです。

(6)　主として読み書き能力のことですが、近年はメディア・リテラシーやＩＣＴなどを使いこなす能力なども含まれます。多様な新しいリテラシーの捉え方については、『私にも言いたいことがあります！』の第3章（七八ページなど）を参照してください。

別のグループの生徒は、ゴールデンゲートブリッジ（サンフランシスコ）の歴史を調べたいと思っていました。

「その内容については、とくに何も学んでいませんでした。そのため、生徒たちは自らすべての調査をしなければならないでしょう」ということに、シュナイダージョン先生はあるとき気づきました。ゴールデンゲートブリッジの歴史とその工法を調べることは、新しい内容に取り組むためのリテラシーや英語力、調査能力をもった生徒たちにとってはよい腕だめしになるように思えました。

プロジェクトが進むにつれて教師は、生徒が決められた学習目標を達成できるように、必要に応じて支援を追加しました。たとえば、説得力のある文章を書く際、ほかの生徒よりも多くの支援を必要とする生徒がいました。

「私たちは、何人かの生徒には自らの手で文章を書けるような枠組みを提供しましたが、ほかの生徒たちにはその必要がありませんでした」と、シュナイダージョン先生は語っています。また、先生は、特定の登場人物の視点から脚本を書くことが、ほぼすべての生徒にとって新たな挑戦となることにも気づきました。「ある視点から物事を捉えることの意味を考えるために、クラス全体に対してモデルを示しました」と、先生は言っています。

生徒が書く課題に取り組んでいるとき、シュナイダージョン先生たちは生徒同士でのフィードバックの質を向上させることを意図的に行いました。生徒たちは、それまでのライティング・ワークショップの学習経験から、友人にフィードバックを提供するための文型（例・私は○○が好きです。私は○○をしたほうがよいと思います。もしも、○○なら……）を学んでいました。「しかし、具体的なフィードバックを与えるための支援をしなければなりませんでした。私たちは、『今回のフィードバックでは、舞台の背景や小道具に焦点を当てるつもりはありません。台本をいかに改善するかということだけに焦点を当てています』と、生徒たちに言いました。そして、次のフィードバックの機会には、演技についてのみ焦点を当てました。『演技はどうでしたか？』、『身振りや声、アイコンタクトなどは、どうすれば改善できるでしょうか？』というように、より焦点を絞ったフィードバックをするように促したことで、本番では全員が最高の作品をつくることができたのです」

学びの支援につながる教師のサポートはプロジェクト全体で行われます。そのなかには、事前に計画されているものもあれば、プロジェクトを進めるのに助けを必要とする生徒だけを対象にしてその場で行われるものもあります。もちろん、クラス全体に必要な支援もあります。

もし、形成的評価に基づいて支援を考えるとすると、ある学習課題に生徒が対処しようとするとき、なかには個別の、または少人数グループでの支援を必要とする生徒がいることをあなたは認識するかもしれません。教師の立場から言えば、効果的な支援は教師の前向きなマインドセットからはじまります。

「生徒全員がよい活動をすることができるという前提で、それを達成するために生徒が教師に教えてほしいと思っている方法だけを考えるようにしましょう」〔参考文献53〕

試してみましょう！——生徒の学習ガイドで支援を計画する

プロジェクトが展開している間に生徒が必要とするであろう支援の計画を立てるには、プロジェクトでつくる主な最終成果物から遡って、何を確認したり、支援したりする必要があるのかどうかを考える「逆向き設計」という方法を採用します。(※1)生徒のための学習ガイド（バックきます）は、これを行うのに役立つツールです。「付録」（三六四ページ）の完成例を参照してください。次に示すものが、この基本となるプロセスです。

教育研究所が作成したもので、my.pblworks.org/resources の「Planning Tools」から入手で

❶表の一番左の列に、主な最終成果物をリストアップします。また、それぞれの成果物に、評価されることを意味する「船の錨と同じように、プロジェクトの錨となる重要なスタンダード」を含めることもできます。

❷それぞれの成果物について、それを完成させるために必要な学習目標を二列目の欄に記入してください。
❸三列目の欄には、あなたと生徒が、順調にプロジェクトを進められているかどうかが判断できるような、形成的評価の方法やチェックポイントを挙げてみてください。
❹四列目の欄では、すべての学習者が学習目標を達成するのを支援するための指導方法（例・ミニレッスン、活動、課題、資料）を挙げてみてください。

（注）二二三〜二二四ページで説明されているプロジェクト評価マップは、生徒のための学習ガイドをつくる際に行う最初の段階として機能させることができます。

（※１）通常の授業は、①学習目標の設定、②目標を実現するための流れ（指導案の策定）、③教え終わってから評価を考えて（ほとんどはテストが）行われます。この評価と指導の流れを逆さまにしたものです。①の次に「③目標を達成するための成果物とその評価方法（形成的評価も含めて）」を考え、最後に上記の①と③を満足させるための「②指導の流れを考える」というものです。

学習内容、学習過程、成果物で一人ひとりをいかす

小学校の高学年を担当しているジム・ベントリー先生は、非常に優れた読解力をもつ生徒もい

れば、困難を抱える生徒もいるということを自身の経験から知っています。しかし、すべての生徒が学習している内容についてクリティカルに考え、話し合えるようにしたいと考えていました。

　最近行った映画制作プロジェクトで生徒たちは、気候変動の科学と有機廃棄物のリサイクルに関するノンフィクションのニュース記事を読んでいました。誰もがその内容にアクセスできるように、「Newsela」（http://newsela.com）というインターネットサイトを使用しました。このサイトは、毎日のニュース記事が五段階の異なる難易度で見られるようになっています。

「これによって、すべての生徒に気候変動や有機廃棄物のリサイクルに関する記事を読んでもらい、そのことについて話し合ってもらうことができるのです。生徒と教師の双方向性を意識して、事前に私がその資料に注釈を付けて（ヒントや考える手順を示すことで理解する支援をしています）、生徒に答えてもらうということもできます。そして、生徒が扱う資料は、すべて『Newsela』のように文章の難易度がそれぞれの生徒に適したものにしています」と、ベントリー先生は言っていました。

　ベントリー先生のように、一人ひとりをいかす形に学習内容を変えるという事例は、教師が学習者の多様なニーズを満たすために、ＰＢＬでの指導を修正するという重要な[7]方法を示しています。学習内容、学習過程、成果物の観点から、一人ひとりをいかす形での指導をどのようにできるかについて探ってみましょう。

学習内容

生徒は、さまざまな方法で情報にアクセスできなければなりません。ベントリー先生は、さまざまな難易度の情報にアクセスできる環境を提供することで、学習内容を一人ひとりの生徒をいかすものにしていました。別のＰＢＬ教室での例を見てみましょう。

国語の教師であるキンバリー・ヘッド－トロッター先生は、グラフィックノベル、読み聞かせ、オーディオブックなどにアクセスするという選択肢[8]を生徒に提供しています。ほかの教師は、共有プロジェクトのウェブサイトや学習コーナーでさまざまな資料を提供しています。

『すべての人が学べるように――一人ひとりの生徒をいかす実践ガイド』（未邦訳）の著者であるジョン・マッカーシー（John McCarthy）は、学習内容を一人ひとりの生徒をいかすものにするために次のような提言をしています。

（7）これについて詳しく書かれた本が、『ようこそ一人ひとりをいかす教室へ』ですので参考にしてください。一人ひとりをいかす発想に立てると、「教材ありき」の発想から逃れることができます。生徒は一人ひとりが違いますから、全員に対して同じ教材が同じ役割を果たすということはあり得ません。下のＱＲコードをご覧ください。

（8）教室のなかの数か所に配置された、特定のテーマをもったセンターやコーナーの使い方については、『ようこそ、一人ひとりをいかす教室へ』の第7章と第8章をご覧ください。

「動画、話し合い、読むこと、視覚的な資料などいろいろなものを用いて、生徒が学習内容を学べるようにしましょう。一種類の資料に触れるだけではよく分からなかったことでも、複数の資料に触れることで生徒はその内容を理解するでしょう(9)」［参考文献44］

学習コーナーやセンターでの学習は、生徒が学習内容についてより多くの選択肢をもつことができます。マッカーシーは次のように説明しています。

「あるコーナーでは、三つの動画のプレイリストがあり、生徒はそのなかから一つを選んで見ることができます。別のコーナーでは、その分野の専門家がどのようにスキルを使用しているのか、または特定のイベントに取り組んでいるのかについて、詳細に説明されているものが用意されています。三つ目のコーナーにはいくつかの記事が掲載されていて、四つ目のコーナーではリスニング用として、録音された同じ記事を聞くことができます」［参考文献44］

シェリル・バティースタ先生の三年生のクラスには、英語が母語ではない生徒が数名いました。そのような生徒たちの英語力は、初心者レベルから「堪能」と言っても差し支えないようなレベルまでさまざまです。そのため、それぞれのプロジェクトについて教師は生徒の英語力に関する支援の必要性を予測し、それに応じた計画を立てています。

たとえば、「小さな家」を設計するプロジェクトでは、英語を母語としない学習者の多くにとって初めて触れるような、算数の専門的な語彙が使われました。プロジェクトの初期段階でバティースタ先生は、その生徒たちだけを集めて「外周」などの用語を紹介しました。「私は、集めた生徒たちに次のように尋ねました。『この言葉の意味は何だと思いますか?』。それから、絵を描いたり、写真を使ったりして理解しやすいようにしたのです。生徒たちは自ら、学習内容に関する事柄を解説する独自の辞典をつくりました。それぞれの用語には、その同義語や対義語が示されるとともに図を使って説明されていました。これにより、生徒たちはプロジェクトを通して、自分たちでつくった自分たちのための『参考書』を手に入れたのです」と、バティースタ先生は説明していました。

学習過程

生徒は、自分が学んでいることをどのように理解しているのでしょうか?　この答えは、生徒によって異なる可能性が高いでしょう。そのため、学習過程を、一人ひとりをいかすものにすることが重要となります。先に紹介したトムリンソン（二九および二四八ページ参照）は、生徒が

（9）この考え方は『教科書をハックする』のなかで提唱されている「テキストセット」の考え方と同じですので、ぜひ参考にしてください。

情報やアイディアを処理する方法について、生徒に選択肢を与えることをすすめており、例を挙げて詳しく説明しています。

教師は、調査や活動から学んだことを表現する方法について生徒に選択肢を与えることができます。たとえば、アメリカ独立戦争の開戦時のイギリス人と入植者の関係について理解していることを表現する方法を考えてみた場合、風刺漫画を描いてみたり、編集者に手紙を書いてみたり、図表をつくってみたりすることができるでしょう。〔参考文献68〕

レベッカ・ニューバーン先生は、教師と生徒がやり取りできるような「科学者ノート」を使うことで、ＰＢＬでの探究過程を記録すると同時に、先生の受けもつ中学生が必要な支援を受けられるようにしていました。〔参考文献42〕

ニューバーン先生は、この「科学者ノート」について次のように説明しています。

「ノートの右側は、教師(10)から提供された情報（読んだ内容や、教師によって小グループを対象に行われる焦点を絞った指導などからの情報）が書かれます。ノートの左側には、生徒が調べたり考えたりしたことを書きます。生徒は、どのように学習内容と対話しているのでしょうか？　自分の考えをどのように示しているのでしょうか？」

ある生徒は、図表や概念図を描いてラベルを付けるかもしれません。別の生徒は、データを分析して、表の作成や文章による要約をつくるかもしれません。「それは、必然的に一人ひとりをいかす学びとなっていくのです」と、ニューバーン先生は付け加えています。要するに、生徒が自らの考えをどのように表現するかを選択することで、必要に応じてフォローアップできるというのです。

ニューバーン先生は、悪戦苦闘している生徒には必要に応じて方向転換をしたり、支援を行ったりしているということです。また、理科の概念を習得してより多くの学びができる状態になっている生徒には、その探究がさらに深いものになるようなアイディアを提案するといった指導も行っていました。

成果物

ＰＢＬでは、プロジェクトの最後に生徒の理解を反映させた成果発表をすることになった場合、どのような方法で行うかの選択肢をもっています。先ほど紹介したマッカーシー（二五九ページ

(10)　このワークショップ形式の授業で多用される似たような課題や目的をもった生徒を集めて行う「教師がガイドする指導」については、『「学びの責任」は誰にあるのか』を参照してください。

参照）は、「効果的な成果物とは、学習成果が反映されたものであり、『本物』であり、意味のあるものです。生徒に成果物の選択肢を与えることで、『これなら自分たちはうまくできる』と思えるものを見つける機会を増やすことになります」［参考文献46］と、説明しています。

本書で紹介している多くのプロジェクトの事例においては、ドキュメンタリー映画からコミュニティーの活動計画、家族に対する経済的なアドバイスに至るまで、さまざまな「意味のある」成果物が生みだされてきました。教師のなかには、生徒自身が「何を知っているか」や「何ができるか」を実証するための方法について幅広い選択肢を与えている人もいます。また、生徒全員に同じ成果物をつくらせながら、一人ひとりをいかす成果物となるような余地を残している教師もいます。

たとえば、ベントリー先生が教えている生徒は、全員が啓発的な映像を作成しました。シュナイダージョン先生の生徒は、全員が歴史的な寸劇の脚本を書いて実際に演じました。それぞれのプロジェクトには、特定のテーマ、脚本、舞台セットのデザイン、編集などに関して、生徒たちには多くの選択肢がありました。

一方、小学校低学年を担当するサラ・レフ先生は、最終的な成果物を決定する際、生徒にもその決定の場に参加してもらうことを重要視しています。

「ほとんどの場合、生徒たちは、『自分の理解をこのように共有したい』という考えをもっています。たしかに私は、『生徒に身につけてほしい重要な理解とは何か』を把握しています。しかし、最終的な成果物についてのアイディアは、生徒たちから出てくるのを待っているのです(11)」と、レフ先生は言っていました。

たとえば、「地域の公共スペースを大切にすること」をテーマにしたリテラシーを育むためのプロジェクトがある年に行われました。そのとき、小学校に上がる前の幼稚園児たちは、最終的な成果物としてアルファベットのイラストが入った本（『Ｔはゴミをちゃんと捨てるの（T is for throwing away trash）』）を刊行しました。この本は学校の図書館に寄贈され、ほかの生徒たちの啓発用として活用されました。

そして、翌年に同様のプロジェクトを展開するときレフ先生は、このクラスは「どうすれば環境に配慮することができ、なおかつほかの人たちにも協力してもらうことができるの？」というような、学習の鍵となる問いにも答えられるほど、より困難な挑戦をするだけの準備ができていることを認識しました。

「この生徒たちの思考の深さは、私がこれまでに経験したことがないくらい深いものでした。生徒たちの会話のなかで『責任』という言葉が自然に出てきたのです。生徒たちは、問題を解決す

(11)　このような姿と、テストしか選択肢が与えられていない日本の多くの教室とはあまりにも違いすぎます！

る方法についてクリティカルに考えていたということです」と、レフ先生は当時のことを振り返っています。

そして、最終的には、生徒と教師の話し合いを踏まえて、学校環境を管理するための具体的な方法を示すトレーニングマニュアル、ハウツービデオ、そして実際の授業といったものをつくるというアイディアが生まれたのです。さらに生徒たちは、学校を管理するための教師の仕事について、より簡単にするための革新的なツールのアイディアまでも提案してくれました。

「この生徒たちが成し遂げたことは、アルファベットの本をつくるという成果をはるかに超えたものでした。もし、アルファベットの本をつくるという目標のみを設定してしまっていたなら、一週間程度で完成させてしまい、生徒たちは物足りなさを感じたことでしょう」と、レフ先生は言っています。

アルファベットの本をつくるというのではなく、より野心的で大胆な成果物は、学習を一人ひとりの生徒をいかすことを可能にしながらも、より深い学びを可能にするものとなりました。ある生徒には英語力や注意力に関する課題があったのですが、「信じられないような道具」（遊び場の角を掃除するためのブラシ）を発明し、デザイン思考のプロセスを使って試作品をつくったうえでそれを完成させました。

ほかにも、より高度なリテラシーをもつ生徒たちは、情報を周囲に提供するための文章を書いたり、プレゼンテーションのスキルを向上させることができました。「プロジェクト自体が、十分に一人ひとりをいかすものになっていたのです」と、レフ先生は強調していました。

学習目標にあわせた支援をする

「逆向き設計」ならぬ、通常の評価と指導計画を逆さまにして学習計画を立てることで、プロジェクトの学習目標にあわせた支援の仕方をあらかじめ考えることが可能となります。

❶学習目標を設定する際には、プロジェクトが完了するまでに、「生徒が何を知り、何ができるようになってほしいか」をまず考えます。

❷また、生徒の学習したことの証拠となる主要な成果物についてブレインストーミングし、スタンダードに沿ったものを計画します。効果的な支援を計画するためには、これらの成果物を分解し、それらを完成させるためにどのような知識や理解、スキルが必要なのかを突き止める必要があります。［参考文献41］

❸これらの情報は、支援の必要性も予測した生徒の学習ガイド（教師サイドからは指導計画）をつくるのに役立ちます（番号は訳者補記です。二五六ページを参照してください）。

生徒のもつ特別なニーズとプロジェクトの学習目標を念頭に置きながら、プロジェクトの重要な場面、とくに学習に困難が予想される場面において、学習支援をするためのさまざまな方法を計画します。

レイ・アーメド先生は、化学を教えている生徒に英語を母語としない学習者が多く、特別なニーズをもつ生徒が多いということを把握していました。一方、アーメド先生は、すべての生徒が難しい科学的な文章を理解し、自分自身で科学的な探究を行うことができるようになることを望んでいました。このためのスキルは、教育課程上、不可欠なものとされています。生徒が最後に取り組むプロジェクトは評価材料として扱われ、卒業要件の大事な部分を占めています。「この授業では、複雑な文章をたくさん読みます」と、アーメド先生は認めています。一部の文章は多くの生徒にとって難しいものでしょうが、それに苦戦する可能性のある生徒がいるからといって内容を「レベルダウン」させることはしません。その代わりに、すべての生徒がその文章に向きあい、読んで理解できるような支援を行います。

質問と予想からはじめる

アーメド先生は、プロジェクトの開始時に生徒が使うことになる分厚いテキストセット(12)をいきなり配るのではなく、その前に生徒自らが質問をつくれるように、導入段階の課題を出します。

これは、探究のための事前準備となるだけでなく、資料を読むための心構えともなります。

先生がテキストセットを配る際には、生徒はその資料を、「自分の質問に答えるのに役立つ資料」として見ることができます。「これにより生徒たちには、成績などは度外視して、一とおり資料を読み、自分の疑問に対する答えを見つける機会が与えられることになります。生徒たちは、ほしい情報を得るために配布された資料を読むことができるのです」と、先生は力強く話していました。

一緒に読む

「一部の資料は難しく、非常にやりがいのあるものとなっています。そのため私たちは、そのような資料を一緒に読むことにしています」と、アーメド先生は言います。やりがいのある文章で指導するということは、生徒にとっては、専門的な語彙やなじみのない科学的な概念を学ぶ機会となります。その過程において、生徒自身が読んだり、小グループで文章を話し合ったりするときに応用できるリテラシーを育むための方法やモデルを示しています。

(12)　テキストセットとは、多様な生徒たちが自分のあったものを選べる教材セットのことで、そのなかには文字媒体以外のものも含まれます。詳しくは『教科書をハックする』（とくに第7章）をご覧ください。

必要に応じた支援

リテラシーの面でさらなる支援が必要な生徒に対しては、アーメド先生と特別支援教育に関する専門知識をもつ教師が一緒になって、必要に応じた支援を行っています。生徒に「見える化」シートなどを使うことを提案したり、支援が必要な生徒と一対一でカンファランスを行ったりすることもあります。

アーメド先生は、プロジェクトの完成が近づき、生徒たちがプレゼンテーションの準備をしたり、教室外から来るゲストの目を気にしたりするようになってくると、さらなる支援を用意していました。英語を母語としない生徒に対しては、最初は二人一組になって練習をし、次に三人組で練習する……というように、徐々により多くの聴衆の前で練習するようにしています。

先生はさらに、練習する時間がほしいという生徒のために、放課後にも練習の機会を用意していました。「何か難しいことをするときに強調するメッセージの一つに、『努力することで賢くなる』というものがあります。プロジェクトは、実際にそれを示しているのです」と、アーメド先生は付け加えてくれました。

英語を母語としない生徒がＰＢＬに苦戦する可能性がある場面や、苦戦する理由を予測することは、そうした生徒たちに適切な支援をするための第一歩となります。たとえば、ＰＢＬを展開するプロセスは、従来の教師主導型の「教授」という指導方法とはまったく異なります。そのため、これまで生徒中心の学習を経験したことのない生徒にとっては、言語の面や文化の面で難しさを感じるかもしれません。学習内容やスキルの習得は、さまざまな理由から困難になることがあります。とくに英語力の習得は、この生徒たちにとっては大きな懸念事項と言えるでしょう。

プロジェクトのさまざまな段階で、英語を母語としない生徒がプロジェクトの各ステップを理解し、学習内容を理解し、そのうえで英語力の向上を助けるためのサポートをすることで、英語を母語としない生徒を支援することができます。次ページに掲載した**表６－１**で、いくつかの提案を示しておきます。

PBLとインクルージョン——必要な支援のすべてに応える

特別な支援を必要とする生徒にとって、ＰＢＬはインクルージョンに向けた意義深い手段となります。カリフォルニア州デイヴィスにあるＰＢＬを展開している高校で特別支援教育を行っているクリスティン・ユリアス先生は、インクルーシブ教育に造詣の深い専門家でもあります。すべてのプロジェクト設計をする際に考える内容やすべてのＰＢＬの実践は、「幅広い障がいのある生徒に対してもっとも効果的だと考えられている、魅力的でダイナミックな学習環境」［参考文献69］をつくりだすことができると指摘しています。

表6－1　PBLにおける英語を母語としない生徒のための支援

以下の表は、プロジェクトの学習過程のなかのそれぞれの場面で、英語を母語としない生徒を支援するための支援の方法と、推奨される事柄を示しています。ここで推奨される項目は、カリフォルニア州の英語力開発スタンダードにおける基礎理論と研究をもとにして計画された、支援の方法と一致しています（番号については表末参照）。

	プロジェクトの学習過程の支援	学習内容に関する支援	英語力向上のための支援
	「プロジェクトの完成と成功のために、言語の面、文化の面での障壁を減らすにはどうすればよいか？」	「学習内容やスキルの習得のために、言語面・文化面での障壁を減らすにはどうすればよいか？」	「プロジェクトの流れのなかで、英語力の向上についてどのようにサポートするのか？」
プロジェクトを立ちあげる――導入としてのイベントと学習の鍵となる問い	・生徒にBIEプロジェクトのチーム活動の計画をつくらせるとともに活用させ、プロジェクトの活動を構造化して整理する。②、⑤ ・締め切りと完了すべきことを「プロジェクトの壁」(オンライン上に設置するか、教室内に実物を置くか) を使用する。② ・効果的な質問づくりの方法を理解する。⑥	・生徒が学習のテーマについてすでに知っていることを把握し、生徒が新しい質問をするのを支援するために、KWLチャート(注1)⑦、質問の枠組み、明示的なモデル⑧を使う。①、⑥ ・導入としてのイベントでは、視覚的な補助教材（写真、映像、何らかの実物など）を使って、あらゆる言語面のレベルの生徒のために、学習の文脈をイメージできるよう支援する。⑦	・導入としてのイベントにおいて展開される話し合いのなかで、学習内容に関連した語彙を明示的に教え、定義する。② ・プロジェクトに関連した専門的な語彙を貼りつける壁をつくり、専門的な語彙が出てくるたびに更新する。⑧ ・生徒にさまざまなタイプの文章を紹介し、文章ジャンルの特徴や目的について話し合う機会として、導入としてのイベントを活用する。④、⑧

	学習の鍵となる問いに答えるための知識、理解、スキルの構築
・閉じた質問の枠組みと開いた質問の枠組みを用意して、質問づくりを支援する。⑧ ・生徒がつくった質問について、ブレインストーミングをするとともに、（「学習内容について」、「学習過程について」、「プレゼンテーションについて」などのように）生徒が分かりやすいように分類する。⑧	・学習内容、スキル、言語面の学習のために、「私は○○ができる」というように、生徒にとってやさしい言葉で毎日の目標を掲示する。学習のなかで頻繁にこれを確認するようにする。特定の生徒にあわせて目標が設定されるようなときには注意する。②
・導入としてのイベントが、「経験すること」（例・フィールドワークやハンズオン活動）である場合は、生徒に視覚ツールを使って考えを整理したり、記憶を呼び起こすためのキーワードを書いたりしてもらう。フィールドワークには、「スカベンジャーハント」(注2)が有効な方法として挙げられる。⑦ ・可能であればカメラを使って、導入としてのイベント中に生徒が経験していることを撮影したり、後で情報を思い出したり、学習内容との関連性を見いだすために使用できるような映像をつくったりする。⑦	・さまざまな形式での指導を行う（例・ハンズオンの学習経験、小グループでの指導、明示的な指導など）。⑦ ・活動中の生徒に、レベル分けされた教材を提供する。④
・成績に関係のない場面で、話す・聞くの練習の機会を増やすために、導入としてのイベントにおいて、クラス全体で話し合う前に2人または小グループで必要な知識について話し合うようにする。⑤ ・プロジェクトにかかわる情報（導入としてのイベント、学習の鍵となる問い、ルーブリックなど）で使われる表現や慣用句の使用を避ける（または明示的に教える）。④	・観察や振り返りをしたジャーナルのような書かれた課題を用いて、英語力の向上に関する生徒の進歩について形成的評価を行う。③

学習の鍵となる問いに答えるための知識、理解、スキルの構築	・プロジェクトの全体を通して、さまざまなグループ分けの方法（例・学力差や言語の流暢さ、座席などで決めたり、自分たちで選んだりすることなど）を戦略的に使用する。⑤	・ワークショップを論理的な順序で構成し、明確なモデル化と説明、ガイド付きで練習する機会を提供する。② ・生徒の言語面での背景が多様なペアや小グループに分かれて教えあったり、プロジェクトの内容にかかわったりできるようにする。⑤ ・インフォーマルな形成的評価の機会（例・まとめのプリント、ジャーナル（学習日誌）、机間指導、カンファランス）を頻繁に計画し、これらに基づいて指導を調整する。⑤	・個に即したイラスト入りの辞書を使い、学習の鍵となる語彙を記録してもらう。⑧ ・話したり聞いたりするさまざまな機会を提供する（例・フィッシュボウル、ジグソー学習、ペアで考え共有する、ロールプレイ）。⑤
学習の鍵となる問いに対する答えと成果物の開発と批評	・批評活動のための構造化された「批評のやり方」をモデル化し、実践する。⑧ ・生徒がアイディアや情報を整理するのに役立つ思考マップを提供する。⑦	・質問づくりの方法を活用して、学習内容の理解を深めるための質問をつくれるよう指導する。⑥	・生徒がフィードバックを与えたり受け取ったりできるように、フィードバックで使う言葉の枠組みを提供する。⑧ ・必要に応じて、生徒に文章のルールや言語的な慣習を教えるために、模範的な文章の例や枠組みを提供する。⑧

	・最終的な成果物と成功のためのスキルについてのルーブリックを生徒と共同でつくる。教師と生徒の両方が評価と振り返りのためにルーブリックを使う必要があり、形成的評価と総括的評価で同じルーブリックを使わなければならない。③		
成果物の提示と学習の鍵となる問いへの答え	・生徒がグループに分かれ、BIE のプレゼンテーション計画を完成できるようにする。⑦ ・生徒がプレゼンテーションの練習をし、そのフィードバックを受けることができるような多くの機会を提供する。②、③	・生徒がお互いのプレゼンテーションを見る際、学習内容を整理するのに役立つ視覚ツールを提供する。⑦ ・プレゼンテーションの内容をより良く明確にするために、視覚的に訴える補助資料やマルチメディアを使用するように促す。⑦	・生徒と協力して、もっとも適切な口調、形式を特定する。プレゼンテーションの聴衆や場に応じた「音域」を理解するためのモデルを提供する。⑧ ・プレゼンテーションのさまざまな側面のために、言葉の枠組みを提供する（例・指示を出す、経緯を説明する、アイディアを比較して対比させる）。⑧

	・生徒がプレゼンテーションの練習をしている様子を録画する。その記録を見て、自分たちのプレゼンテーションを振り返らせ、自分たちのパフォーマンスをプレゼンテーションのルーブリックと比較し、改善するための機会にする。③	・構造化された枠組みを使い、このプロジェクトが自分の既存の知識やスキルとどのようにかかわったのかについて振り返ってもらう。①	・効果的な質問をする際、聴衆をサポートするための質問の枠組みを提供する。⑥

①生徒の母語や文化などを含め、生徒がすでに知っていることを考慮に入れて、学ぶべきことと関連づけます。
②モデル化することや説明をすること、論理的な順序でガイド付きの練習を行う機会を提供することなどの課題を選択したり、順番を決めたりします。
③指導中、生徒の理解度を頻繁に確認するとともに、年間を通して、適切な間隔で学習の進捗状況を把握します。
④特定の目的（例―動機づけ、言語力、学習内容など）のために、教材を慎重に選択します。
⑤協働的な活動をするための、グループを決める方法を提供します。
⑥クリティカルな思考と豊かな話し合いを促進するような、よい質問づくりをします。
⑦「見える化」シート、図、写真、映像、その他のマルチメディアなど、さまざまな情報システムを使用して学習内容へのアクセスを強化します。
⑧文の枠組みや決まり言葉、専門的な語彙を貼りつけるための壁、模範的な文章の例、言葉に関するモデル（例・専門的な語句を使う）などを生徒に提供します。

（注１）アメリカの教育者ドナ・オーグル（Donna M. Ogle）によって考案された指導法、思考ツールです。知っていること＝K（What I know）、知りたいこと＝W（What I want to know）、知ったこと＝L（What I learned）の三点を書き込める表を作成し、生徒に書き込ませるなどして活用するものです。たとえば、学習前にK、W、学習後にLの欄を埋めると、予備知識の喚起や学習成果の自覚化といった成果が見込まれます。KWL を日本の中学校理科で使った事例については、http://ikubodaisuke.blog.fc2.com/blog-entry-40.html を参照してください。

（注２）アメリカでよく行われるイベントです。まず、どこかにあるヒントを探しだします。探しだすと、また次のヒントを探します。それを何回か繰り返し、最終的な目的にたどりつくようなゲームです。

ユリアス先生が推奨する、成功のための方法のなかには次のようなものがあります。

協力して取り組むことで知恵を結集する

プロジェクトの計画と実施において、プロジェクトの内容に関する専門家と特別支援の教師がチームを組むと、すべての生徒にとってよいことがあります。たとえば、ユリアス先生は、それぞれの生徒がどのような支援を特別に必要としているのか熟知しています。そのため、プロジェクト中に必要となるであろう支援や調整を行うことができます。また、同僚である教科担当の教師が一緒に加わることによって、学習内容の専門性が高まることも期待できます。

「私たちの知恵を結集させることによって、プロジェクト設計の初期段階で生徒たちのニーズを予測し、さまざまな生徒への配慮をその計画に盛り込むことが非常に簡単になるのです」と、ユリアス先生は説明していました。［参考文献69］

一人ひとりをいかす教え方をする

ＰＢＬにおける利点の一つは、「学習が自然に一人ひとりをいかすものになること」であるとユリアス先生は主張しています。

「生徒たちがプロジェクトのなかで、課題を解決するための道筋をさまざまに進むことができたり、生徒によってさまざまに異なる興味を探究できたりするようにします。これは、同じクラスの生徒が与えられた時間のなかで、まったく異なることに取り組んでいる状況を生みだします。これによって、異なるものを必要としている生徒がいるという現実に見合った教室となり、多くの生徒がもっている『支援を求めることは恥ずかしい』という思いを改めることにつながり、さらに生徒は、『自分の学習は自分で決める』という自己管理や個性をいかす文化を強めることができるのです」［参考文献69］と、ユリアス先生は説明してくれました。

個別の教育支援計画(13)の目標をプロジェクトに組み込む

「個別の教育支援計画」のなかの、具体的な学習に関する目標をプロジェクトの学習過程全体に組み込みます。これによって、それらのスキルの向上に一貫性をもって取り組むことができます。PBLが展開される教室では、成功のためのスキルに焦点を当てることで「本物で自然な」場が設定され、これらの目標に取り組む機会が毎日与えられています。

すべての生徒に対して、必要な支援に対応したインクルーシブな教室でPBLが行われるとき、何らかのレッテルが生徒に貼られるようなことはありません。化学を教えているレイ・アーメド先生の同僚である特別支援担当の教師は、「私の生徒」や「あなたの生徒」といった区別をしないように注意しています。同僚の教師に、特別な支援を必要とする生徒のことを任せっきりにするのではなく、アーメド先生は、「私たちの生徒はすべて私たちの責任である」というモデルを好んでいます。もちろん、同僚の教師は、特別な支援を必要とする生徒と同時に、すべての生徒を支援するためのツールや方法に関する知識をもっています。「私の仕事は、すべての生徒の才能を引き出す文化をつくることです」と、アーメド先生は付け加えてくれました。

読者の思考を刺激するための支援例を、さらにいくつか紹介します。〔参考文献5、53〕

学習の仕方をモデルで示す――フィッシュボウル（金魚鉢）や、頭の中で考えていることを語って聞かせる「考え聞かせ」をしたり、生徒の作品例を共有したりします。

事前知識を活用する――予想を共有させたり、知る必要のある質問をつくったり、ＫＷＬチャート（二七六ページの注1を参照）をつくったりすることで、生徒がすでに知っていることとの関連を見いだします。

---

(13)　アメリカでは、障がいがあり、特別なニーズをもつ生徒のために考えられた指導を提供するために、「個別教育プログラム（ＩＥＰ）」という、一人ひとりのために作成された文書をつくることが求められています。ここでは、日本で用いられ、「長期的な視点で乳幼児期から学校卒業後までを通じて一貫して的確な教育的支援を行うことを目的としている」ものとされる「個別の教育支援計画」と訳しました。

構成的な話し合いをする——「自分で考えて、ペアで話し合い、みんなと共有する（think-pair-share）」や「見て、考えて、疑問をもつ（see-think-wonder）」、そしてソクラテス・セミナー（一七〇ページ参照）などを使います。また、プロジェクトの内容に関する専門的な話し合いのなかで使いやすい「決まり言葉」を紹介し、それを生徒が見やすいところに掲示することで、すべての生徒が必要に応じてそれを使い、話し合いに参加できるようにします（例・「それを考える別の方法として○○があります」、「あなたの言いたいことは分かりますが、○○について考えたことがありますか？」）。

一緒のチームにする——状況に応じて、バイリンガルの生徒と英語を母語としない生徒を同じチームにします。バイリンガルの生徒は、発音や学習内容、自信をつけさせることなど、さまざまな面で（英語を母語としない）クラスメイトを助けることができます。

鍵となる語彙を事前に教える——写真、類推、比喩、図などを使って、学習上で重要な語彙をあらかじめ教えます。この方法は、英語を母語としない生徒に対してはとくに有効で、プロジェクトの進行にあわせて専門的な語彙の知識を積みあげていくことができます。

視覚的な補助教材を使う——「見える化」シートや、たくさんの言葉をリストアップした掲示物を使います。数学や理科の教師は、生徒が問題解決の筋道を示せるようなミニ・ホワイトボードをよく使っています。

テクノロジーの活用――さまざまなアプリを活用することでデジタル機器を用いた授業を行い、教師と生徒、また生徒同士のインタラクティブ・ジャーナル[14]や、その場で生徒の反応がスクリーンに反映されるような仕組みを使うことで、質問づくりの手立てを理解するための支援をすることができます。

ワークショップとミニ・レッスンを提供する――プロジェクトを成功させるための重要なスキルと理解を向上させる必要のある生徒のために、支援となるワークショップおよびミニ・レッスンを提供します。生徒は自主的にワークショップに参加してもいいですし、形成的評価の結果によっては、教師からワークショップやミニ・レッスンへの参加が促されます。

ほとんどの教師にとってPBLにおける支援は、補助教材などのツールとミニ・レッスンなどの方法をうまくミックスして行うものとなっています。サラ・レフ先生は、小学校に上がろうかという時期の幼稚園児を対象にしたプロジェクトの学習活動を計画する際、成功できるための支援をつくっています。「見える化」シートは、英語を母語としない生徒や、視覚からの情報を重

---

(14)　インタラクティブなノートおよびジャーナルは、相互にやり取りしながらフィードバックしあう（学びあう）効果的なツールです。詳しくは、『教科書をハックする』の一九九～二〇四ページを参照してください。

視するような生徒などに役立っています。また、目に見えるものとしての支援だけでなく、ほかの生徒の質問やコメントも思考を支援するために活用しています。

「もし、すぐに話し合いに参加してくれる子どもが三、四人いれば、その子どもたちのコメントを支援の手段として使うことができます。そのうちの一人が言ったことを繰り返して、『このコメントは○○を思い出すね』とか、私が『アレックはよい道具をつくるための素敵なアイディアをもっている』と言ったり、『モリーはこんな質問をつくっているよ』と言ったりします。それは、私が生徒たちに『○○をしましょう』と明示的に指示した場合とは違います。モデルとなるのは、大人ではなくクラスメイトのほうがよいのです。それが、その子どもにとってはきっかけになると思います。ほかの子どものコメントや行動を伝えることが、『私にもそれができるよ』と言ってくれることにつながるわけですから」と、レフ先生は話していました。

その時々に応じた支援

同じプロジェクトをしているとき、行き詰まってしまう生徒もいれば、さらに発展的な内容に取り組む必要があるという生徒も出てきます。その時々に応じた支援は、生徒のニーズをサポートしたり、課題を調整したりするのに役立ちます。

たとえば、テラニア・ノーファー先生が担当している微分積分の前段階のコースで生徒たちは、地域の実際のクライアントにファイナンシャル・プランのアドバイスを提供するというプロジェクトに取り組んでいました。クライアントのニーズは、本当に多岐にわたるものでした。そのなかには、子どもの大学進学のための学費捻出に向けた貯蓄についてのアドバイスを求めている家庭や、老後のための貯蓄やマイホームの購入に重点を置いている家庭がありました。それ以外に、複数の目的を設定しているケースもあったくらいです。

プロジェクトを立ちあげた際、ノーファー先生は写真とエピソードによって生徒にクライアントを紹介しました。数学の教科書という紙上の話ではなく、実在の人物がクライアントであることが分かり、学習に対する生徒の取り組みのレベルは増していきました。

生徒たちは、クライアントに直接会う機会があることにワクワクしていました。また、多くの生徒が自分の家の経済状況と結びつけて考え、プロジェクトに取り組もうとする気持ちを高めていきました。

「私の生徒のほとんどは、家族のなかで最初に大学に行くことになります。ということは、この生徒たちは、いかにして大学進学を実現するかについて自分で考えなければならないということです。生徒たちの家には、経済的なことも含めて、何をどうすればよいのか、何を考えればよいのかについて知っている人は誰もいません。ですから私たちは、クライアントを支援している一方で、生徒たち自身の大学進学における計画を考えてもらうという支援をしていることになります。生徒たちは、このプロジェクトを自分のこととして感じ、自らとの関連性を考えています」と、ノーファー先生は説明していました。

しかし、数学的な方法で問題解決をする時間になったとき、最初に感じていた興奮が薄れはじめました。クライアントの目標や財政状況にあわせたファイナンシャル・プランを設計する前に生徒は、まず指数関数、対数関数、有理関数の理解をしなければならないということに気づいたからです。「これらの関数の原理を理解していないと、『ひどいことになる』可能性があるよ」と、ノーファー先生は生徒に警告しました。

クラス全体に向けた指導をしている際、財務に関する計算を行うために、先生は生徒に対して一般的に使用する公式を紹介しました。生徒にとっての次のハードルは、その計算式を、クライアントごとの財政状況に適用できるようにすることとなります。先生は、知っておくべきことを話し合いするなかで表面化した生徒たちのフラストレーションに驚きました。

「多くの生徒が、『どうすれば簡単にできるのか？』ということを知りたがっていました。『しまった！』と、私は思いました。私は生徒たちのために、すべてについて支援をするつもりなんてありませんでしたから」と、笑いながら先生は振り返りました。

自身が行った形成的評価に基づいてノーファー先生は、数学の概念を十分に理解している生徒がいることを把握していました。この生徒たちが学習を継続するためには、「粘り強く頑張ろう」という激励の言葉が必要だったのです。頑張り続けることの価値に関する先生からの話と、クライアントが答えを求めていることを思い出してもらうことが、この生徒たちにとっては必要とされる支援のすべてでした。

一方、数学に悪戦苦闘している生徒もいました。その生徒たちは、ミニ・レッスン、ワークショップ、計算式の例を使ったモデル化などによって、その時々に応じたノーファー先生の支援を必要としていました。「生徒たちは、学習内容に関する助けを必要としていました」と、先生はクライアントのファイナンシャル・プランづくりを再開する前に気づいたのです。

次に、プロジェクトの実施中に必要となり得る追加支援として、「(自己管理などを含む)成功のためのスキル」と「教科に関する思考」という、二つの大切な学習目標について考えてみましょう。

成功するためのスキルの支援

設計と計画の段階でプロジェクトの学習目標について確認した際、学習内容の習得に加えて成功するためのスキルにも焦点を当てていました。生徒が協働すること(Collaboration)、クリティカルな思考（Critical thinking）、コミュニケーション（Communication）、創造性（Creativitiy）という「四つのＣ」を身につけられるようにすることは、どのプロジェクトにおいても設定する必要がある目標です。

「四つのＣ」は、大学など学習面での価値だけにとどまらず、将来のキャリアや社会人として活躍するうえにおいて不可欠となるものを培う土壌となります。同様に、目標の設定、集中の維持、時間の管理といった自己管理スキルは、ＰＢＬ、ひいては人生における生徒の成功を効果的にサポートしてくれるものとなります。

　これら成功するためのスキルを自動的に身につけることができると生徒が思ったり、みんなが同じペースで順調に身につけることができると思ったりしてはいけません。必要に応じた支援を提供し、形成的評価に基づいて情報を提供することで、生徒が目標とする成功するためのスキルを身につけ、自信に満ちた状態になると考えるようにしましょう。

　プロジェクトが進んでいっても、あなたが生徒に提供しようとしている、成功するためのスキルを向上させるのに必要とされる支援は続けて提供するようにしてください。たとえば、学習目標が協働することであるなら、チームでの活動に関する支援をどのようにしますか？　クリティカルな思考が学習目標であれば、生徒が信頼できる証拠に基づいて話し合いを展開したり、因果関係を理解するためにどのようなサポートをしたらよいでしょうか？

学習目標としている成功するためのスキルに関する生徒の経験を考慮し、悪戦苦闘することを念頭に置いて、それに応じた支援計画を立ててください。そのための決まった手順や習慣を活用して、生徒にとって挑戦しがいのある、成功するためのスキルの側面に焦点を当てるようにします。

たとえば、チームのメンバー間での合意を得ることは協働することの重要な側面です。合意とは、「多数決」や「声の大きい者が勝つ」ということではないことを生徒は理解する必要があります。多様な意見に耳を傾け、チーム全体が支持するような決定を下すことが重要となります。

本書で先に確認したように、(15)社会科を教えるエリン・ブランドヴォルド先生は、「大きくなっていくグループ」と呼ばれる方法を使うことで、革命に関するプロジェクトを採点するためのガイドをどのようなものにするのかという問題について、生徒が合意に至る過程を支援することができました。

合意形成をスムーズなものにするための手順には、「五本指」と呼ばれるものがあります［参考文献10、28、54］。提案されていたり、決定されそうになっていたりする解決策に対する各生徒の意志を伝えるために、手の指の本数によって示すサインを使用します。

---

(15)　第5章、二〇八ページを参照してください。

拳（〇本指）――まさか！　それを支持する前にもっと話し合う必要があります。
一本指――ノーに近い立場です。私は、まだまだ話し合って違う意見も検討したいです。
二本指――まあまあです。提案には比較的納得していますが、微調整するために検討したいです。
三本指――ＯＫです。全面的に賛成ではないですが、これ以上話し合わなくても支持します。
四本指――イエスです。よい考え／決定だと思います。
五本指――完璧！　これは素晴らしい考えです。私は、それを実現するために頑張ります。

三本より少ない指を立てたチームのメンバーには、それぞれが思っている懸念事項を発言する時間が与えられます。メンバー全員が三本以上の指を立てて、考えに対して合意ができるようになるまで話し合いを続けます。

目標とする、成功のためのスキルがクリティカルな思考である場合は、最初の段階で「決まり言葉」を導入し、話し合いに関するスキル向上のための支援とします。

・「言いたいことは分かりますが、それについての別の考え方として、〇〇もありませんか？」
・「〇〇については考えましたか？」
・「〇〇という理由で私は反対します」

目標とする成功のためのスキルが創造的なものである場合は、効果的なブレインストーミングの方法をモデル化したり、簡単なスケッチや絵コンテを使ってアイディアを目に見える形にして話し合う方法を生徒に教えたり、ゲームやパズルを使って創造的な思考を醸成したりすることでアイディアを生みだせるように支援をします。

ジム・ベントリー先生の生徒が教育用の映像を制作したとき、プロジェクトの初期段階でその映像をどのようなものにするのかとアイディアを出しあう際、リサイクルについて創造的に考える必要がありました。

「企業にとって『負担になる』可能性のあることを、説得するためにはどうしたらよいでしょうか？　私たちは、ビジネスオーナーを刺激するような創造的な例を考えださなければなりませんでした」と、ベントリー先生は生徒たちに根本的な課題があったと振り返っています。

創造性を支援するためにベントリー先生は、まず小さなチームに分かれて、できるだけ多くのアイディアを生みだすようにと生徒たちに指示を出しました。先生は拡散的な思考を奨励し、生徒たちの創造性について、立ち止まって不安に思ったり、修正したりすることなく、ただひたすらアイディアを生みだすようにアドバイスしました。チームがブレインストーミングを一とおり終えたあとは、クラス全体で生みだされたアイディアについて話し合い、討論を行いました。

「その過程で、私たちは七つのことを追究したいということでまとまりました。各チームが一つずつ、やってみたいことを決めたのです。オウナーシップを発揮したと言えます」と、ベントリー先生は言っています。

一方、サラ・レフ先生は、問題解決のスキルを高めることになる、「デザイン思考」のプロセスを生徒たちに教えました。環境への配慮についてのプロジェクトの途中、ある男子生徒がそれに関する仕事を手助けしてくれる道具を発明しようと提案しました。彼のアイディアは、ほかの生徒の創造性にも火をつけました。

「その後、デザイン思考のプロセスを使ってアイディアを具体化するイラストを描き、試作品をつくってみて、お互いにアイディアを発表していったのです」と、レフ先生は説明しています。

走り回る「SCAMPER」(代用する［Substitute］、組み合わせる［Combine］、適応させる［Adapt］、修正する［Modify］、別のことに使ってみる［Put to another use］、取り除く［Eliminate］、くつがえす［Reverse］)などの何かをデザインするときの方法を試してみることは、生徒が創造的な解決策を思いつくことを支援する際に有効な方法となります(16)。

効果的なコミュニケーションスキルがあるとよいことがあると理解するために、フィッシュボウル(金魚鉢)やロールプレイのモデルを示したり、実際に行ったりすることで生徒同士のコミュニケーションスキルを高めるための支援をしてみるというのもよいでしょう。たとえば、生徒が専門家と話す準備をしている場合は、専門家に会う前にクラス全体でより良いインタビューの質問を考えることに時間を割いたり、仲間同士でインタビューの練習をしてもらったりします。

プロジェクトが終わりに近づくにつれて、プロジェクトの成果を人前で発表するということに対して生徒は緊張しはじめることでしょう。コミュニケーションスキルを高めることを目的として、実際に成果を発表する前に、失敗しても大丈夫な、練習の時間を十分に確保しておくようにしましょう。まずは、それぞれのチームがほかのチームにプレゼンテーションをしたり、ビデオに録画し、それを確認したうえで自己評価をしたりすることからはじめるとよいでしょう。その後、さらに発表の仕方について微調整をしたり、練習を重ねたりしたあと、クラス全体またはほかのクラスの生徒に対して発表するということも考えられます。

それぞれのプレゼンテーションでは、聴衆が建設的なフィードバックの方法を知っていることを確認します。また、発表した生徒がフィードバックを受けて、プレゼンテーションを改善するための時間も確保しておきます。

生徒の自己管理能力を高めるためには、プロジェクトの計画表（カレンダー）、プロジェクト・トラッカーなどのプロジェクト管理のためのツール（第4章参照）を使用して、プロジェクトの

---

(16)『あなたの授業が子どもと世界を変える』の第7章では、LAUNCH（①見る、聞く、学ぶ、②たくさん質問する、③理解する、④アイディアを操作する、⑤試作品をつくる、⑥テストし修正する、⑦対象に向けて送りだす）という異なるデザイン思考のサイクルが紹介されています。

流れについて、自分で管理できる「自立した学習者」になれるように支援をしてください。生徒が課題に直面したり、挫折しそうになったりしたときのことを想定して、いつでも支援ができるように準備をしておいてください。

数学のプロジェクトの途中、テラニア・ノーファー先生は、多くの生徒がチームから離れて一人で活動するのに苦労していることに気づきました。「個人個人でその活動に取り組もうとしたとき、その生徒たちはお世辞にも成功したとは言えないような状況でした。生徒たちは、『こんなにも自由すぎることを求めていないよ』と言っていました。そこで私たちは、グループを再び編成しました。そして、しばらくの間、私がチームをまとめるようにしていました」と、ノーファー先生は振り返っています。

このような場合に有効となる支援方法として、チームの計画に関するガイドがありました。このガイドには、コミュニケーション・ディレクター、数学リーダー、プロジェクト・マネージャーなど、チーム内でそれぞれの生徒が担う具体的な役割と責任が説明されています。「私は、生徒それぞれが、このプロジェクトでどのような役割を果たしているのかについて毎日記入する用紙を渡しました。生徒たちは、このような、何らかの枠組みをまだ必要としていたのです」と話していたノーファー先生は、自分自身とお互いに対して責任を負うということについて学ぶことの重要性に気づきました。

その一方で、とくにやる気があり、自己管理能力の高い二人の生徒はさらに先の学習に進むだけの準備ができていました。この生徒たちには、毎日の課題を確認するといった必要がありませんでした。先生は、この生徒たちが必要としていることを知るための質問をして、追加の調査を促すことによってさらに深い学びへと導いたのです。

「この生徒たちは、自分の疑問に一度立ち返ることで成長を続けることができました」と、ノーファー先生は振り返っています。

ＰＢＬのベテラン教師は、失敗に直面しても生徒が学習の機会を見つけられるように支援をしています。たとえば、理科を教えているレイ・アーメド先生は、一一年生の二学期の間に、「自分たちが興味のある質問をもとにプロジェクトを設計する」という非常に自由な時間を生徒たちに与えていました。

「何人かの生徒は、自分のアイディアに興奮していましたので、たとえ私がそのアイディアをより良くする方法を知っていなくても問題はありません。生徒自身のアイディアを尊重しました。もし、途中で失敗してしまったら、『それはよいアイディアではなかった』と気づける価値観が生まれます。『今していることはやめて、方向性を変えたほうがいいですかね？』、『このプロジェクトに、先生とあなたが一緒に微調整したら、より良いものになる部分はありますか？』、『手伝えるところはありますか？』というようなことを私たちは話し合っています。また私は、生徒たちに、『(科学的な分野においては)これが科学者たちのしていることだ』ということを思い出してもらっています。生徒たちは、自らの調査について、さまざまな葛藤と闘う必要があります。今、私たちは『生徒と一緒に学ぶ』機会を得ています。生徒と一緒にこのようなことについて考え抜くことはとても貴重な機会と言えます」と、アーメド先生は語っていました。

ここで挙げたことは、失敗しても問題がないという教室の文化をさらに強めていくことになるでしょう。プロジェクトについて生徒と頻繁に進捗状況を確認しておくことで、アーメド先生は問題となることを早い段階で発見し、プロジェクトを修正する時間を確保することができていま す。生徒が失敗から立ち直ることを手助けする、これも支援の一環です。一対一の話し合いを通じてアーメド先生は、生徒が課題を克服するための精神的な強さを身につけることを支援していま す。「また失敗するかもしれない」という怖れを乗り越える能力を生徒が身につけたとき、生徒たちは理科を学ぶこと以上のものを手にすることになります。

「生徒たちが『自分のプロジェクトは自分で管理する』重要さに気づいたという事実は、『人生における決断は自分でする』ということを学んだことになるのです」と、アーメド先生は強調していました。

成功のためのスキルを身につけて、生徒自身が自信をもつようになったときには、自立した学習者としての成長を振り返るように促すとよいでしょう。

試してみましょう！――プレゼンテーション能力を高める方法を教える

すべてのプロジェクトで、聴衆へのプレゼンテーションを行うわけではありません。生徒の成果を公開するための方法はほかにもあります。しかし、多くのプロジェクトがプレゼンテーションを含んでいるというのも事実です。これまで、プレゼンテーション能力を高める方法を教える必要性が見過ごされてきたと言ってもよいでしょう。

プロジェクトが進むにつれて、教師と生徒のエネルギーの大部分は、その成果を完成させ、学習の鍵となる問いへの答えを得ることに向きがちとなります。しかし、いざ生徒が自分の成果を聴衆に発表しようとするとき、プレゼンテーションの結果が悪いものであれば、プロジェクトを通して得たせっかくの経験が台無しになってしまいます。

生徒のプレゼンテーション能力を高めるために、次のような考え方を念頭に置くようにしてください。

・プロジェクトを行う前に、学年の早い時期で、話す力を高めたり、プレゼンテーション力を高めるためのメディアの使用法を教えたりすることを考えてみましょう。これは、プロジェクトにおける時間の節約にもなります。

・ルーブリック（my.pblworks.org/resource/document/project_design_rubric にあるような）

や別の評価基準を生徒と一緒につくったり、生徒に提供したりして、生徒がよい話し手の特徴とはどのようなものかを理解できるようにします。また、それらを使って（たとえば、TEDトークなど）プレゼンテーションを批評してみます。

・感情を表に出すことや、ストーリーテリングをすること、よくある言葉の間違いを回避する方法、アイコンタクトの方法など、話すことに関するさまざまな側面を向上させるための指導や資料、そしてガイド付きの練習方法を提供します。(※1)

・効果的なポスターやディスプレイ、マルチメディアを使った映像・画像をつくるためのデザイン能力を向上させるために、参考となる事例や資料を生徒に紹介します。

・生徒には、会場の雰囲気や扱っているテーマ、聴衆にあわせてプレゼンテーションを調整する必要があるわけですが、その方法を理解しているかどうかについて確認してください。

・生徒にプレゼンテーションの練習を何度かしてもらいます。各チームは、別のチームまたは聴衆役の生徒に向けて発表し、形成的なフィードバックを得ることができます。また、自分自身のプレゼンテーションの様子をビデオに録画して、それを見ることで自己評価することもできます。

・**図6－2**として示したように、生徒がプレゼンテーションを計画するために使える用紙を提供します。

（※1）扱うテーマに聴衆を引き付けるために行う短いお話のことです。これの効果的な使い方が『退屈な授業をぶっ飛ばせ』の第3章で詳しく紹介されていますので参考にしてください。

専門家としての考え方について支援をする

ＰＢＬでは、多くの場合、生徒は「本物」の役割を担うことになります。生徒は、科学者、数学者、歴史家、建築家、エンジニア、ドキュメンタリー作家、脚本家などになりきって問題を解決したり、オリジナルの作品をつくったりすることになります。そのためにも、それぞれの専門家が各分野で行っているやり方や考え方を学ぶ必要があります。

図6－2　生徒向けの「プレゼンテーションの計画」用紙

プレゼンテーションの計画

何についてのプレゼンテーション？

＿＿＿＿＿＿＿＿＿＿

聴衆となるのは誰？

＿＿＿＿＿＿＿＿＿＿

聴衆に、何を知ってほしい？　何を感じてほしい？　何をしてほしい？

＿＿＿＿＿＿＿＿＿＿

どのようにプレゼンテーションをはじめる？

＿＿＿＿＿＿＿＿＿＿

プレゼンテーションの中盤では何をする？

＿＿＿＿＿＿＿＿＿＿

どのようにプレゼンテーションを終える？

＿＿＿＿＿＿＿＿＿＿

プレゼンテーションを面白くするために、何を見せる？　何をする？

＿＿＿＿＿＿＿＿＿＿

中学校の教師であり、ＰＢＬのベテランでもあるトム・ネヴィル先生にとって重要な学習目標は、すべての生徒に「歴史的思考力」を身につけてもらうことでした。いくつかのプロジェクトで生徒たちは、ワシントンＤＣにある路地の歴史を調査して記録するなど、非常に地域性のある問題に焦点を当てました（www.lifeinthealley.org）。

そのほかのプロジェクトでは、グローバルな学習を行っています。そのなかの一つ、「モニュメント」プロジェクトでは、さまざまな国の生徒たちと協力して、第一次世界大戦時に海外に埋葬されたアメリカ軍人の物語を語り継ぐことが課題となっていました。[17]

生徒が歴史家として考えたり、調べたりできるようにするためにネヴィル先生は、教師としての自分の引き出しからさまざまなツールや活動のやり方を取りだし、生徒に紹介しました。これらのツールの多くは歴史を学習しているあらゆる教室で活用できるものですが、ネヴィル先生はＰＢＬという方法によって、生徒が学習目標を達成しながら探究する文化を強めることができるように、それらを計画的に使用したのです。

たとえば、ネヴィル先生は、ハーバード大学教育学部教授のエレノー・ダックワース（Eleanor Duckworth）によって開発された「クリティカルな探究」という方法（www.criticalexplorers.org）を高く評価しました。それは、「忍耐強く観察し、ほかの人も確認できる具体的な証拠に基づき、ほかの人の観察にも耳を傾けること、ほかの人の観察との間で共通する部分を特定し、相違点を共有し、正しいかどうか分からないことをよいことだと感じるとともに、自分が気づいていなかったことや知らないことがまだあるかもしれないという考え方を受け入れること」というものです。生徒たちにそれを教えることは、非常に有意義なことだと言えます。

ネヴィル先生はまた、「ライト・クエスチョン・インスティチュート（Right Question Institute）」によって開発された「質問づくりの方法（Question Formulation Technique）[18]」を用いて、生徒の探究を支援しました。

さらにネヴィル先生は、「専門家が使っている思考法」を生徒ができるようにするために、批評するための手順（五六〜五九ページを参照）を活用して相互評価も行っています。「これらは、すべて根拠を考えるための枠組みを提供してくれるもので、年間を通して成長を確認するために参照すべきポイントも提供してくれます」と、ネヴィル先生は言っていました。

新しい手順に慣れることについて、「最初は『時間がかかる』と感じるかもしれません」とネヴィル先生は認めています。しかし、時間を費やすだけの価値が十分あります。時間が経つにつ

---

(17)　身近な歴史とグローバルな歴史のつながり、または、生徒たちが単に暗記するのではなくて、歴史的思考ができるような教え方・学び方に興味のある方は『歴史をする』を参照してください。

(18)　この方法については、ＲＱＩの二人の代表による著書の『たった一つを変えるだけ』で詳しく紹介されていますので、参考にしてください。

れて、生徒は思考のためのツールとして、そのような「手順」を捉えるようになります。「これらの手順は、生徒をじっくりと考えるように促し、慎重に、そして洗練された質問づくりにつながり、幅広く証拠を求め、幅広い視野がもてるようになり、正直なフィードバックを与えたり、受け取ったりする能力をもたらしてくれます。そして、常に振り返りつつ成長し、繰り返し生徒の後押しをしてくるものになるはずです」と、ネヴィル先生は言っていました。

同様に理科を教えるレイ・アーメド先生は、プロの科学者と同じように考え、調査することを生徒に望んでいました。科学的思考の側面の一つに、「実験で検証できる質問をすること」が挙げられます。しかし、「これは難しいことです」とアーメド先生も認めています。

生徒が、雑誌の論文やその他の資料を読むことで探究したいことの背景知識をつくりあげているとき、アーメド先生は次のような質問づくりを促すための手順である「何を知りたいのか？何を知る必要があるのか？」（三二九ページの**図7-1**参照）を使用しています。生徒たちは、質問リストを作成したあと、それらを「簡単に答えられる質問」と「調査が必要な質問」、あるいは「閉じた質問（クローズド・クエスチョン）」と「開いた質問（オープン・クエスチョン）」に分類します。

「最初の段階では、生徒は科学的な調査につながるような質問をつくれていないことが分かりました。生徒たちは、確かに多くの情報を学んでいましたが、実験をしていなかったのです」と、アーメド先生は振り返っています。

学年のスタート時、最初の探究プロジェクトに生徒たちが取り組みはじめる前にアーメド先生は、理科の実験室で何かを調べるためのよい質問として、さまざまな「本物の」質問を紹介しました。最近の例では、ミシガン州フリントで起こった水資源の危機に関する原因を発見することでした。

「ある種、これは必然的な選択でした。『腐食防止剤とは何か』や『どのようなものなら最適なのか』という考えに子どもたちは夢中になりました」と、アーメド先生は話しています。先生がそのテーマを紹介すると、生徒たちは進んで質問をしていました。

「最初の質問以外は、すべて生徒たちから生まれた質問で満ちていました。どんな材料を使って、どのように実験を計画すればいいのか、どのようなデータを集めればいいのか、どのようにデータを分析すればいいのかなどの質問がありました」と、アーメド先生は振り返っています。

アーメド先生が教える生徒の多くは、英語を母語としていません。専門家によって批評され、「本物」の聴衆と共有されることになった、生徒たちがつくりあげたプロジェクトの最終的な成果物についてアーメド先生は次のように言っています。

「英語を母語としない生徒たちでも、自分自身で考えたことを尊重すれば、まさに高次の思考ができることを見せてくれるのです」

Edutopia[19]のブロガーであり、ＵＣＬＡの大学院教育学研究科の指導者でもあるレベッカ・アルバー（Rebecca Alber）の言葉は、「たとえ学習の進度が遅くなっても、学習者を支援するために時間をかけることは賢明である」ということを教師に思い出させてくれます。さらにアルバーは、次のようにも言っています。

「私は教師の方々に、次の学習内容に早く移りたいのであれば、逆に今の学習のペースをゆっくりしたものにしなければならない、と言っています。授業で支援することは、実際のところ時間のかかる営みになるかもしれません。しかし、最終的な成果物は、はるかに質の高いものになり、かかわる者すべてにとってやりがいを生みだす経験となるのです」［参考文献58］

コーチのノート——教師の学びを支援する

生徒がプロジェクトを成功させるために、一人ひとりをいかす教え方によって恩恵を受けるのと同じく、教師がＰＢＬを展開するにあたって支援してほしいと思うこともたくさんあります。ＰＢＬを実践する教師の学びを支援するとき、教え方のコーチであるアンドリュー・ミラー先生は教員研修のやり方を個別化する形で提供しています。

授業で生徒の「声」と「選択」[20]が大事にされているように、教員研修にかかわる私たちも、教師に接するときには同じようにするべきです。ＰＢＬをより効果的に実施するための方法を教師が学ぶ際には、声と選択をもつ権利があるのです。[21]結局のところ、プロの教師としての成長は一律ではなく、全員が異なる段階にいるということです。ある教師は、プロジェクトの計画段階をどのようにしたらよいのかについて支援を必要としているかもしれませんし、別の教師は評価基準とプロジェクトの中身との整合性を確保するために、評価基準について考える支援を必要としているかもしれません。

教師はまた、ＰＢＬにおける到達点としての姿を探るために、お互いの取り組みを観察することを大切にしています。私はＰＢＬのコーチングメニューを使って、教師にメニューを選んでもらうという取り組みを行ってみました。その結果、教師は選択することそのものを

(19)　アメリカのジョージ・ルーカス教育財団によるウェブサイト（https://www.edutopia.org/）で、幅広い教育に関する記事がアップされています。（Twitter—@edutopia）
(20)　授業で生徒の声を大事にした多様な実践の紹介には『私にも言いたいことがあります！』、選択を大事にした実践紹介には『教育のプロがすすめる選択する学び』を参考にしてください。
(21)　ちなみに、これら二つは、ＰＢＬを対象にした研修だけでなく、すべての研修においてもっていないと効果的なものにはなりません！

スタンダードと目標をひもとく プロジェクトでねらう適切なスタンダードと、その成果を調べて把握したいと思っていますか？ 同僚と協力してスタンダードをひもといて、将来のプロジェクトで教えたり、評価したりする可能性のあるスタンダードを特定しましょう。	協働して、プロジェクトを実施するなかの一つだけに焦点を当てることができます。 **PBL の実施** 同僚たちと協働してプロジェクト全体を計画し、実施します。自分にとって学習の鍵となる問いを自分でつくり、同僚たちと定期的に話し、お互いの教室を訪問します。 これら5～6週間にわたる取り組みについて、コーチと一緒に振り返ります。 **生徒の成果物を見る** プロジェクトの評価や課題、関連する生徒の成果物（形成的な評価に関するものも、総括的評価に関するものも）を持ち寄ってください。 同僚と組んだ少人数のチームで、生徒の学習の評価とプロジェクトを改善するための手立てを考えます。	めの支援を受けることができます。 **プロジェクトの振り返りと目標設定** プロジェクトを実施したあとも、学習は終わりではありません。コーチと協力して、あなたの学習や振り返りを記録して、次のプロジェクトに向けて、教え方やプロジェクトそのものを改善するための具体的な目標を設定します。

図６－３　PBL のコーチングメニュー

指導・コーチングメニュー

あなたの経験の有無にかかわらず、ニーズにあった専門的な学びを提供したいと考えています。このメニューから、いつでも好きなアイテムを、どんな順番でも選ぶことができます。

前菜	メイン料理	デザート
プロジェクトのアイディア出し プロジェクト、成果、学習の鍵となる問いについてのアイディアをブレインストーミングするために、あなたの都合のよい時間にコーチと取り組みましょう。 ほんの短い時間で、素晴らしいプロジェクトのアイディアがたくさん生まれます。 **同僚を観察する** PBL を上手に実践している同僚を知っていますか？ コーチがあなたに代わってクラスを指導しますので、あなたはその教師が実践する様子を集中して観察することができます。また、あとでコーチと同僚と一緒にその実践の振り返りをしましょう。	**コーチングサイクル** あなたの教え方と学び方について、一般的な懸念事項はありますか？　PBL に関係することでも関係しないことでも、改善したいことが何かありますか？ このオプションは、実践上の課題や問題を特定するための話し合いや観察、そして振り返りからはじまります。 **一緒に指導する** あなたの PBL によるプロジェクトの一部を、コーチと一緒に指導します。 チームで教えるのは難しいですか？　プロジェクトの立ちあげに支援が必要ですか？　生徒が自分の成果物を効果的に批評するための支援をしたいですか？ ここでは、コーチと	**コーチのカフェ／カクテルアワー** コーチが、コーヒーかカクテルを飲みながらのインフォーマルな「オフィスアワー」を提供します。好きなだけコーチや同僚とおしゃべりをしたり、何らかの本を選んで読んだりしてください。 **発表会を企画する** コーチやほかの同僚と協力して、プロジェクトに対する地域の人たちや保護者からのフィードバックをもらったり、生徒が成し遂げたことをお祝いしたりできるような発表会を計画してみましょう。 **テクノロジーに関するサポート** あなたの授業準備時間を使って、テクノロジーを習得するた

楽しんでいるだけでなく、その選択には、メニューで学んだことを授業にいかすという責任が伴ってくることが分かりました。教師に「声」と「選択」を提供することで、コーチングを受けはじめる際の多様な入り口をつくることができるのです。［参考文献46］

では、「ＰＢＬのコーチングメニュー」というものには何が含まれているのでしょうか？ ミラー先生がつくったコーチングメニュー（**図6－3参照**）は、「メニュー」という言葉のとおり、コース料理にたとえられています。

プロジェクトのアイディアを出しあったり、プロジェクトを現在進行形で実施している同僚の教師を観察したりするなどの「前菜」、プロジェクトの一部をその同僚と一緒に指導してみたり、同僚と一緒に生徒の成果を見たりする「メイン料理」、プロジェクトの展示会を企画したり、プロジェクト終了時に振り返りをしたりする「デザート」に分けられています。

生徒の学びを支援するための方法——重要なポイント

この章で確認した、たくさんの支援方法について振り返ってみましょう。

・プロジェクトを実施している間、あなたや生徒にとっておなじみとなった支援のためのツールや方法（「見える化」シート、小テスト、難易度で分けられている読み物など）を、どのようにすればより効果的に使うことができるでしょうか？

・ＰＢＬで支援の計画を考える際、それぞれの生徒に必要となる支援について考えていますか？　誰もが成功するためには、どのような支援が必要でしょうか？　特定の生徒またはグループがもっとも必要とする支援はどのようなものでしょうか？

・学習内容、学習過程、成果物で一人ひとりの生徒をいかすことによって、ＰＢＬの学習成果をどのように向上させることができるでしょうか？

・自己管理能力や「四つのＣ」など、生徒が成功するためのスキルをサポートすることを目的とした支援計画を立てていますか？

・生徒が専門家のように考えることを学ぶために、あなたはどのような支援ができますか？　また、あなたは、専門家の思考ができるように生徒をどのように支援しますか？

第7章 生徒が夢中で取り組み、教師はコーチングする

生徒は夢中で取り組み、教師はコーチングするという方法は、生徒の内発的な動機づけを高め、生徒自らの手で学習目標を達成することを可能にする。

サラ・レフ先生は、小学校に進学する準備をしている幼稚園の子どもたちと一緒に、建築やデザインの現場を見学していました。そのとき、子どもに夢中で取り組ませ、コーチングすることの意味について、あることが閃いたのです。

このとき子どもたちは、学校がより良くなるように、屋外の遊び場を設計するというプロジェクトに取りかかっていました。それ以前に子どもたちは、自分たちで提案した遊び場の設計図をつくっていました。このフィールドワークでは、専門家から設計のプロセスを学び、建築家がどのように模型を使っているのかを実際に見て、模型をつくるという活動の機会が子どもたちに与えられました。この日の目標は、子どもたちが設計したプランに基づいてつくられた段ボールの模型を完成させて、スタジオから幼稚園に戻ることでした。

レフ先生は、忙しく活動する五歳児がたくさんいるスタジオを見回していたとき、ある一人の子どもに注目しました。「ゾーイ」という名前の女の子は、授業においても普段から積極的で、すぐさま活動に参加していました。彼女は自分のアイディアをほかの人と共有し、自身の学習の幅を広げていました。そのような子どもであっただけに、彼女が一人で間取り図と材料を持って、座ったままの状態で模型をつくりはじめていない様子を見たときレフ先生は驚きました。

彼女の隣の席に座った先生が、「どうしたの、ゾーイ?」と尋ねました。返事はありません。先生は待つことにしました。すると、とうとうゾーイが口を開きました。

「これは難しすぎるよ」

「何が難しいの?」と、先生が尋ねました。

ゾーイは間取り図を指差して言いました。

「これをつくるのが難しいんだよ」

レフ先生はゾーイの言葉を聞いて、一瞬反省したあとに、「うーん、自分のプランをつくろうとすることを大変だと思っているの? それとも、ほかのことが大変なの?」と尋ねました。

「私には、これがつくれないの」

ゾーイは、自身の想像力から生まれ、設計に組み込もうとしていた「洞」や「地下室」などの要素が描かれた詳細な図面を指差したのです。

レフ先生は何も言わずに、ダンボールを取り出して動かしたり、折り方を変えたり、形をつくったりしはじめました。そして、「えーっとね、この模型は基礎をつくることからはじまるものが多いのよ。この下の部分とかね。やってみる?」と言いました。

返事がありません。

「あなたの考えた間取り図のなかで、最初につくりたい部分はある?」

やはりゾーイは答えませんでした。彼女はただ、自分が描いた間取り図を見つめ続けました。まるで、「ダンボールではつくれないんだよ。全然、それっぽくない」とでも言うかのように。

ゾーイの間取り図の全体像を見たレフ先生が、「車輪のついた遊び場」と書かれたラベルに気づきました。

「待って、ゾーイ、あなたの家は車輪がついているのね。なんてかっこいいの! 誰が描いたデザインでも、そんなのは見たことがないわ! その車輪をつくることからはじめる?」

小さな、小さな笑顔がこぼれました。

「どうやって車輪をつくるの?」と先生は尋ね、段ボールを円柱の形にしていきました。するとゾーイは、先生の手から段ボールを取って、ビニールテープをその円柱に巻きつけました。

「まるで車輪みたい!」レフ先生が彼女に言いました。

そしてゾーイは、別の薄い板をひし形に曲げはじめました。

「ねえ、これは地下室になるかもしれない」と、ゾーイが作業をしながら言いました。「これは、私の地下室と同じ形よ！」と言って、彼女はそれをテープで止めました。そして、ゾーイは走り去ったのです。

レフ先生は、彼女の作業を五分ごとに確認していました。そして、最後には、ゾーイは完成した模型を持ってきて、見せびらかしていました。

「ゾーイ、今日、あなたに何が起こったのか気がついた？」

レフ先生は、完成した模型をほめ称えたあとに尋ねました。

「初めにただ座っていたとき、あなたはこの模型をつくれるなんて思っていなかったのよ？」

ゾーイが答えました。

「難しすぎると思ったんだもん。……でも、そうでもなかったよ」

レフ先生は、自分に自信がない状態から、自分に誇りをもっている状態へと彼女が変わっていったという瞬間を、まさに目撃したということに気づきました。そして、幼い子どもが自分自身の変化を自覚した様子も観察したと思われます。それはまさに、感動的なことでした。

その後、ゾーイが建築スタジオでその日に起こったことを考えたように、レフ先生は「私の、教師としての動きはどのようなものだったのか？」と自問自答をしました。それについて、次のように述べていました。

「私は、このときのことを観察していました。もちろん、ゾーイの話も聞いていました。だからこそ私は、ゾーイと話をして感じたことを振り返ったのです。直接的な指示をすることなく、彼女が試せそうなことをさりげなく実演することで、私はゾーイの学習支援となるようにしました。そして私は、彼女がそれを受け止め、統合していくのを待ったのです。その後に私は、彼女のアイディアのなかで、非常に特別でオリジナルな部分に気づき、それを引き出し、彼女の注意をそこに向けました。そして、彼女が自分でできそうだなと思ったとき、徐々に学習の責任を彼女に譲っていき[1]、彼女一人で作業ができるだろうと信頼することにしました。もちろん私は、定期的に彼女のところに行って確認をしました。最後には、彼女が学んだことをみんなに見てもらうための手助けを行いました」

ここで示した、偶然出くわした短い出来事は、長い長いＰＢＬにおける指導歴のなかにおいて

（1）「責任の移行モデル」が想定されているのだと読み取れます。これは、「焦点を絞った指導、教師がガイドする指導、協働学習、個別学習」という四つの組み合わせによって、誰に学習の責任があるのかをうまく移行していくというものです。ここで紹介されているのは、「教師がガイドする指導」と「個別学習」の部分です。詳しくは、『「学びの責任」は誰にあるのか』を参照してください。

はほんの一部でしかありませんが、生徒が夢中で取り組み、教師はコーチングをすることが、PBLによる指導の重要な側面である理由を示しています。

生徒が夢中で取り組み、教師はコーチングするという方法は、生徒の長所を引き出すのに役立ちます。生徒が夢中で取り組むことは、多くの場合、生徒の興味や強みに基づくことからはじまります。プロジェクトのなかには、生徒の新たな興味を引き出すものもあります。その場合、生徒自身が気にもしていなかった課題やテーマに取り組むようになります。

生徒が夢中で取り組みはじめたら、教師はコーチングという方法をとります。つまり、質問すること、モデルで示すこと、振り返りをすることなどによって、生徒が目標を達成するための支援をしていくということです。

経験豊富なPBLの教師が実践しているのを見たことがある人は、教師がコーチングして、生徒が夢中で取り組むことは「習慣のようなものだ」と思うかもしれません。もう少し深く掘り下げてみると、PBLを実践する教師の場合、陸上競技やディベート、演劇、またはほかの課外活動でコーチングをしている様子と同じであることがよく分かるでしょう。PBLにおけるすべての側面と同じように、生徒とのかかわり方のコツをもっているだけではだめなのです。生徒が夢中で取り組み、教師がコーチングをするということは、練習すればするほど上達する、学習可能な指導の仕方なのです。

コーチとしての教師の役割に慣れていない人にとっては、そのやり方を構成要素に分解するとよいでしょう。ここでは、私たちがどのようにPBLにかかわり、コーチングするのかについて詳しく示していきます。多くの点でそのやり方は（第1章で述べたように）肯定的な学級文化をつくることに重なっていますし、教師と生徒の間に思いやりのある信頼関係を育むことにつながっていると言えます。

コラム　PBL実践のゴールドスタンダードの指標――生徒が夢中で取り組み、教師はコーチングする

生徒が夢中で取り組み、教師はコーチングするという方法は、PBLに取り組んでいる間ずっと重要なことです。PBL実践のゴールドスタンダードのルーブリックに含まれている「生徒が夢中で取り組み、教師はコーチングする」の指標には、次の点が挙げられています。

・個々の生徒の強み、興味関心、背景、生活状況に関する知識が、生徒をプロジェクトに夢中に取り組めるようにしたり、指導上の決定に影響を与えたりすることにつながっている。
・生徒と教師は、スタンダードを活用して、プロジェクトの目標や到達基準を適切な方法で設定している（たとえば、一緒にルーブリックをつくるなど）。
・プロジェクトに対する生徒の熱意とオウナーシップの感覚は、教師と生徒が共有している活

動の性質に応じて維持されている。

・生徒自身の質問が、探究を推し進めたり、成果物をつくりあげるプロセスを進めたりするうえで中心的な役割を担っている。

・一人ひとりの生徒のパフォーマンスに対する期待が適切な高さをもち、教師と生徒によって明確に確立され、共有され、強化されている。

・個々の生徒のニーズは、教師との緊密な関係性によって特定されている。そのニーズは、教師だけでなく生徒自身やほかの生徒によっても特定されており、そのニーズを自分たちで満たすように自立した活動を行っている。

・生徒と教師は、プロジェクト全体を通して、何を（内容）、どのように（方法）学習しているのかについて定期的に、そして正式に設定された場で振り返る。そのうえで、手に入れたことや成果の面に注目して、それを祝っている。

（＊）ＰＢＬ指導におけるルーブリックの完全版は「付録」（三六五ページ）を参照してください。

「コーチングすることと、夢中で取り組むこと」を詳しく見る

テニス界のレジェンドの一人であるアンドレ・アガシ（Andre Agassi）は、その長いキャリ

アのなかで、あらゆるタイプのコーチとともにプレーをしてきました。あるコーチは彼の肉体的な限界に挑戦し、また別のコーチは感情的な限界への挑戦という課題を提供しました。さらに別のコーチは、チェスプレイヤーのように深く考え、異なる相手に対する戦略を練ることを手伝いました。そして、最高のコーチは、アガシの長所をいかし、弱点を克服するために彼と一緒に練習に励み、彼自身が課した厳しい目標を達成することを助けていました。

「コーチングとは、コーチとしてのあなたが何を知っているかではない。あなたの生徒がより良く学ぶために、コーチとしてのあなたが生徒のことを学ばなければならない」［参考文献６］と、アガシは『ハーバード・ビジネス・レビュー』誌で語っています。

コーチングは、もちろんスポーツの世界以外でも通用する考え方です。ビジネス経営から健康の分野、退職後の計画を立てることに至るまで、あなたのパフォーマンスを向上させるために、利用可能なビジネスや健康推進、人生設計の各分野においてコーチが存在しています。

そして、もちろん教育も例外ではありません。進歩的な教育者であり、エッセンシャル・スクール連合(2)の創設者である故テッド・サイザー（Ted Sizer, 1932～2009）は、教室における教師の新たな役割を説明するために「コーチとしての教師」という用語をつくりました。［参考文献62］

教育の目標は、単なる学習内容の習得というものを超えて、どんどん拡大しています。それに伴って、教師はもはや知識を提供するだけの存在ではなくなっています。求められるものが変わってきているのです。生徒が複雑な世界を歩んでいくことができるように、より自立した学び手になるのを助けるために教師は、「生徒が夢中で取り組め、自分はコーチングをすること」を含む、指導面におけるレパートリーを拡大する必要があります。

スポーツ分野と同じく、学校教育の分野においても有能なコーチは、その内容の専門家であり、個々の生徒のスキルを伸ばす方法を知っていて、モチベーションを高め、効果的なチームを構築することができるものです。教育の専門家であるキャロル・アン・トムリンソン（二九ページや二四八ページ参照）は、次のように「コーチとしての教師」ということについてさらに詳しく説明しています。

アスリートにとっての最高のコーチは、若者であるプレイヤーに対して、一生懸命取り組むこと、やめるという選択肢を選ぶことが簡単であるときは続けてみること、ミスを犯すという「痛み」を伴う可能性があってもリスクをとってみること、つまずいたときはもう一度挑戦してみること、そしてスポーツへの愛を学ぶことなどを励ましていくものです。

このように考えると、「コーチとしての教師」というたとえは、学校教育の場面においてダイナミックな教室づくりを考えるときに適用できますから、悪いたとえとは言えません。

［参考文献66］

すぐれた教室のコーチになったからといって、それは「教えることをやめる」ということを意味するわけではありません。むしろ、その対極に向かっていくことになります。オハイオ州コロンバスの出身で、ＰＢＬのベテラン教師であるジーン・クグラー先生は、コーチングについて「指導スタイルの進化である」と説明しています。

「コーチングをするということは、最初から最後まで生徒の学習を最大化し、生徒が高い期待にこたえようと、モチベーションが維持できるように手助けすることです。コーチとしてあなたは、生徒の自信と能力を高めることになります」

「コーチとしての教師」の役割に慣れてくると、あなたの教え方も自然に進化していきます。ＰＢＬの経験を積んでいくと、「生徒を見取ることにそれほど意識を集中する必要がなくなります」とクグラー先生は付け加えていました。それが日課になっているからです。

また、「あなたは、生徒をより高いレベルのパフォーマンスができるように指導しているのです」ともクグラー先生は述べていました。

（２）（Coalition of Essential Schools）学校改善のために一〇の原則を設定して、それらを実践することを誓った、アメリカにおける学校の連合体です。必修科目で一定の能力を維持しようとするのではなく、特定の分野に興味をもち、その長所を伸ばすことを志向しています。一四の学校からスタートし、今では六〇〇校以上が加盟しています。一〇の原則については、http://essentialschools.org/common-principles/ で見られます。

確かに、教室のコーチになることを学ぶという営みは、「常に専門家であること」などといった伝統的な教え方の習慣をもつ教師像から遠ざかることになるかもしれません。間違って学んだことを意識的に忘れたり、捨て去ったり、更新したり、置き換えたりする必要もあるでしょう。元教師で作家のキアステン・オルソン（Kirsten Olson）は、コーチとして認定されるためのトレーニング・プログラムを受講したとき、「教師のもつ無尽蔵の知識」を手放すことになりました。

あなたの知恵や内容に関する知識が重要でなくなった、ということでは決してありません。そうではなく、コーチングはあなたに、「問いかける人、質問する人、好奇心をもつ人」になるよう挑戦させるというものなのです。コーチングをすると、あなたはほかの人（または人々）と、今何が起こっているのかについて好奇心をもちはじめるということです。［参考文献48］

オルソンの述べる「コーチングの姿勢」を教師が発展させようとすると、教室は創造性を育み、生徒の発言と選択を奨励し、これまで当たり前のようになっていた昔ながらの生徒と教師の力関係のバランスが調整され、公平性を促進するという学習環境になっていきます。

化学教師のレイ・アーメド先生は、頻繁にカンファランスを行うことで生徒のことをより良く知ることができ、プロジェクトを通して生徒に夢中で取り組ませ、コーチングすることができるようになりました。

「私たちは、いつもカンファランスをしています」と、先生は話していました。

　といっても、教師が話し合いのテーマを決めているわけではありません。生徒が話し合いたい内容を選んでいるのです。これがどのようなものかをイメージしてもらうために、アーメド先生と同僚は、カンファランスでの会話をロールプレイしています。

　年度最初のカンファランスは、教師と生徒がお互いを知る機会となります。生徒は自分の興味を共有したり、年間の授業を通して使用するルーブリックについて質問をしたり、クラス全体で話し合った考え方を理解するために、支援を求めたりすることがあります。

「生徒は、自分たちが必要としていることを話し合えるということに気づきます。最初は、フィードバックを怖がる生徒もいます。カンファランスでは、彼らが主導権を握ることができます。私はというと、長めのやり取りをするだけの準備をしています。もし、彼らが単に『よくできたね！』という言葉を求めているだけであれば、そのように伝えるだけかもしれません」

　数週間が経ち、学習目標が難しいものになるにつれて、カンファランスのトーンも内容も真剣なものになっていきます。「生徒たちは自己評価をしています。彼らは、何に苦しんでいるかを知っています」と、アーメド先生は言っています。カンファランスを導入することで、先生と一緒に教えている同僚の教師は、もっともサポートを必要とする生徒に対応できるだけの時間がつくれるようになりました。

「教え方としてカンファランスを導入して以来、生徒との会話が改善された」と、アーメド先生は言っています。「カンファランスを導入する前は、生徒とかかわる機会はほとんど事務的なものでした。さまざまな確認事項を伝えるだけだったのです。生徒の活動について、継続的な会話をすることはありませんでした」

アーメド先生はコーチングの実践にカンファランスを加えることで、学習経験全体が「生徒たちにとってより本物に感じられるようになりました。それらは会話の一部となりつつも、ただ話しかけられているだけではないと生徒は感じているようです」(3)と述べていました。

教師がコーチングし、生徒が夢中で取り組めるようにすることは、プロジェクト全体を通して重要なことですが、ある特定の教師の動きが、ある重要な瞬間に強調するべき価値を生むことがあります。プロジェクトの序盤、中盤、終盤、それぞれの段階において生徒が夢中になって取り組み、教師がコーチングする機会を詳しく見ていきましょう。

プロジェクトを立ちあげるときの取り組み

プロジェクトの設計において生徒の興味・関心や背景を考慮した場合、生徒はプロジェクトの最初の段階から熱心に取り組もうとする可能性が高くなります。実際、プロジェクトのなかには生徒自身のことから着想を得て設計されたものがあるため、よいスタートを切ることができたというケースもあります。しかし、プロジェクト（と教師の情熱）が生徒を刺激することによって、生徒自身が気にしていなかった問題にまで取り組むようになる場合もあります。

プロジェクトの着想がどのようなものであるにせよ、プロジェクトの最初の段階からすべての生徒が熱心に取り組むことができなければ、ゴールにたどり着くまで長い坂を上っていくように感じてしまうかもしれません。

プロジェクトの開始は、生徒の好奇心を刺激し、感情的なレベルでプロジェクトと生徒を結びつける機会となります。生徒がプロジェクトに没頭すると、たとえそれが難しい活動であっても、なぜそれをする価値があるのかについて理解できます。最初の段階から、何を成し遂げることができるのか、それに対して教師が大きな期待をもっているということを生徒に伝える必要があります。

レイ・アーメド先生は、授業の初日から、化学を学ぶ生徒と一緒にプロジェクトをはじました。生徒たちが教室に到着すると、ギャラリー・ウォーク用として部屋の周りに設置されたさまざま

（3）　カンファランスの主体は教師ではなくて生徒ですから、この印象を生徒たちがもつのは当然です。本来、コーチングも同じであるはずなのですが、伝統的なコーチングはまだそうなっていません。最新のコーチングについては、大リーグ経験もある投手コーチの吉井理人氏が著した本や情報を参照してください。

な画像やニュース記事が出迎えてくれました。

そのなかには、有色人種や低所得者層に深刻な影響を与えているミシガン州フリントの水資源の危機に関する記事や、多くの生徒が住んでいるニューヨーク市の住宅プロジェクトで見られた、カビに関する記事もありました。さらには、スーパーファンドの用地であり(4)、ニューヨーク港に流入するゴワナス運河の汚染について説明している多くの証言もありました。

アーメド先生は、生徒たちに謎を解いてもらうかのように、これらの人為的な結果を調査するように促し、「何が起きていると思いますか？　どのようなことについて疑問に思いますか？」と尋ねました。「見て、考えて、疑問をもつ（see-think-wonder）」というお決まりの活動は、生徒の観察に焦点を当てることになり、質問を引き出すのに役立ちました。

ここで示した「挑発」は、生徒たちが今後数週間に扱いたい、より大きな問題について考えるために十分なものでした。アーメド先生は、「このプロジェクトで取り上げるべき基本的な問題は、環境における人種差別です。それはどのようなものでしょうか？　それは私たちのコミュニティーに存在するものでしょうか？　私たちは、それに対して何ができるのでしょうか？」と説明しました。

生徒が数週間に及ぶ複雑なプロジェクトに取り組むことを知っていたアーメド先生は、生徒にこのテーマに対する感情的なかかわりをもたせたいとも考えていました。

アーメド先生は、ミシガン州フリントの水資源の危機について考えることで、生徒が単に腐食や汚染などといった化学の学習テーマを学ぶだけでなく、社会的公正という問題についても考える際に役立つ、説得力のあるケーススタディーだと考えています。「それは、物事がひどく間違った方向に進んでしまったものに焦点を当てるものです」と、先生は言っていました。

フリントの危機を、生徒たちの身近なところで起きている同様の問題と結びつけることで、「自分の住んでいる場所以外の世界について考えてもらうことができます。一一年生までには、その準備ができているのです」とアーメド先生は語っています。

導入としてのイベントでは、生徒たちが科学者の役割を担い、「科学者として、フリントのような状況に対して何ができるのか？　最高の腐食防止剤は何か？」という、学習の鍵となる問いに答えるための舞台が用意されました。

初日のギャラリー・ウォークや話し合いがつくりだした取り組みのレベルは、生徒が科学的な内容に没頭していくことになったその後の数日間にも引き継がれていきました。アーメド先生は、「（たとえば）生徒たち自身が何を考えているのかについて話すことから、自分たちが何をしたい

（4）アメリカの環境関連法である「スーパーファンド法」に基づき、汚染区域として指定されていることを意味します。

のかについて考えるようになりました」と説明しています。

生徒たちは、自分たちの質問と、その後の化学実験や研究とを関連づけることがすぐにできました。

「私たちは、生徒たちが質問をつくったり、予測したりすることからはじめました。そして、研究をはじめますが、それはより多くの質問をすることを意味します。そして、生徒たちが確かめることができるような質問をしたときには、それを検証するための実験を計画して、それを実行することができます」とアーメド先生は、科学の領域でPBLを行うためのアプローチを整理していました。

一方、シェリル・バティースタ先生は、三年生とともに選挙のプロジェクトをはじめようとしていました。生徒たちは投票ができる年齢になるまで一〇年もありましたが、将来の有権者として自分の役割を理解してほしいと考えていました。先生と同じ学年を担当している教師たちは、選挙の役割や民主主義における市民の権利など、社会科の重要な内容を扱うプロジェクトを設計しました。このプロジェクトは秋の国政選挙にあわせて実施されたこともあり、生徒の民主主義に対する関心は高いものとなりました。

教師たちは、プロジェクトが正式に開始される一週間前から生徒の期待感を高めました。生徒たちにその目的については何も言わず、教師たちは教室に投票箱を設置したのです。

「プロジェクト初日、体育の時間になると、何も入っていない投票箱を見て『あー、誰も投票しなかったんだね。じゃあ、今日は体育で何をするのか、先生が決めるね』と言いました」

するど翌日、生徒たちは早速投票用紙に記入し、体育の時間にしたい競技を自分たちで選んでいました。しかし、三日目になって、教師たちは投票箱の仕組みを切り替えました。

「今日は、女の子だけが投票できるようになっています！」と、自らの発言をバティースタ先生は振り返っています。この事実は、とくに男子生徒の間で多くの議論を巻き起こしました。

「別の日、私たちは三年生のすべての教室に投票箱を設置しました。しかし、そのうちの一つは早めに投票箱を閉じました。そのため、生徒たちは、ほかの投票箱を探さなければならなくなったのです」と、バティースタ先生は話してくれました。

こうして、プロジェクトがはじまったころには、「誰もが投票に関する考えをもっていました。彼らはみんな、選挙というものに対するある感情をもっていたのです」。そして、新しい語彙（投票所など）を増やしていきました。「彼らは投票という行為が違いを生むということを、個人的な経験から理解していったのです」と、バティースタ先生は強調してくれました。

課題に対して個人的で感情的な関連性をもたせることが、導入時におけるイベントの目的です。印象強くするために、体験の長さはあまり関係ありません。次のプロジェクトに関連した場所への遠足、ゲストスピーカーの訪問、ゲームやシミュレーション、説得力のあるドキュメンタリー、あるいは生徒の好奇心を刺激し、質問を投げかけるような体験などが考えられます。数学教師のテラニア・ノーファー先生が言うように、導入時のイベントとしてすぐれたものは、「生徒の心を捉え、生徒の心がその状態のまま続くようにする」ものとなります。

学習の鍵となる問いは、生徒に夢中で取り組ませるために必要となるもう一つのツールです。プロジェクトの開始時に「学習の鍵となる問い」を導入することで、今後の学習体験をより具体的なものにすることができます。「なぜ、これを知る必要があるのか」という生徒がもってしまいがちな質問を排除し、学習の目的意識がより高くなるようなものがよい質問となります。

たとえば、バティースタ先生が行った選挙に関するプロジェクトでは、「一票が私の暮らしや地域社会にどのような影響を与えるのか？」という質問に答えるために、生徒たちはさらに多くの「知る必要のある質問」を投げかけていました。生徒たちはこれらの質問について調査を行い、その観察力をいかして、なぜ投票が地域社会にとって重要なのかについて、地域の住民に向けて訴える放送動画までつくっています。

一般的に教師は、好奇心が盛りあがっている導入時のイベント直後に学習の鍵となる問いを投げかけます。そのため、その質問は生徒に対して優しい言葉で表現されていたり、生徒と一緒に質問をつくったりすることが重要となります。

図7－1　探究からスタートする

知りたいこと	知る必要があること
・なぜ、彼らは子どもだけをテストしているのか？ ・これはほかの場所でも起こるのか？ ・問題を解決するのにどのくらいの時間がかかるのか？ ・住民はどのように感じているのか？ ・何が行われているのか？ ・ニューヨーク市の水に鉛はどのくらい含まれているのか？ ・鉛中毒の被害として長期的な影響があることは何か？ ・誰に責任があるのか？	・腐食防止剤とは何か？ ・パイプはどのように腐食するのか？ ・鉛の影響はどのようなものがあるのか？ ・彼らは水に含まれる鉛に対して、何かをするつもりか？ ・（化学的に）水とは何か？ ・腐食防止剤には毒性があるのか？ ・鉛線は役立つか？ ・フリント(注)はどこにあるのか？

（＊）レイ・アーメド先生に化学を教えてもらっている生徒は、質問をつくることによって新しいプロジェクトに着手します。
（注）ミシガン州にある都市です。2015～2016年に水道水の鉛汚染が明らかとなり、市民の健康に被害を多く与えた、アメリカ史上最悪の公害問題です。

サラ・レフ先生は、小学校への進学を控える幼稚園児と協力して学習の鍵となる問いをつくりました。レフ先生は、このプロジェクトの学習目標を環境への配慮に焦点を当てたものにしようと思っていましたが、子どもたちが先生の助けを借りて学習の鍵となる問いを自分でつくれるかどうかを見てみたいと考えていました。そこで彼女は、導入時のイベントにおいて彼らの思考を活性化させました。

「最近、子どもたちが不満に思っていた様子を私は写真に撮りました。たとえば、コートが床に投げ捨てられていたり、鉛筆が削られていなかったり、環境が大切にされていなかったときの写真です。その写真を見ながら、生徒たちは気づいたことを話しました。その後、学校の周りを散歩して帰ってきたあと、さらに気がついたことを話しました。子どもたちは、私たちの環境が大切にされていないことについて多くの気づきを得ました。ある子どもは、『どうしてこんなことになっているの？』と話していました。また別の子どもは、『どうしたらいいんだろう？』と話していました。これらの質問は、私たちの学習の鍵となる問いにつながりました。それが、『どうすれば環境に配慮することができ、ほかの人たちに協力してもらうことができるのか？』という質問です」と、レフ先生は語っています。

すぐれた「学習の鍵となる問い」の特徴は、生徒が「これを知ることは必要だ」と感じるような質問が次々とつくりだせるというところにあります（**図7－1**参照）。

試してみましょう！——知る必要のあることに関する話し合いを導く

ＰＢＬは基本的に持続的な探究のサイクルであり、プロジェクトにおける生徒の活動が、質問によって導かれるということを意味します。質問は、生徒自身によって生みだされるべきものです。導入時のイベントや「学習の鍵となる問い」の紹介（または、ともに設定する）の直後に、教師はその質問に答えるため、また首尾よくプロジェクトを完了するために、生徒が「知る必要のある質問」についての話し合いをファシリテートします(※１)。これにはいくつかの方法がありますが、基本的なプロセスは次のとおりです。

❶フリップチャート、ホワイトボード、またはコンピューターのプロジェクターを使って、「私たちは何を知る必要があるか？」という見出しを書きます（オプションとして、片側に「何を知っているか？」と書き、もう片側に「何を知る必要があるか？」と書いたラベルを並べ、二列のグラフにするというものが考えられます。これにより、生徒の話題に関する予備知識を活性化させることができます）。

❷生徒に、個人で考えたり、アイディアを書き留めたりするための時間を与えます。その後、二人一組または三人一組になって、その質問についてブレインストーミングします。

❸あなたは一人で、もしくはメモをとる生徒と一緒になって、生徒の言葉を正確に聞き取りながら、質問のリストを作成するための話し合いをリードします。この段階で、質問の良し悪しを判断したり、質問に答えたりしないようにしてください。

❹プロジェクトに臨むにあたって、生徒が「知っておく必要がある」と思う重要なこととしてリストアップしたものが不十分であると気づいたら、教師の考えをリストに載せるのではなく、質問をすることで生徒の意見を引き出すようにしてください。プロジェクトが進むにつ

れて、生徒はリストに追加したり、修正したりする機会が増えることでしょう（オプションとして、生徒に質問を「開いた質問」や「閉じた質問」、「学習内容、学習過程、成果物について」などのカテゴリーに分類してもらうことも考えられます）。

❺質問のリストを目に見える形にしておくか、プロジェクト中、定期的に生徒に示して活用できるようにしてください。質問のリストを見直すときには、答えを見つけた質問の横にチェックマークを入れてください。新しい質問が生まれたらリストに追加します。生徒がより多くのことを学び、話題や課題を掘り下げていくと、質問がより深いものになるという傾向があります。年長の生徒であれば、このプロセスをある程度自分で管理することができます。

ＰＢＬの教師のなかには、「どのように質問に答えるか？」という見出しを設け、表に別の列として追加する人もいます。その後、生徒が話し合いをリードしたり、生徒が自分でこの欄に記入するように指導したりします。

また、プロジェクトの初期段階では、「知る必要があること」のリストを計画のツールとして使用することもできます。質問を「学習内容」、「学習過程」、「成果物」の三つのカテゴリーに分類し、その質問に対応するために必要となる指導、経験、教材、情報源（専門家を含む）を特定します。

（※１）（facilitate）「促す」という意味です。教師に求められる役割の一つとして、「ファシリテーター」（進行役・司会者・促進者）であることが挙げられます。もちろん、ここまで確認してきたコーチすることが重要であることは言うまでもありません。ここでは、三二九ページの**図７－１**のようなものをつくりだすことが目的となっています。

さまざまなことが起こる中盤の取り組みとコーチング

プロジェクトが展開されていくなかで、生徒が夢中になって取り組み、教師がコーチングをする機会が増えます。スポーツにおけるコーチのように、あなたは「選手」の才能とスキルを成長させ、それぞれの生徒が向上していくのを助けるために、挑戦しがいのある学習活動を計画することになります。

複雑な課題やアイディアを、適切なサイズに細分化、段階分けをして、新しいスキルを育てるための支援をし、練習のための時間を提供し、建設的でタイムリーなフィードバックを提供しましょう。生徒が理解を深めたり、飛躍的に進歩したときには、生徒が自分の成長を振り返り、新たな目標を設定するように促します。コーチは、より深い学習につながっていくであろう「小さな勝利」を生徒とともに祝います。

コーチは、教室の空気を読むことにも長けています。チームがどのようにうまくいっているか（あるいは、うまくいっていないか）に対して注意を払い、必要なときにはチーム内での対立をコントロールするために介入することもあります。生徒が障害にぶつかった場合は、失敗から学び、そこから立ち直るための手助けをします。このように、励ましが必要なタイミングや、不満を発散する必要があるタイミングも把握しています。

「長いプロジェクトの途中で疲れを感じることもあります」と、テキサス州ウィチタフォールズ出身の教え方のコーチであるエリン・スターキー先生は言っています。もし、あなたが生徒のことをよく知っていれば、よいコーチの特徴でもある、生徒の取り組みレベルが低下している様子を読み取ることができるでしょう。それは、外部の専門家を連れてきたり、プロジェクトへの関心を再充電するためのフィールドワークを計画するという、あなたに向けた合図なのかもしれません。

スターキー先生は、小学生を対象としている場合、「プロジェクトの壁」を使って成果物がみんなに見えるようにしています。ここで示されるものには、生徒の質問も含まれています。「掲示板は、生徒たちの注目を集めます。生徒の質問が分かれば、より良いコーチングをすることができます」と、先生は話していました。

やがて生徒たちは、お互いの質問を確認しあって、答えあわせをするようになります。「つまり、彼らはお互いにコーチングをしあうようになるのです」とも、スターキー先生は言っていました。

　生徒が率先してプロジェクトを設計していたとしても、目標を達成する前に興味が薄れてしまうことがやはりあります。長期的な探究プロジェクトの途中で生徒がスランプに陥るということがよくありますが、化学教師のレイ・アーメド先生はそれを克服するために、時には手助けをしなければならないと言っています。

「最初のうちはワクワクしているのですが、それが五週間も続くと『もう飽きた！　自分が思いついたことだけど、こんな質問にはもううんざりだ！』と、生徒が言ってしまうようなこともあります」

　このようなときアーメド先生は、「科学者も同じような問題に直面している」ということを思い出してもらい、そのような状態から脱することができるように指導をしています。「これは生徒だけに当てはまることではなく、現実の世界においても生じる問題なのです」と、先生は認めています。成功した科学者は、挫折を乗り越えていくだけの忍耐力を身につけていたということです。

　テネシー州メンフィスの高校で学校改善のディレクターを務めているイアン・スティーブンソン先生は、教師の役割を、「学習過程を通して、生徒ができるかぎり自立して活動できるように指導すること」と考えています。コーチとしての教師は、「生徒が何を必要としているかを見極め、プロジェクトを通して生徒を指導しながら、情報、励まし、違う視点を提供し、必要に応じて学習の方向を修正しなければなりません」と言っていました。

すぐれたコーチは、生徒が学習をリードする形になるように、一歩退くべきタイミングというものを知っています。「私にとって、生徒が夢中で取り組んでいるということは、生徒が学習内容について積極的に話し、それを理解していることです」と、スティーブンソン先生は言っています。「そんなときには、私は黙って、生徒の話が終わるのを待つ必要があります」

しかし、生徒が自らの学習を推し進めていないと感じたら、意図的に生徒の自己管理スキルを構築する必要があるかもしれません。

以前、テラニア・ノーファー先生から介入の仕方について聞いたことがあります。ある生徒が活動の半分くらいのことを自分の力で行おうとして、苦労している様子をノーファー先生は見ていました。先生はしばらくの間、指導の手綱を取り戻し、毎日つけている記録によって生徒の自己管理スキルを支援しました。時間が経つにつれ、生徒がより良い活動習慣を身につけると、徐々に先生は生徒に責任を委ねるようにしたそうです。

コーチとしての教師は、「小さな勝利」を祝うだけでなく、苦戦している生徒や迷走している生徒に対して、もう一度手綱を取って指導することもできるのです。効果的な形成的評価（第5章で詳述）は、生徒がいつ支援を必要とするのか、またなぜ支援を必要としているのかを特定するのに役立ちます。すぐれたＰＢＬの教師は、形成的評価からタイミングを測った支援へと、スムーズに移行するための方法を知っているのです。

たとえば、オハイオ州コロンバスの高校教師であるブライアン・ショッホ先生は、とてもよさそうなプロジェクトを立ちあげていました。彼が教えるビジネス科の生徒たちは、小学四年生を対象とした商品をデザインするという課題に取り組んでいました。プロジェクトの進行としては、自分たちの想定する価格帯にある既存の商品を調査し、対象として想定した四年生の子どもたちにインタビューを行っていました。今、プロジェクトは、チームで商品のアイディアをブレインストーミングするという段階に入っています。

教室の中をぐるりと回っているショッホ先生には、生徒の会話から、いくつかのチームがこの課題に対して全力で取り組んでいる様子が伝わってきました。「もし、彼らがブレインストーミングをしていて、別の戦略を提案しているのを聞いたら、私は手を引いていたでしょう」と先生は話していましたが、あるテーブルに生徒が座っていることに気づいたとき、先生は椅子を引いて質問をはじめました。

「今まで何をやろうとしてきましたか？　四年生と話したときに覚えていることは何ですか？　あなたが彼らの年齢だったときに好きだったことは何ですか？」

先生の質問は生徒の思考を促すことを目的としていましたが、具体的な商品のアイディアを提供することはありませんでした。

「教師である私が好きと思うものを、そのままつくるといったことはしてほしくなかったのです。アイディアは、生徒たちから出てくるものでなければなりません」と先生は言っていました。

先生はまた、「学習の鍵となる問い」で定義された目標を思い出すよう生徒たちに促しました。商品のターゲットとなる四年生にアピールするためにはどうすればよいのか？　親しみやすく、それでいて意図的な質問がなされたわずか数分後には、グループは再び熱中した状態を取り戻し、アイディアを生みだしていました。

先生は静かに先に進みました。教師としての動きは迅速であり、効果的なものでした。生徒が夢中になっている証拠を探して、聞き、観察し、開いた質問を駆使して生徒が混乱しないように し、粘り強く励まし、生徒が学習目標に集中できるようにすることが大切なのです。

実践と振り返りを重ねることでＰＢＬの教師は、生徒の苦労を気にかけながらも、生徒を高い水準に保ち続けるということに長けています。彼らは、マッカーサー賞(5)を受賞した教育者であり、公平性を提唱したリサ・デルピット（Lisa Delpit）が述べた「温かい要求者」としての教師という役割を担っていると言えます。これについてデルピットは、「生徒に多くを期待し、生徒自身の輝きがあることを確信して、規律ある、構造化された環境のなかで生徒の可能性を引き出すための手助けをする」のが教師である、と説明しています。［参考文献18］

図７－２には、「温かい要求者」としての行動について、あなたの授業実践のなかでどのように強調できるかについて考えるためのヒントとともに、その説明がされています。

生徒が理解を深めたり、商品のアイディアについてブレインストーミングしたりしているときには「コーチングのスタンス」を採用して、期待値の高い、ポジティブな教室文化を強めていきましょう。

プロジェクトのルーブリックを使って、生徒の学習目標についてコーチングするための会話（つまり、カンファランス）をします。生徒が自らの進捗状況を評価し、すぐれたものをつくりあげることを目指して努力するために役立つような質問をします。たとえば、生徒が商品づくりに取り組んでいるときには、進行中の「作品」をクリティカルに見るように指導します。

「あなたの作品は十分なものと言えますか？」

「今日のルーブリックに基づくと、この学習はどのように表現できますか？」

これらの質問は、生徒の取り組みを促し、生徒自身の学習について考えてもらうことにもつながります。これは、「強力なツール」と言えるものです。

（5）アメリカ国民、または居住者のなかから、分野を問わず、独創性に富んだ献身的な活動を展開する個人を表彰する名誉ある賞です。

図７－２　「温かい要求者」としての振る舞い

実践の振り返り		
「温かい要求者」としての振る舞い	これまでどのようなことをしてきたか？	どうすれば、これを発展させることができるか？
信頼関係を構築する		
生徒に温かさと気配りを見せる		
生徒と彼らの生活を知る		
すべての生徒のために、高い学力とスタンダードを保持し、伝え続ける		
「生産的なもがき」を奨励し、支援するための機会を個別に設ける		

（＊）振り返りのやり方は、教師が「温かい要求者」としての振る舞いを考えることを促してくれます。

最終段階におけるお祝いと振り返り

プロジェクトが終了したとしても、教師には生徒の目標の達成を祝い、生徒自身の進歩を振り返ることを助けるというコーチとしての役割が続くことになります。プロジェクト全体を通して振り返りを促してきたわけですが、プロジェクトの最終段階では、自分の学習をメタ的に見る時間となります。

生徒には、一旦立ち止まって、これまでの学習経験を振り返るように促してください。

・生徒はどのようにプロジェクトに取り組み、自信をつけ、自分自身（およびほかの生徒）を驚かせたでしょうか？
・最終的なイベントや成果物は、望んでいた成果につながりましたか？
・「普通」との違いを生みだすことができましたか？
・次のプロジェクトでは、どのような新しい目標に取り組んでいきたいですか？

この時間は、プロジェクト自体を振り返ってもらう時間でもあります。

・同じプランをもう一度やってみようとする場合、変更すべき点はありますか？

・このプロジェクトの弱みはどこにありましたか？
・成功の鍵となった、具体的な学習活動や支援を特定することはできますか？

プロジェクトのデザイナーであるあなたの仕事を生徒が批評することによって、生徒自身が学習に夢中に取り組めるようになります。また、生徒に「コーチの帽子」をかぶってもらうことで、ＰＢＬの教師として、あなたの継続的な成長を支援してくれる有益なフィードバックを提供してもらうことができるのです。

コーチのノート――適切な質問をする

「教え方のコーチ」は、学習の方法をＰＢＬに移行しようとしている学校でユニークな役割を果たしています。彼らは教師のパフォーマンスを評価する人ではありませんし、管理者でもありません。「教師と生徒の関係がとても重要なＰＢＬの授業のように、教師との関係をつくることがすべてです」と、テネシー州メンフィスの高校で役割（仕事）の一部として同僚たちをコーチングしているイアン・スティーブンソン先生は言っています。

質問をすることは、教え方をコーチングする仕事の中心に位置づけられています。もう一度振り返ってみて、探究することがＰＢＬをいかに突き動かしてくれるのかについて考えるのです。教え方のコーチがする適切な質問は、同僚の教師がＰＢＬの実践を取り入れることをサポートすることを目的として、その教師と一緒に取り組むべき目標を特定することを助けます。

ここでは、教師とのコーチングのプロセスを開始するために、スティーブンソン先生がいつも使っている質問のいくつかを紹介していきます。

あなたを教職に就かせたきっかけは何ですか？

この質問は、新人の教師だけでなく経験豊富な教師にも有効です。あらゆる教師には、教師人生に関する物語があります。あとになってＰＢＬがうまく軌道に乗りはじめると、しばしばＰＢＬが、なぜ教師になったのかという理由を思い出させてくれることになるでしょう。

ＰＢＬの魅力は何ですか？

この質問は、教師たちのモチベーションについての見方や考え方を与えてくれます。教師たちが何に熱中しているのかが分かれば、彼らの教え方を変えるための手助けをすることが容易になります。また、この問いに対する答えは、ほかの教師たちと一緒にどのような道を歩んでいくべきかについての見方や考え方も与えてくれます。

あなたの得意なことは何だと思いますか？

この質問をすることで、私は成長マインドセットの面からコーチングすることができます。相手の得意なことからはじめれば、それをさらによくすることに向かって努力することができます。もし、教室での習慣をつくるのが得意な教師であれば、クラスの管理は問題ないでしょう。とてもよいことです。そこからスタートして、ＰＢＬの教室をより良く支援するための習慣を追加することが考えられます。

私に焦点を当ててほしいことは何ですか？

この問いは、より具体的な目標へ導いてくれることになります。すべては、教師が何に取り組みたいかによって決まるのです。その後、観察をしたり、ある授業をモデルにしたり、データを収集したり、生徒にインタビューしたりするといったことが考えられます。

一連のコーチングの終わりには、プロジェクトの終わりと同じく、「私はチアリーダーになります。時々、教師は自分の進歩を認識していないことがあります。コーチとしての私の仕事は、教師たちの成功を指摘し、それを称えることなのです」と、スティーブンソン先生は付け加えてくれました。

生徒が夢中で取り組み、教師はコーチングする――まとめ

この章では、ＰＢＬのなかで生徒に夢中なって取り組んでもらい、コーチングをするための多くの方法と実際に行われた例を見てきました。現在行っているあなたの実践を振り返りながら、ＰＢＬにおける生徒の取り組み方と、コーチングでのアプローチを改善するための方法を考えてみてください。

・あなたは、「コーチとしての教師」という役割を採用することに、どの程度違和感がありますか？　また、コーチングは従来の教師の役割とどのように違いますか？
・過去にプロジェクトを立ちあげた際、どのように生徒を取り組ませましたか？　また、生徒が取り組んでいる様子を見極めるために、どのようなところに注意をしていますか？
・プロジェクトの途中でいろいろなことが起こっているとき、または生徒の興味が薄れはじめたとき、どのようにして課題を克服したり、興味を継続したりするようにコーチングしていますか？
・プロジェクトの最終段階で、生徒が自らの成長を振り返るように促すために何をしていますか？　また、学習の成功をどのようにしてお祝いしていますか？

第8章

最後に振り返る

実践を振り返ることが、ＰＢＬの教え方を上達させる鍵となる。

　これまでの章で登場してきた教師たちは、ＰＢＬの教え方に関してさまざまな方法で専門知識を身につけてきました。そのなかには、学校全体でのＰＢＬへの移行に関する一端を担っていた人もいます。多くの人が、自分たちの学校や教育委員会でＰＢＬの先駆者となり、生徒にとってより魅力的で有意義な教育にするために、より良い方法を絶えず見つけながら実践してきました。また、教員養成課程でＰＢＬを経験した人もいれば、それよりももっと早い時期に経験した人もいました（つまり、生徒時代にという意味です！）。

　出発点がどこであったとしても、ＰＢＬは練習を重ねることでより良いものになるということについては全員が同意しています。熟達したＰＢＬの教師になるには、一つか二つのプロジェクトを行っただけでは十分とは言えません。それには、効果的な学校のリーダー、教え方のコーチ、および同僚によってサポートされた、専門的な学習と振り返りという継続的なプロセスが必要とされるからです。

試してみましょう！——プロジェクトを振り返る

プロジェクトが終了したらすぐに、プロジェクトがどのように進んだかを記録する時間をとりましょう。生徒のコメントや作品、プロジェクトにかかわったほかの大人からのフィードバック、評価結果などのデータを参考にしてください。それらから導かれたプロジェクトの評価に対するあなたの結論は、次回に向けてプロジェクトを改善したり、学んだことを念頭に置いて、将来のプロジェクトを計画するときに役立ちます。

ここでは、それをする際の効果的な質問の種類と例をいくつかご紹介します。

学習内容——選択したスタンダードやそのほかの学習目標は、プロジェクトに適していましたか？　プロジェクトに専門家を参加させた場合、生徒が学ぶべきことについて、その専門家はどのように考えていましたか？（難しい場合は、彼らに尋ねたと仮定してください。）また、彼らが「このテーマは含めておいたほうがよい」と言っていた内容はありましたか？

プロジェクトのデザイン——ＰＢＬに適したテーマでしたか？　プロジェクトは生徒を夢中に

しましたか？　ＰＢＬ実践のゴールドスタンダードにおけるプロジェクト・デザインに不可欠な要素のすべてを、効果的に反映していましたか？　導入としてのイベントや学習の鍵となる問いは効果的なものになっていましたか？　最終的な成果物は、生徒の理解度を示すのに適したものでしたか？　プロジェクトの期間は適切でしたか？

指導――ほかの指導方法よりもすぐれていると感じられた、ＰＢＬによる指導はあったでしょうか？　次回のプロジェクトに向けて、扱ったテーマについてあなたはどのように学ぶことができましたか？　あるいは、実践をより良くすることはできますか？

結果――重要な知識、理解、成功のためのスキルを生徒は十分に学び、成長することができましたか？　彼らの活動は質の高いものでしたか？　そうでない場合、どのようにすれば改善できたでしょうか？　プロジェクトの成果として、あなたが驚いたことやうれしかったことはありましたか？

最後に、あなた自身がこれから進んでいくＰＢＬの旅に役立つかもしれない、いくつかの振り返りを述べて終わりにします。

小学校教師のサラ・レフ先生は、「子どもと私を伸ばすプロジェクト」に喜びを感じていました。そして、「これまでの教師歴においてＰＢＬでのみ教えてきましたが、今でも新しいプロジェクトを経験するたびに蝶のような気持ちになります」と言っています。

「私は、いつも不安を抱えながらスタートしています。私が毎回不安を口にしていることを、夫が思い出させてくれます。何が起こるか分からないので、少し不安になるのです。でも、それが教えることの面白いところです。子どもたちに学習のオウナーシップを渡すと、彼らの取り組むレベルは非常に高くなります。子どもたちはＰＢＬを支持し、保護者もそれを支持してくれています。そして、どうにか、すべてがうまくいくのです」と、レフ先生は話してくれました。

一方、中学校の歴史教師であるトム・ネヴィル先生は、「ＰＢＬは努力する価値がある」と確信したという、キャリアにおける初期の経験を振り返っています。彼が初めてＰＢＬに取り組んだのは、伝統的な授業スタイルが当たり前とされていた学校でした。その学校の文化は、生徒の探究心や教師の革新しようとする姿勢を伸ばすようなものではありませんでした。

ネヴィル先生が、「生徒たちがワシントンＤＣの路地の歴史を記録し、歴史家や古い建物の保存に努力している人たちを聴衆にして、自分たちの発見を共有することに挑戦した」という、最初のプロジェクトでの出来事を振り返ってくれました。

――生徒たちは、ＰＢＬへの移行について、最初の段階では好ましいとは思わなかったと話していました。学校に染みついている大きな文化が、この方法で活動することになじんでいなかったのです。彼らは、プロジェクトを望んでいませんでした。生徒は、講義やテストのように、十分に能力が発揮できるものを望んでいたのです。彼らは授業以外の時間に話し合い、リーダーを指名しました。そして、そのリーダーが授業中に私と対峙して、「私たちは、あなたに講義とテストをしてもらいたいのです」と言う状況だったのです。

しかし、プロジェクトが終わるころには、反対の声を上げていた生徒たちがＰＢＬを率先して支持するようになりました。そのためには、リスクを冒してその方向に進むこと、疑念やつまずきがあってもその方向性を貫くこと、その決定やアイディアについて生徒と率直に対話すること、そして教室を超えた社会と学習内容をつなげる方法を見つけることが必要となりましたが、それ自体が、自分の欠点やこの教育法の経験不足を補うのに役立ちました。

その後、ネヴィル先生は別の学校に移りましたが、今ではＰＢＬをサポートする立場にいます。それにもかかわらず彼は、「時間、評価、支援のバランスをとるための最良の方法を見つけるために」実践を続け、振り返り、そしてプロジェクトを微調整しています。

「ＰＢＬに取り組む同僚へのメッセージは？」と尋ねると、次のように答えてくれました。

「とにかく試すことやリスクを冒すことの重要性、失敗することの教訓などを生徒に強調しているわけですから、自分の仕事でも同じ考え方をもって取り組む必要があります」

一方、高校教師のレイ・アーメド先生にとってPBLは、生徒の生活と教科学習として学ぶ内容を深く意味のある方法で結びつける方法となっています。

「化学についての学習をしているならば、ただ実験室に座っているだけではなく、実際に化学を応用して建物を修復したり、水の安全性を確認したりすることができます。建築物の修復や水の安全性に関する確認などについて、実際に化学を応用することになるからです」と、彼は言っています。

たとえば、ミシガン州フリントにおける「水資源の危機」に焦点を当てたプロジェクトでは、「人々に大きな被害をもたらした出来事を題材にしました。化学という教科は、『水資源の危機』という問題をつくりあげた領域でしたが、同時に解決策も提供してくれるものなのです。化学が実際の世界でどのように責任をもって使われているのかについてさまざまな視点から検討してもらうことは、生徒にとっても重要なことだったのです」と、アーメド先生は話してくれました。

アーメド先生は、外部の専門家を活用したことで、現実の問題にどのように対処すればよいのかという意識を生徒たちがもてるようにしていました。「専門家というのは、化学者と、活動家や社会政策に携わっているような人たちでした。私がプロジェクトから得たいと願っている内容を考えている人たちで、全員が問題解決に貢献できるための『何か』をもっているということです」と、アーメド先生は話していました。

最後に、高校教師のエリン・ブランドヴォルド先生からの実践的なアドバイスを紹介しましょう。

ブランドヴォルド先生は、キャリアをスタートした初期のころ、生徒の作品を展示するためのプロジェクト展が間近に迫っていたときのことを思い出して話してくれました。先生は、生徒たちが本番に向けて準備ができているかどうか確信がもてませんでした。

「私は、怖くてたまりませんでした」と、先生は認めています。ＰＢＬに関してより豊富な経験をもっている同僚がいくつかのアドバイスを提供したのですが、そのことが彼女の心に深く残っています。

「彼はこう言いました。『あなたがＰＢＬをやりたいのであれば、飛び込む必要があるぞ』」

ブランドヴォルド先生は疑問に思いながらも彼のアドバイスを受け入れました。その結果、生徒たちはうまくやったのです。

ＰＢＬにおいて教師の成長をサポートしている学校のリーダーのために、ＰＢＬのベテラン教師からもう一つアイディアをお借りしましょう。

毎回の授業の終わりにブランドヴォルド先生は、生徒の努力を褒めるために何か具体的なことを見つけています。

「その日の生徒のことで、彼らに感謝したいことを私は伝えています。ささいなことですが、それによって生徒は自分が見られていると感じます。そして彼らは、自分の努力が評価されていることを知ります。そうすることで、生徒たちはリスクを冒しながらも挑戦したり、さらなる努力をすることに抵抗感をもたなくなるのです」

ブランドヴォルド先生の生徒たちと同じように、PBLをはじめたばかりの教師は、自分の努力に対する励ましを必要としています。彼らは、リスクを冒しても大丈夫だと感じる必要があります。また、建設的なフィードバックを得る機会と、そのフィードバックをいかして修正を加える時間も必要となります。

PBLは、「なすことによって学ぶ」ことがすべてなのです。驚くことではありませんが、同じことが指導を考える際にも当てはまります。PBLを行い、自分の経験を振り返ることで、PBL実践の展開方法をマスターすることができるのです。

訳者あとがき

私たち人間にとっては、「よく分からない」という感情が「面白さ」を生む源だと言えます。しかし、学校という場では、その「分からなさ」を避けようとしてしまっている傾向があるようです。その背景には、教師がある物事に対して「よく分からない」と生徒たちに表明することや、「答え」がよく分からないことを扱うことが難しいという心理面におけるハードルがあるように思えます。

最近、知人の植物学者に植物のことについて教えてもらった際、同じようなことを考える機会に恵まれました。その植物学者は、生徒たちにたくさんの植物に触れ、その不思議さや面白さを感じてほしいと願っている人です。それと同時に彼は、学校がそれを果たせているのか、という不安を感じていました。

たとえば、日本では中学校で植物の種類を学びます。学習指導要領にも「被子植物」というグループがあり、そのなかで「単子葉類」と「双子葉類」という二種類に分類できることを習うよう設定されています。単子葉類は、葉脈が平行で、維管束《いかんそく》が散らばっており、根はひげ根になっていて、双子葉類は葉脈が網目状で、維管束が輪になっており、根は主根と側根で構成されている、と暗記した人も多いことでしょう（教科書にもそう書いてあります）。

私は国語教育が専門で、植物に関しては素人ですから、単子葉類と双子葉類とはそういうものだと思っていました。しかし、そこで示されている単子葉類と双子葉類の特徴には例外があるようです。たとえば、「オオバコ」という道ばたや校庭などでよく見られる植物があります。これは双子葉類にもかかわらず葉脈が平行で、根もひげ根です。先に示した特徴に合致しません。こんな存在が、植物を分類するという営みを、難しく、面白いものにしてくれていると言えます。

ただ、この面白さを教室の場面にもち込もうとすると困ったことになります。もし、教師が「では、外に出て、単子葉類と双子葉類の植物を探してみましょう！」などと指示すると、生徒たちが探してくる「例外」に教師は頭を抱えてしまうことになるでしょう。このようなことを恐れて、外で植物を探し、触れる機会が奪われるのではないかとその植物学者は危惧していました。

このような危惧が、現実のものとなってしまっているのかもしれません。しかし、実際にたくさんの植物に触れ、「分からなさ」を経験することによって、ようやく植物を分類するという営みの「面白さ」を真に理解することができるのです。

確かに、「分からなさ」を経験することは、従来型の知識を詰め込む授業よりも生徒の自主性が高くなるため、教師にとっては学習の見通しがつけにくいでしょう。しかし、確実に生徒のなかに価値を生みだしてくれるものになるはずです。

本書の「はじめに」には、「ＰＢＬの教師は、すべての『答え』をもっていることよりも、むしろアクティブな質問をすること、好奇心をもつこと、および仲間と学習を行うことを奨励します」という記述がありました。これは、これから求められる学習のあり方を示唆する典型的な文言と言えます。

ＰＢＬは、「よく分からないこと」を学習の俎上に載せられる方法の一つでしょう。私たち教師も、見通しのつかないことをいかに楽しむことができるのか、ということが問われているように思えます。あるテーマについて生徒が追究する過程で、その生徒の学びを見とり、さらなる学びを促していけるのかが何よりも大切なのです。

近年、「社会に開かれた教育課程」の実現が声高に求められています。逆に言えば、これまでの学校教育は社会に開かれておらず、獲得するものは学校内でのみ通じる知識にとどまっていた、と捉えることができます。また、学校内というのは「教科書のなか」と言い換えることができるかもしれません。それにしても、文部科学省の教科書へのこだわりようは収まる兆しがいっこうにうかがえません！

生徒に、「何を理解しているか」ではなく「何ができるのか」が問われているのが今の時代です。まず、私たちにできることは、社会や世界とつながっている「よく分からない」ことを、いかに学習の場面にもち込めるかについて考えることです。本書が、その具体像をイメージするための手がかりとなることを請けあいます。

最後に、本書の出版にあたって、粗訳の段階で目を通して貴重なコメントを寄せてくださった安富悠介さん、重久靖恵さん、佐藤可奈子さん、大関健道さん、大島順一郎さん、井久保大介さん、阿部友貴さん、数学の問題の把握に付き合ってくださった木林傑さんと須賀侑さん、そして本として世に出す形にしていただいた株式会社新評論の武市一幸さんをはじめとして、スタッフのみなさまに心より感謝を申し上げます。

二〇二一年四月

訳者を代表して　池田匡史

	質問することができる。	・難易度別に分けられた質問リストをつくる。 ・リハーサルに対して、教師からのフィードバックを行う。	・質問をタイプ別に分類し、より深い質問をつくる練習をする。 ・即興で質疑応答をするドリル学習を行う。 ・専門家へのインタビューを行う。
	・自分の考えを効果的に聴衆に伝えるために、プロのプレゼンテーションスキルを活用することができる。 ・プロのプレゼンスキルの質について評価基準をつくる。	・ペアでのリハーサルとフィードバックをする。 ・リハーサルに対する、教師からのフィードバックを行う。	・裁判の動画を見て評価する。 ・「法廷ではどのようなものを目にしたり耳にしたりするか？」について、専門家へのインタビューを行う。

(チーム) 第４週 模擬裁判 ケースセオリー	・独裁政権とそこで起きた革命がその国民に与えた影響を分析できる。	・政府側の証人は、証人宣誓供述書を作成して自分たちの指導力についてまとめる。 ・証人プロフィールに対する教師のフィードバックをする。 ・市民側の証人が証人宣誓供述書を作成して、革命以前の生活をまとめる。 ・証人調書に対する法律の専門家からのフィードバックを行う。	
(個人) 第５～６週 模擬裁判への参加	・革命の効果について、市民の生活を向上させたかどうかを判断できる。	・実際の裁判の様子を反映させたリハーサルや必要物についての出口チケット。 ・模擬裁判後、「どちらが勝つべきだったのか？」についてクラス全体で話し合いをする。	・最終的な判決の予測をする。 ・裁判準備中のウォーミングアップと出口チケットを活用する。 ・話し合いでの質問を事前に準備する。
	・革命家の動機について、自分の解釈を示すために	・ペアでのリハーサルとフィードバックをする。	・裁判の動画を見て評価する。

	・革命についての議論において、証拠を裏づけとして活用できる。 ・反論を理解し、自分の意見を強化するためにその反論を活用することができる。	・主張を修正するためのギャラリー・ウォークをする。 ・主張と証拠のつながりに関する相互評価をする。	・緻密な議論をするための評価基準を確認する。 ・革命の評価基準を使って、証拠を選んだうえで論証の作成をする。
（チーム） 第４週 模擬裁判 ケースセオリー	・革命家の行動の背景にある動機を分析できる。	・革命の証人による、革命での自らの役割と動機をまとめた証人宣誓供述書を作成する。 ・証人プロフィールに対する教師のフィードバックをする。 ・弁護人は、証人の動機に対する解釈を示す証人調書を作成する。 ・証人調書に対する法律の専門家からのフィードバックをする。	・証人としての準備の仕方や弁護人としての弁護・起訴の仕方についての法律専門家へのインタビューをする。 ・主張、証拠、反論の違いを理解し、それらの関係性を理解したケースセオリーの作成をする。 ・チームで協働した証人宣誓供述書と証人調書の作成のために、情報カードの活用を行う。 ・証人プロフィールと証人調書を作成するために「見える化」シートを使う。

（個人） 第１〜３週 裁判の前に、生徒は裁判で行う主張と、その裏づけとなる証拠を提示する。	・革命の効果を評価するための基準を決められる。	・協働してつくった評価基準によって、特定の国を評価する。	・革命の効果を定義し、評価基準の一覧を作成することを目指す小グループでの話し合いを行う。 ・全体で各グループの評価基準一覧を統合する。
	・革命についての証拠を集めるために、一次資料、二次資料を活用することができる。	・革命に関する内容のクイズをする。 ・証拠となる４枚の情報カード（内訳＝二つの一次資料からの情報、二つの二次資料からの情報）の作成をする。 ・証拠を修正するためのギャラリー・ウォークをする。	・革命家の生活と革命の動機に関する、提供された一次・二次資料の情報を整理する。 ・革命以前の政府に関する一次・二次資料の情報の内容を整理する。 ・一次・二次資料から集めた、革命前と革命後の市民の生活に関する情報を整理する。 ・情報カード（情報源）の価値について振り返りをする。 ・証拠の質に関する基準（正確か、充実しているか、多様なものがあるか）を確認する。

付録②　生徒の学習ガイド

（注）以下に示す「生徒の学習ガイド」は、高校の世界史プロジェクトである「革命を裁判にかける」用として、エリン・ブランドヴォルド先生が開発したものです。

プロジェクト：「革命を裁判にかける」			
学習の鍵となる問い：「歴史家」として、市民生活を改善するための革命の効果をどのように判断するか？			
最終成果物 プレゼンテーション、パフォーマンス、成果物と（もしくは）奉仕活動	**学習の目的／目標** 成果物を完成させるために、生徒が必要となる知識を獲得し、理解と成功のためのスキルを身につける。	**チェックポイントと形成的評価** 学習状況を確認し、生徒の学習が軌道に乗っているかを確認する。	**すべての学習者に向けた指導方法** 教師やほかのスタッフ、専門家などによって提供される。 学習の支援、教材の用意、学習の成果に沿った指導、形成的評価を含む。
（個人） 第１～３週 裁判の前に、生徒は裁判で行う主張と、その裏づけとなる証拠を提示する。	・革命がどのようにしてはじまるのか、革命の枠組みを使って説明し、それを特定の国とメキシコ革命、ハイチ革命、キューバ革命に当てはめることができる。	・枠組みについてのクイズをする。 ・特定の国についての振り返りをする。 ・特定の国の枠組みと選んだ革命での枠組みとの比較をする。	・枠組みについての直接的な指導をする。 ・特定の国の枠組みとなるようなジグソーパズルを作成する。 ・枠組みの要素を理解するための、ガイド付きの革命の要約を作成する。

生徒は夢中で取り組み、教師はコーチングする	・一人ひとりの生徒のパフォーマンスに対する期待がはっきりとしていないか、高すぎたり、低すぎたりしている。 ・教室での生徒と教師の関係性の構築に制限があるため、生徒のニーズが分かっていなかったり、それに対応できていなかったりする。 ・生徒と教師は、生徒が何を（内容）、どのように（方法）学習しているかについてインフォーマルに振り返っている。振り返りは、主にプロジェクトの終わりのときに行われている。	・一人ひとりの生徒のパフォーマンスに対する期待が適切な高さに設定されており、教師がそれを生徒に伝えている。 ・さらなる指導や練習、追加の資料、方向転換、トラブルへの対処の仕方、褒めたり、励ましたり、お祝いしたりすることなどの生徒のニーズについて、教師は生徒と関係性を築き、綿密な観察とやり取りを通して特定している。 ・生徒と教師は、何を（内容）、どのように（方法）学習しているのかについてたまに振り返っている。	・一人ひとりの生徒のパフォーマンスに対する適切な高さの期待が教師と生徒によって明確に確立され、共有され、強化されている。 ・個々の生徒のニーズは、教師との緊密な関係性によって特定されている。そのニーズは、教師だけでなく、生徒自身やほかの生徒によっても特定されていて、そのニーズを自分たちで満たすように自立した活動を行っている。 ・生徒と教師は、プロジェクト全体を通して、何を（内容）、どのように（方法）学習しているのかについて、定期的に、そして正式に設定された場で振り返っている。そのうえで、手に入れたことや成果の面に注目して、それを祝っている。

生徒は夢中で取り組み、教師はコーチングする	・教師は、生徒の強み、興味関心、背景、生活状況について、ある程度の知識をもっているものの、指導に関する決定にその知識がほとんど影響を与えていない。 ・プロジェクトの目標が、生徒の意見を求めることなく設定される。 ・生徒は、プロジェクトを「課題」のように感じてしまっている。オウナーシップや動機づけを高めることにつながっていない。 ・学習の鍵となる問いはプロジェクトの開始時に提示され、生徒の質問がつくられるものの、それらは探究したり、成果物をつくったりするときのガイドとして活用されない。	・教師は、生徒の強み、興味関心、背景、生活状況についてある程度の知識をもっていて、プロジェクトで教えるときの考慮事項としている。 ・プロジェクトの目標や到達基準が、生徒からの意見をもとに設定されている。 ・生徒はプロジェクトに熱中しており、教師の熱意や成功に向けた働きかけによって、一生懸命に活動しようとしている。 ・生徒の質問はある程度広がりをもったものとなっているが、教師が答えを提示するのが早すぎるときがある。たまに生徒は、学習の鍵となる問いについて振り返っている。	・個々の生徒の強み、興味関心、背景、生活状況に関する知識が、生徒をプロジェクトに夢中に取り組めるようにしたり、指導上の決定に影響を与えたりすることにつながっている。 ・生徒と教師は、スタンダードを活用して、プロジェクトの目標や到達基準を適切な方法で設定している（たとえば、一緒にルーブリックをつくるなど）。 ・プロジェクトに対する生徒の熱意とオウナーシップの感覚は、教師と生徒が共有している活動の性質によって維持されている。 ・生徒の質問が、探究を推し進めたり、成果物をつくりあげるプロセスを進めたりするうえで中心的な役割を担っている。

生徒の学びを支援する	・生徒は、学習内容を理解するため、また資料を調べるためのいくらかの支援を受けているが、生徒たちが個別にもっているニーズは満たされていない。 ・教師は、生徒がプロジェクト中に必要な知識を得ることができるタイミングを待たずに、プロジェクトの開始前に知識を与えてしまうことがある。 ・プロジェクトの副産物として生徒は成功のためのスキルを手に入れることができるが、教師はそれを意図的に教えていない。 ・生徒は、調査をしたり、データを集めたりするよう求められるが、適切なガイドがない。集めた情報から、より深い質問が生みだされることはない。	・ほとんどの生徒が学習内容を理解するため、また資料を調べるための支援を受けているが、生徒たちが個別にもっているニーズが満たされていない面が一部にある。 ・学習に必要な支援は、生徒の質問や生徒が知っておくべきことを教えることによってある程度つくられているが、教師が最初から与えすぎることがある。 ・成功のためのスキルの主要なものは教えられているが、生徒にとってはそれらを練習するための機会がさらに必要な状態となっている。 ・生徒の探究が促され、支援も提供されているが、さらに多くのものが必要である。教師が指示をしすぎてしまい、生徒が一人で考えることを制限してしまうときがある。	・生徒はそれぞれ、学習内容と資料、そしてスキルを手に入れるための支援を受けている。これらの支援は、生徒に必要でなくなったら徐々に取り除かれている。 ・学習に必要な支援が、生徒の質問やニーズから導かれている。教師は、プロジェクトの開始時にはあまり多くの情報を提示していない。それが必要となったとき、もしくは生徒が要求してきたときにのみ提示されている。 ・主要な成功のためのスキルが、さまざまなツールや方法を駆使して教えられている。生徒はそれを練習して、身につけるとともに、成長を振り返る機会が与えられている。 ・生徒の探究が促され、支援もしっかりと設けられていると同時に、生徒を可能なかぎり自立した学び手として考え、行動するように促している。

	・批評と修正のやり方が活用されていないか、公式のものとなっていない。フィードバックも表面的なものであったり、活動を改善するために役に立たないものとなっていたりする。 ・生徒は自分の活動をインフォーマルに評価しているものの、教師が定期的で、明確に設定された機会を提供できていない。 ・ルーブリックは最終成果物を評価するときに使用されているものの、形成的評価を行うためのツールとしては使われていない。また、ルーブリックがスタンダードから導かれたものとなっていない。	・批評と修正のやり方など、形成的評価を行うために考えられた方法がたまに使用されている。生徒はフィードバックの提供の仕方と、活用の仕方を学んでいる。 ・生徒は、自分の成長を自己評価する機会を提供されているものの、よく計画されていないし、頻繁にも行われていない。 ・スタンダードに沿ったルーブリックが、教師によって形成的評価と総括的評価を行うために活用されている。	・批評と修正のやり方など、形成的評価を行うために考えられた方法がチェックポイントで定期的に行われている。生徒は、効果的なフィードバックを送ったり受け取ったりしていて、それが指導の必要性が分かるものとなったり、生徒の活動の実際を把握したりするのに役立っている。 ・生徒には、自分の成長を自己評価し、必要に応じて仲間のパフォーマンスを評価するような機会が、定期的で、よく計画されたものとして提供されている。 ・スタンダードに沿ったルーブリックは、形成的評価と総括的評価を行うために、プロジェクト全体を通して教師も生徒も活用している。

活動をうまく管理する	・計画表やチェックポイント、締め切りが設定されているものの、おおざっぱな設定となっているか、非現実的な設定となっていて、活動の流れを妨げてしまっている。	・現実的な計画、チェックポイント、締め切りが設定されているが、もっと柔軟性が必要である。それらが活動の妨げとなってしまう場合もある。	・生産性を最大化するために、プロジェクトの活動時間中は、授業の習慣と規範が一貫して守られている。 ・現実的なスケジュール、チェックポイント、締め切りが設定されているが、それが活動の流れの妨げにならないように柔軟性をもたせている。
生徒の学びを評価する	・教科・領域に関するスタンダードに位置づく学習は、成果物ではなく、主にテストなど昔ながらの方法によって評価されている。成功のためのスキルは評価の対象になっていない。 ・チームでつくりあげた成果物は生徒の学習を評価するために活用されるので、個人を評価することは困難である。 ・形成的評価がたまに行われているものの、定期的なものでもなく、やり方も豊富ではない。	・プロジェクトの成果物やその他の評価材料は、教科・領域のスタンダードに照らした評価をするために活用されているものの、成功のためのスキルはある程度しか評価されていない。 ・チームでつくりあげた成果物だけではなく、生徒個人の学習もある程度は評価されているものの、生徒個人の習熟度を示す証拠は十分なものではない。 ・形成的評価は、いくつかの異なるツールとやり方で行われている。	・プロジェクトの成果物やその他の評価材料は、教科・領域のスタンダードと成功のためのスキルを徹底的に評価するために活用されている。 ・チームでつくりあげた成果物だけではなく、生徒個人の学習が十分に評価されている。 ・形成的評価が、さまざまなツールや手立てによって定期的かつ頻繁に行われている。

	・生徒の学びを支援する方法、批評と修正のやり方、評価、ルーブリックが、あるスタンダードの項目の達成を手助けするものとなっていない。	・生徒の学びを支援する方法、批評と修正のやり方、評価、ルーブリックは、あるスタンダードの項目の達成を手助けするものとならない場合がある。	・生徒の学びを支援する方法、批評と修正のためのお決まりの活動、評価、ルーブリックは、特定のスタンダードの項目の達成を一貫して手助けするものとなっている。
活動をうまく管理する	・授業で、個人やチームでの活動時間と、小グループに対する指導の時間が設定されているものの、クラス全体への指導に時間をかけすぎている。 ・チームは、とくに決まりのないやり方（出席番号順など）でつくられているか、生徒がつくっているとしても、正式な手続きや決め方が定められていない状態でつくられている。 ・プロジェクトの活動時間に関する教室の習慣と決まりがはっきりと確立されていない。時間についても、生産的な使われ方がされていない。	・授業で、個人やチームでの活動時間と、小グループに対する指導とクラス全体への指導の時間が設定されているものの、プロジェクトを通してそのバランスがとれていない。 ・多くの場合バランスの取れたチームがつくられているが、プロジェクトの性質などが考慮されていない。生徒も、チームづくりの過程で、それなりに声や選択は尊重されているものの、十分ではない。 ・プロジェクトの活動によっては、教室の習慣と決まりが守られているものもあるが、一貫していない。生産性も、良かったり悪かったりする。	・授業では、クラス全員に対する指導と少グループ対象の指導の両方を含むよう、個人の活動とグループの活動の時間を適切に組み合わせている。 ・プロジェクトの性質と生徒のニーズに応じてバランスのとれたチームがつくられており、なおかつ、適切な生徒の声と生徒による選択で形成されている。 ・プロジェクト管理ツール（グループ内の計画表、グループでの契約書、ジャーナルなど）を活用して、生徒の自己管理や自主性、協働性を支援している。

学習をデザインし、計画する	・プロジェクトには、「プロジェクト設計に不可欠な七つの要素」のいくつかが含まれているが、プロジェクト設計のルーブリックの最高レベルのものは含まれていない。 ・生徒の学習を支援する方法や評価の計画に関して、詳細に考えられていない。また、プロジェクトの計画表も、さらに詳細なものが必要だったり、計画表そのものがつくられていなかったりする。 ・プロジェクトに必要な資料が、事前に予定されたり、用意されたりしていない。	・プロジェクトには、「プロジェクト設計に不可欠な七つの要素」のすべては含まれているが、プロジェクト設計のルーブリックの最高レベルにないものもある。 ・生徒の学習を支援する方法や評価の計画に、いくつかより詳細にしたほうがよい点がある。また、プロジェクトの計画表も、時間が多すぎたり、逆に少なすぎたりしており、生徒のニーズに対応するものになっていない。 ・プロジェクトに必要な資料のほとんどは、事前に予定されたり、用意されたりしている。	・プロジェクトは、「プロジェクト設計に不可欠な七つの要素」をすべて含んでいる。 ・計画が詳細に考えられていて、生徒の学習の支援や評価のあり方、生徒のニーズにあわせた日程の調整などについて、柔軟に対応できるようになっている。 ・プロジェクトに必要な資料が可能なかぎり予測されていて、事前にそれらが十分に準備できている。
スタンダードにあわせる	・成果物の評価基準は示されているが、とくにスタンダードから導かれたものではない。	・成果物の評価基準のなかの一部に、生徒がすべてのスタンダードを満たしているという証拠を明確に提供していないものがある。	・成果物の評価基準は、はっきりと具体的にスタンダードから導きだされていて、習熟度を示すことができる。

	教師の介入を必要としていたりする。 ・生徒は、自分で質問をつくることを繰り返しながら自分なりの答えを見つけていくのではなく、「正しい答え」があるように感じている。また、間違いを犯してしまうことを恐れている。 ・「とにかく成果物をつくりあげる」ことに価値が置かれていて、それを修正する時間がない。 ・その範囲を授業で取り扱ったかどうかが、学びの質や深さよりも重要視されている。	て、協働することの意味を学んでいる。また、教師は、時々その活動に介入したり、活動を管理したりしなければならないときがある。 ・生徒は、学習の鍵となる問いに答えたり、プロジェクトを完了させたりするための方法が複数あることを理解しているものの、「間違いだ」と言われることを恐れて、アイディアを提案したり、それを確かめたりすることに消極的である。 ・批評と修正、粘り強さ、深い学びを導く思考、質の高い活動をすることへの誇りをもつことが重要だという価値観が教師によって促進されるものの、まだ生徒がしっかりと身につけているとは言い難い。	活動をしており、現実社会の職場環境に似ている。教師が関与する必要性がほとんどない。 ・プロジェクトにはたった一つの「正解」や、好ましい方法はなく、リスクをとったり、失敗をしたりしても、そこから学べばよいのだということを生徒が理解している。 ・批評と修正、粘り強さ、深い学びを導く思考、質の高い活動をすることへの誇りなどの価値観が教室で共有されており、生徒はそれらの価値観についてお互いに責任を取りあっている。

付録① PBL指導におけるルーブリック

PBLによる指導	PBL初心者の教師	PBLに慣れてきた教師	PBLの実践者として模範となるような教師
文化をつくる	・教室の決まりは、プロジェクトの活動をガイドしてくれるようにつくられてはいるが、それでも教師に縛られる「ルール」のように感じさせてしまうことがある。	・教室で共有されるきまりは、生徒と一緒につくられていて、生徒のなかでその決まりが意識されている。	・教室で共有される決まりは、生徒と一緒につくられ、生徒が自分で確認できる。
	・生徒は自分の考えを尋ねられたり、選択肢が与えられたりすることもあるが、生徒の声や選択の機会はめったにないか、あったとしても、学習の本筋とはあまり関係のないところで与えられたものにすぎない。	・生徒の声や選択は、意図的にデザインされた機会（たとえば、チームの決定や資料の選出、批評のための手順の活用、成果物の制作など）を通して促されている。	・定期的に生徒の声をいかしたり、選択してもらったりすることや、生徒がプロジェクトで取りあげたい現実世界の問題を決めたりすることなどが継続的に行われている。
	・生徒はたまに一人で活動するときもあるが、たいてい教師の助けを必要としている。	・生徒はある程度一人で活動をしているが、必要以上に教師に指示をもらっている。	・生徒はいつも、教師からの指示を最小限に抑えて、自分が何をするべきなのかについて理解している。
	・生徒たちでグループ活動をしても、非生産的であったり、	・生徒のチームは、おおよそ生産的といえる活動を行ってい	・生徒はいつも、健全で機能性の高いチームで力をあわせて

第６章　生徒の学びを支援する

『ようこそ、一人ひとりをいかす教室へ』（前掲）、『私にも言いたいことがあります！』（前掲）、『ピア・フィードバック（仮題）』（前掲）、『教科書をハックする』（前掲）、『教育のプロがすすめる選択する学び』（前掲）、『「学びの責任」は誰にあるのか』（前掲）、『あなたの授業が子どもと世界を変える』（前掲）、『退屈な授業をぶっ飛ばせ！』（前掲）、『歴史をする』（前掲）、『挫折ポイント（仮題）』（新評論、2021年刊行予定）、『静かな子も大切にする（仮題）』（新評論、2021年刊行予定）、『「学習会話」を育てる（仮題）』（ジェフ・ズウェイス／北川雅浩ほか訳、新評論、2021年刊行予定）

第７章　生徒は夢中で取り組み、教師はコーチングする

『あなたの授業が子どもと世界を変える』（前掲）、『退屈な授業をぶっ飛ばせ！』（前掲）、『教科書をハックする』（前掲）、『教育のプロがすすめる選択する学び』（前掲）、『「学びの責任」は誰にあるのか』（前掲）。

第８章　最後に振り返る

『「考える力」はこうしてつける（増補版）』（前掲）、『教育のプロがすすめる選択する学び』（前掲）

スほか／松田ユリ子ほか訳、新評論、2021年）などからも、文化のつくり方のノウハウが得られます。

第2章　学習をデザインし、計画する

『あなたの授業が子どもと世界を変える』（前掲）、『だれもが科学者になれる！』（前掲）、『ようこそ、一人ひとりをいかす教室へ』（前掲）、『PBL――学びの可能性をひらく授業づくり』（前掲）、『教科書をハックする』（リリア・レント／白鳥信義ほか訳、新評論、2020年）、『一人ひとりをいかす評価』（C・A・トムリンソン／山元隆春ほか訳、北大路書房、2018年）、『「学びの責任」は誰にあるのか』（前掲）、『教育のプロがすすめる選択する学び』（前掲）。

第3章　スタンダードにあわせる

『だれもが科学者になれる！』（前掲）、『歴史をする』（前掲）、『「考える力」はこうしてつける（増補版）』（ジェニ・ウイルソン、吉田新一郎訳、新評論、2018年）、『学習指導要領』（文部科学省、平成29・30年改訂。オンラインで読めます）

第4章　活動をうまく管理する

『だれもが科学者になれる！』（前掲）、『歴史をする』（前掲）、『PBL――学びの可能性をひらく授業づくり』（前掲）、『本をつくる子どもたち（仮題）』（ピーター・ジョンストンほか／マーク・クリスチャンソンほか訳、新評論、2021年刊行予定）、『質問・発問をハックする』（コニー・ハミルトン／山崎亜矢ほか訳、新評論、2021年刊行予定）

第5章　生徒の学びを評価する

『一人ひとりをいかす評価』（前掲）、『成績をハックする』（前掲）、『テストだけでは測れない！』（吉田新一郎、NHK生活人新書、2006年）、『ピア・フィードバック（仮題）』（スター・サックシュタイン／山本佐江ほか訳、新評論、2021年刊行予定）

H・ジョンストン／長田友紀ほか訳、ミネルヴァ書房、2018年)、『オープニングマインド』（P・H・ジョンストン／吉田新一郎訳、新評論、2019年)、『退屈な授業をぶっ飛ばせ！』（マーサ・ラッシュ／長崎政浩ほか訳、新評論、2020年)、『私にも言いたいことがあります！（デイヴィッド・ブース／飯村寧史ほか訳、新評論、2021年)』、『「おさるのジョージ」を教室で実現』（ウェンディ・L・オストロフ／池田匡史ほか訳、新評論、2020年)、『PBL――学びの可能性をひらく授業づくり』（リンダ・トープほか／伊藤通子ほか訳、北大路書房、2007年)、『シンプルな方法で学校は変わる』（吉田新一郎ほか、みくに出版、2019年)、『学習する自由』（カール・ロジャース／畠瀬稔ほか訳、2006年)、『ようこそ、一人ひとりをいかす教室へ』（C・A・トムリンソン／山崎敬人ほか訳、北大路書房、2017年)、『「学びの責任」は誰にあるのか』（ダグラス・フィッシャー／吉田新一郎訳、新評論、2017年)、『対人関係と感情の学習と脳の機能（仮題)』（マリリー・スプレンガー／大内朋子ほか訳、新評論、2021年刊行予定)、『心をこめて教え続けるために大切な５つのこと（仮題)』（ローラ・ウィーヴァーほか／高見佐知ほか訳、新評論、2022年刊行予定）などが参考になります。

コーチング＝カンファランスについて知りたい方は、先のQRコードの本のリストと、ブログ「WW／RW便り」の左上の検索欄に「カンファランス」あるいはブログ「PLC便り」の左上の検索欄に「コーチング」を入力すると大量の情報を読むことができます。

ライティング・ワークショップとリーディング・ワークショップ関連の本は、文化という観点でも参考になります。また、両方を紹介・プロモートするためのブログの最初の書き込み（右のQRコード）を含めて、このブログからもたくさんの情報が得られます。

また、『学校をハックする』（マーク・バーンズ／小岩井僚ほか訳、新評論、2020年)、『生徒指導をハックする』（ネイサン・メイナードほか／高見佐知ほか訳、新評論、2020年)、『読む文化をハックする』（ジェラルド・ドーソン／山元隆春ほか訳、新評論、2021年)、『学校図書館をハックする』（クリスティーナ・ホルズワイ

訳者がすすめる PBL 関連の文献一覧

すべての章において役立つのが、ライティング・ワークショップとリーディング・ワークショップ関連の本です（右の QR コードを参照）。特に、『イン・ザ・ミドル』（ナンシー・アットウェル／小坂敦子ほか訳、三省堂、2018年）、『リーディング・ワークショップ』（ルーシー・カルキンズ／吉田新一郎ほか訳、新評論、2010年）、『読書家の時間』（プロジェクト・ワークショップ編、新評論、2014年）、『ライティング・ワークショップ』（ラルフ・フレッチャー／小坂敦子ほか訳、新評論、2007年）、『作家の時間（増補版）』（プロジェクト・ワークショップ編、新評論、2018年）がおすすめです。また、『だれもが科学者になれる！』（チャールズ・ピアス／門倉正美ほか訳、新評論、2020年）は、それを理科に応用した実践です。

現在、日本において、『数学者の時間』、『社会科ワークショップ』（冨田明広ほか、2021年夏刊行予定）、『科学者の時間』（共に新評論）を出版に向けて実践中です。『歴史をする』（リンダ・S・レヴィスティックほか／松澤剛ほか訳、新評論、2021年）も同じ発想のもとに実践されたものです。

そのほか、『SDGs カリキュラムの創造』（田中治彦ほか編、学文社、2019年）、『アクティブラーニングとしての PBL と探究的な学習』（溝上紳一ほか編、東信堂、2016年）、『プレイフル・ラーニング』（上田信行ほか、三省堂、2013年）もあります。

第１章　文化をつくる

『あなたの授業が子どもと世界を変える』（ジョン・スペンサーほか／吉田新一郎訳、新評論、2020年）、『教育のプロがすすめるイノベーション』（ジョージ・クロス／白鳥信義ほか訳、新評論、2019年）、『教育のプロがすすめる選択する学び』（マイク・エンダーソン／吉田新一郎訳、新評論、2019年）、『だれもが科学者になれる！』（前掲）、『社会科ワークショップ』（前掲）、『言葉を選ぶ、授業が変わる』（P・

62 Sizer, T. (2004). *Horace's compromise: The dilemma of the American high school*. New York: Mariner.

63 Slade, S. (2014, June 17). Classroom culture: It's your decision [blog post]. Retrieved from *ASCD InService* at http://inservice.ascd.org/classroom-culture-its-your-decision

64 Steele, D., & Cohn-Vargas, B. (2013). *Identity safe classrooms: Places to belong and learn*. Thousand Oaks, CA: Corwin. ①

65 Stiggins, R. (2007, May). Assessment through the student's eyes. *Educational Leadership, 64*(8), 22–26.

66 Tomlinson, C. A. (2011). One to grow on: Every teacher a coach. *Educational Leadership, 69*(2), 92–93.

67 Tomlinson, C. A. (2017). *How to differentiate instruction in academically diverse classrooms* (3rd ed.). Alexandria, VA: ASCD. ⑥ （同じ本ではありませんが、『ようこそ、一人ひとりをいかす教室』［山崎敬人ほか訳、北大路書房、2017年］が訳されおり、おすすめ）

68 Tomlinson, C. A., & Allen, S. (2000). *Leadership for differentiating schools and classrooms*. Alexandria, VA: ASCD.

69 Uliasz, K. (2016, April 13). Inclusive special education via PBL [blog post]. Retrieved from *PBL Blog. Buck Institute for Education* at www.bie.org/blog/inclusive_special_education_via_pbl

70 Werberger, R. (2015). *From project-based learning to artistic thinking: Lessons learned from creating an unhappy meal*. Lanham, MD: Rowman & Littlefield.

71 Wiggins, G., & McTighe, J. (2005). *Understanding by design* (2nd ed.). Alexandria, VA: ASCD. ③ （『理解をもたらすカリキュラム設計』西岡加名恵訳、日本標準、2012年）

72 Winebrenner, S., & Brulles, D. (2017). *Teaching gifted kids in today's classroom: Strategies and techniques every teacher can use* (3rd ed.). Minneapolis, MN: Free Spirit Publishing. ⑥

73 Wolpert-Gawron, H. (2014, June 19). How to design projects around common core standards [blog post]. Retrieved from *Edutopia* at www.edutopia.org/blog/how-to-design-projects-around-common-core-heather-wolpert-gawron

74 Wood, D., Bruner, J. S., & Ross, G. (1976). The role of tutoring in problem solving. *Journal of Psychology and Psychiatry, 17*, 89–100.

75 Zwiers, J., & Crawford, M. (2011). *Academic conversations: Classroom talk that fosters critical thinking and content understandings*. Portland, ME: Stenhouse. ⑥ （この本の続編を『学習会話を育てる』（仮題）として翻訳中）

46 Miller, A. (2017, March 30). 7 tips for coaching PBL teachers [blog post]. Retrieved from *PBL Blog, Buck Institute for Education* at www.bie.org/blog/7_tips_for_coaching_pbl_teachers

47 Moss, C., & Brookhart, S. (2012). *Learning targets: Helping students aim for understanding in today's lesson.* Alexandria, VA: ASCD. ③

48 Olson, K. (2014, March 1). Teacher as coach: Transforming teaching with a coaching mindset [blog post]. Retrieved from *Pedagogies of Abundance* at https://oldsow.wordpress.com/2014/03/01/teacher-as-coach-transforming-teaching-with-the-a-coaching-mindset

49 Ostroff, W. (2016). *Cultivating curiosity in K–12 classrooms: How to promote and sustain deep learning.* Alexandria, VA: ASCD. ⑦ （『「おさるのジョージ」を教室で実現』池田匡史ほか訳、新評論、2020年）

50 Palmer, E. (2011). *Well spoken: Teaching speaking to all students.* Portland, ME: Stenhouse. ⑥

51 Project Management Institute Educational Foundation. (2016). *Project management toolkit for teachers.* Newtown Square, PA: Author. Retrieved from https://pmief.org/library/resources/project-management-toolkit-for-teachers ④

52 Project Zero. (n.d.). Visible thinking. Retrieved from www.visiblethinkingpz.org/VisibleThinking_html_files/VisibleThinking1.html

53 Rebora, A. (2008, September 10). Making a difference: Carol Ann Tomlinson explains how differentiated instruction works and why we need it now [blog post]. Retrieved from *Education Week: Teacher PD Sourcebook* at www.edweek.org/tsb/articles/2008/09/10/01tomlinson.h02.html

54 Rindone, N. K. (1996). Effective teaming for success. Presented at the workshop for the Kansas State Department of Education, Students Support Services, Boots Adams Alumni Center, University of Kansas, Lawrence, KS.

55 Ritchhart, R. (2015). *Creating cultures of thinking: The 8 forces we must master to truly transform our schools.* San Francisco: Jossey-Bass. ①

56 Rollins, S. (2017). *Teaching in the fast lane: How to create active learning experiences.* Alexandria, VA: ASCD. ⑦

57 Rothstein, D., & Santana, L. (2011). *Make just one change: Teach students to ask their own questions.* Cambridge, MA: Harvard Education Press. ⑥ （『たった一つを変えるだけ』吉田新一郎訳、新評論、2015年）

58 Sackstein, S. (2017). *Peer feedback in the classroom: Empowering students to be the experts.* Alexandria, VA: ASCD.

59 Scott, D., & Marzano, R. J. (2014). *Awaken the learner: Finding the source of effective education.* Bloomington, IN: Marzano Research Laboratory.

60 Scriven, M. S. (1991). *Evaluation thesaurus* (4th ed.). Newbury Park, CA: Sage.

61 Searle, M. (2013). *Causes and cures in the classroom: Getting to the root of academic and behavior problems.* Alexandria, VA: ASCD. ⑥

30 Hallerman, S., & Larmer, J. (2011). *PBL in the elementary grades: Step-by-step guidance, tools and tips for standards-focused K–5 projects.* Novato, CA: Buck Institute for Education. ②

31 Hammond, Z. (2014). *Culturally responsive teaching and the brain: Promoting authentic engagement and rigor among culturally and linguistically diverse students.* Thousand Oaks, CA: Corwin. ①

32 Jackson, R. (2009). *Never work harder than your students and other principles of great teaching.* Alexandria, VA: ASCD. ④

33 Jerald, C. D. (2006, December). School culture: "The hidden curriculum." *Issue Brief.* Washington, DC: Center for Comprehensive School Reform and Improvement. Retrieved from http://files.eric.ed.gov/fulltext/ED495013.pdf

34 Jobs for the Future & the Council of Chief State School Officers. (2015). *Educator competencies for personalized, learner-centered teaching*. Boston: Jobs for the Future.

35 Kallick, B., & Zmuda, A. (2016). *Students at the center: Personalized learning with habits of mind.* Alexandria, VA: ASCD. ②

36 Kane, L., Hoff, N., Cathcart, A., Heifner, A., Palmon, S., & Peterson, R. L. (2016, February). *School climate and culture.* Strategy brief. Lincoln, NE: Student Engagement Project, University of Nebraska–Lincoln and the Nebraska Department of Education.

37 Koenig, R. (2010). *Learning for keeps: Teaching the strategies essential for creating independent learners.* Alexandria, VA: ASCD. ⑦

38 Larmer, J. (2017). *PBL starter kit: To-the-point advice, tools and tips for your first project in middle or high school* (2nd ed.). Novato, CA: Buck Institute for Education. ②

39 Larmer, J., Mergendoller, J., & Boss, S. (2015). *Setting the standard for Project Based Learning: A proven approach to rigorous classroom instruction.* Alexandria, VA: ASCD.

40 Laur, D., & Ackers, J. (2017). *Developing natural curiosity through project-based learning: Five strategies for the PreK–3 classroom.* New York: Routledge. ⑥

41 Lemov, D. (2015). *Teach like a champion 2.0: 62 techniques that put students on the path to college.* San Francisco: Jossey-Bass.

42 Macarelli, K. (2010). *Teaching science with interactive notebooks.* Thousand Oaks, CA: Corwin.

43 Mattoon, M. (2015, Spring). *What are protocols? Why use them?* National School Reform Faculty. Retrieved from www.nsrfharmony.org/system/files/protocols/WhatAreProtocols%2BWhyUse_0.pdf

44 McCarthy, J. (2017). *So all can learn: A practical guide to differentiation.* Lanham, MD: Rowman & Littlefield.

45 McDowell, M. (2017). *Rigorous PBL by design: Three shifts for developing confident and competent learners.* Thousand Oaks, CA: Corwin. ⑤

13 Brookhart, S. (2013). *How to create and use rubrics for formative assessment and grading.* Alexandria, VA: ASCD. ⑤

14 Burns, M. (2018). *Tasks before apps: Designing rigorous learning in a tech-rich classroom.* Alexandria, VA: ASCD. ④

15 Çakiroğlu, Ü., Akkan, Y., & Güven, B. (2012). Analyzing the effect of web-based instruction applications to school culture within technology integration. *Educational Sciences: Theory and Practice, 12,* 1043–1048.

16 Chappuis, J., & Stiggins, R. (2011). *An introduction to student-involved assessment FOR learning.* New York: Pearson. ⑤

17 Deal, T. E., & Peterson, K. D. (2009). *Shaping school culture: Pitfalls, paradoxes, and promises* (2nd ed.). San Francisco: Jossey-Bass.

18 Delpit, L. (2012). *Multiplication is for white people: Raising expectations for other people's children.* New York: New Press.

19 DeWitt, P., & Slade, S. (2014). *School climate change: How do I build a positive environment for learning?* Alexandria, VA: ASCD. ①

20 Doubet, K., & Hockett, J. (2015). *Differentiation in middle and high school: Strategies to engage all learners.* Alexandria, VA: ASCD. ⑥

21 Doubet, K., & Hockett, J. (2017). *Differentiation in the elementary grades: Strategies to engage and equip all learners.* Alexandria, VA: ASCD.

22 Duhigg, C. (2016, Febraury 25). What Google learned from its quest to build the perfect team. *New York Times Magazine.* Retrieved from www.nytimes.com/2016/02/28/magazine/what-google-learned-from-its-quest-to-build-the-perfect-team.html

23 Fester, J. (2017, April 26). Interdisciplinary projects: 3 protocols for curricular connections [blog post]. Retrieved from *PBL Blog, Buck Institute for Education* at www.bie.org/blog/interdisciplinary_projects_3_protocols_for_finding_curricular_connections

24 Finley, T. (2014, August 12). The science behind classroom norming [blog post]. Retrieved from *Edutopia* at www.edutopia.org/blog/establishing-classroom-norms-todd-finley

25 Fisher, D., & Frey, N. (2011). *The formative assessment action plan: Practical steps to more successful teaching and learning.* Alexandria, VA: ASCD. ⑤

26 Fisher, D., Frey, N., & Hite, S. A. (2016). *Intentional and targeted teaching: A framework for teacher growth and leadership.* Alexandria, VA: ASCD.

27 Fisher, D., Frey, N., & Pumpian, I. (2012). *How to create a culture of achievement in your school and classroom.* Alexandria, VA: ASCD.

28 Fletcher, A. (2002). *FireStarter youth power curriculum: Participant guidebook.* Olympia, WA: Freechild Project.

29 Gant, K. (2017, January 30). What to do during student work time [blog post]. Retrieved from *Intrepid ED: Exploring the Landscape of PBL and Instruction* at https://intrepidedblog.wordpress.com/2017/01/30/what-to-do-during-student-work-time

参考文献一覧

（文献の最後に付いている番号は、著者による各章の推薦図書）

1 Aguilar, E. (2013). *The art of coaching: Effective strategies for school transformation.* San Francisco: Jossey-Bass.⑦

2 Ainsworth, L. (2013). *Prioritizing the Common Core: Identifying specific standards to emphasize the most.* Boston: Houghton Mifflin Harcourt.③

3 Ainsworth, L. (2014a). *Power standards: Identifying the standards that matter the most.* Boston: Houghton Mifflin Harcourt.

4 Ainsworth, L. (2014b). *Prioritizing the common core: Identifying specific standards to emphasize the most.* Boston: Houghton Mifflin Harcourt.

5 Alber, R. (2014, January 24). 6 scaffolding strategies to use with your students [blog post]. Retrieved from *Edutopia* at www.edutopia.org/blog/scaffolding-lessons-six-strategies-rebecca-alber

6 Beard, A. (2015, October). Life's work: An interview with Andre Agassi. *Harvard Business Review.* Retrieved from https://hbr.org/2015/10/andre-agassi

7 Benson, B. (1997). Scaffolding (coming to terms). *English Journal, 86*(7), 126–127.

8 Berger, R. (2003). *An ethic of excellence: Building a culture of craftsmanship with students.* Portsmouth, NH: Heinemann.①

9 Berger, R., Rugan, L., & Woodfin, L. (2014). *Leaders of their own learning: Transforming schools through student-engaged assessment.* San Francisco: Jossey-Bass.⑤

10 Boss, S. (2013). *PBL for 21st century success.* Novato, CA: Buck Institute for Education.④

11 Boss, S. (2015). *Real-world projects: How do I design relevant and engaging learning experiences?* Alexandria, VA: ASCD.②

12 Boss, S., & Krauss, J. (in press). *Reinventing project-based learning: Your field guide to real-world projects in the digital age* (3rd ed.). Eugene, OR: International Society for Technology in Education.④

訳者紹介

池田匡史（いけだ・まさふみ）

2021年現在、兵庫教育大学大学院学校教育研究科助教。
国語教育学を専門とし、とりわけ国語教育史の観点から考えています。「こんなこと、なんで学ばないといけないのだろう」と思う生徒たちは、昔も今も、変わらず存在しています。生徒たちにそう思わせないですむためには、どうすればよいのか。本書の内容は、その手立ての一つとなりうるはずです。

吉田新一郎（よしだ・しんいちろう）

こちらのPBL（プロジェクト学習）と、もう一つのPBL（プロブレム学習）が紹介してある『PBL――学びの可能性をひらく授業づくり』（北大路書房）をセットで読むと、日本で探究学習を実践する上での大きな助けになります。問い合わせや実践紹介は、pro.workshop@gmail.com宛にお願いします。

プロジェクト学習とは
――地域や世界につながる教室――

2021年6月15日　初版第1刷発行

訳者　池田匡史
　　　吉田新一郎

発行者　武市一幸

発行所　株式会社　新評論

〒169-0051
東京都新宿区西早稲田3-16-28
http://www.shinhyoron.co.jp

電話　03(3202)7391
FAX　03(3202)5832
振替・00160-1-113487

落丁・乱丁はお取り替えします。
定価はカバーに表示してあります。

印刷　フォレスト
装丁　山田英春
製本　中永製本所

Printed in Japan
ISBN978-4-7948-1182-0